마음의 혁명이
성공을 부른다

마음의 **혁명**이 **성공**을 부른다

지은이 · 김승용
초판 1쇄 찍은날 · 2005년 8월 16일
초판 1쇄 펴낸날 · 2005년 8월 22일
펴낸이 · 임순엽
등록번호 · 제11-300호
펴낸곳 · 무진미디어
      서울시 강북구 수유1동 466-49
      Tel. (02)945-3431 Fax. (02)945-3430

ISBN 89-953548-9-5 03180

값 10,000 원

마음의 혁명이
성공을 부른다

김승용 지음

이제 한국의 직장인들은 자신의 마음에 혁명을 일으켜야 하는 시대를 맞이했다. 특히, 신세대 샐러리맨들은 일의 발견, 자기 발견, 장애물의 발견, 성장의 발견, 매력의 발견을 깊이 있게 추진해야 할 때이다. 요즘 직장인들은 기업 구조조정이란 회오리 속에서 살아 남기에 급급한 나머지, 자신에게 투자할 자기계발의 여유가 없다고들 한다. 그러나 이제는 변해야만 생존할 수 있다. 그리고 위기관리를 잘해야 자기경영도 가능해진다.

최근 들어 평생직장이 사라지면서 평생직업만이 자신들을 살릴 수 있는 유일한 무기라고 믿는 직장인이 늘고 있다. 이를 증명하듯 대기업을 비롯한 중견 중소기업, 벤처기업, 금융증권, 정보통신, 서비스업, 대학에 이르기까지 전(全) 산업, 업종, 직책에서 본격적인 구조조정이 진행되고 있다. 또한 이와 병행하여 기업과 시장에서는 파괴현상이 벌어지고 있는 바, 가격파괴, 조직파괴, 직위파괴, 연령파괴, 성별파괴 등 한 치 앞을 예측하기가 어려운 세상이다.

얼마 전, 윤종용 삼성전자 부회장은 교육 부직원을 대상으로 한 강연에서 이 시대가 요구하는 인재상의 조건으로 급격히 변화하는 디지털 시대의 환경적응력, 전문능력과 일반능력의 조화, 변화에 대응하는 도전정신, 외국어 능력, 타문화 적응력 등을 강조했다.

　여하튼 이런 시대에는 자신에 대한 투자, 즉 자신의 인적 부가가치를 높여 어떤 상황에서도 생존할 수 있는 차별화 능력을 비축해 놓아야 한다. 기업들은 앞으로 끊임없이 조직파괴를 단행하여 수익성 위주의 경영전략을 추진할 것이다. 따라서 직장인들은 성공적인 자기경영을 위해 전문기능의 차별화와 지식 · 정보기술을 무기로 시대변화를 간파하면서 변신을 꾀하는 사람만이 생존의 정글 속에서 도태되지 않고 살아남을 수 있다.

　고로 자기의식의 흐름 자체를 바꿔야 하는 것이 중요하다. 어떤 일이든 출발이 늦은 사람은 경쟁자에게 뒤쳐지기 마련이다. 뒤쳐진 시간을 만회하려면 적극적으로 생각하며 주어진 일에 매달려야 한다. 또한 직장의 비즈니스 성격에 맞게 자신의 스타일도 바꿔야 한다. 누구든 특정 분야에서 성공하려면 일단 그 일에 미쳐야 한다. 끊임없이 정보를 수집하고 자기실력을 업그레이드 하면서 자기계발을 알차게 추진해야 한다. 그리고 무슨 일을 하든지 새 출발을 할 때는 단호한 결심이 필요하다. 자신이 살 길은 이 길밖에 없다고 하는 굳은 결심이 중요하다. 이런 결의를 갖고 매진한다면 무엇이든 안 되겠는가.

국제무대는 지금 글로벌 비즈니스가 본격화되면서 사람들이 남아돌고 있으며 하루에도 수십만 명의 실업자를 토해내고 있다. 그러나 정작 기업에서 필요한 우수 인재는 구하기 어려운 실상이다. 꼭 필요한 사람, 이 사람이 아니고는 그 일을 처리할 수 없는 그런 직장인이 되도록 자신을 증명해야 한다. 대체로 신세대 젊은이들은 연륜이나 경험이 부족하여 시야가 좁을 수밖에 없다. 따라서 사물을 보아도 한쪽으로만 치우쳐 판단하기 때문에 잘못된 결과를 초래하는 경우가 많다. 그러나 기업의 참모 역할을 맡게 되면 자신의 그릇이 커지면서 현실적인 감각과 상황판단능력이 높아지게 된다. 즉, 톱매니저의 발상능력을 높일 수 있다는 뜻이다.

흔히 무능한 사람들은 자신이 그 일을 어떻게 하느냐고 이유를 대면서 변명하기에 급급하다. 그들은 항상 "우리 상사는 무능해."라고 비난

하면서 자신을 뒤돌아보지 않는 무지한 사람들이다. 따라서 필자는 직장인들이 성공으로 가는 네 가지 지름길이 있다는 점을 강조하고 싶다.

첫째, 지금 자신은 무엇을 할 수 있고 무엇을 알고 있는지를 분석해 보는 일이다. 이는 곧 자신이 해야 하는 일이 무엇인가를 알 수 있게 해준다. 자신의 잠재능력이 무엇인지를 파악하는 일은 자신의 미래를 창조하는 열쇠가 된다.

둘째, 자신만의 전문 노하우(Know-how)를 쌓는 일이다. 자신이 맡은 업무가 영업이라면 업계의 최고가 될 수 있는 전략을 짜야 한다. 그리고 발로 뛰고 머리로 생각하면서 끈기 있게 노력해야 한다.

셋째, 업무를 달성하는데 필요한 정보가 어디에 있는지, 그리고 그 정보를 어떻게 수집할 것인지, 또한 그 정보를 토대로 어떻게 지식정보를 조립하고 활용할 것인지를 정확히 알고 있어야 한다.

넷째, 적임자를 찾는 일이다. 누구에게 맡겨야 하고 누가 맡아야 그 일이 가장 효과적으로 처리될 수 있는지 적재적소의 인재를 파악해야 한다. 진정한 프로 직장인은 자신의 연봉을 자신 있게 결정할 수 있도록 하는 인적 부가가치를 쌓아야 한다. 이는 곧 어떤 일을 얼마만큼 노력하여 어느 정도의 부가가치를 창조하여 기여했느냐에 달려 있다.

그럼, 과연 여러분은 어떤 방법으로 자신의 몸값을 올릴 것인가?

일본의 유명한 경영 컨설턴트인 오마에 씨는 "직장 샐러리맨으로 성공하기를 원한다면 적어도 30대 초반까지 세 번의 실패를 경험할 필요가 있다."고 말하고 있다. 왜냐 하면 실패경험이 없는 사람은 자신의 생각에 대한 믿음이 강하기 때문에 발상의 전환과 변화가 매우 어렵기 때문이라고 한다. 그는 실패란 부끄러운 것이 아니며 어차피 겪어야 할 일이라면 다시금 시작할 수 있는 나이에 실패하는 것이 낫다고 생각한다.

또, 일본 도쿄대학 교수이며 이학박사인 다케우찌 교수는 『인생을 최고로 살아가는 나의 방법』이란 저서에서 '젊은이여! 도전을 계속하라! 그리고 최고의 인생을 구축하라!'고 강조하고 있다. 그는 자신의 능력을 최대한 발휘하기 위해서는 첫째로 모든 분야에서 호기심을 가져야하며, 둘째로 자신을 망치는 고정관념을 버리라고 말하고 있다. 또한 세 번째로 자신의 얼굴에 자신감을 갖고 있는지를 스스로에게 묻도록 하고, 네 번째로 시간을 제압하는 사람에게 불가능은 없다고 말한다.

그리고 마지막으로, 변명하지 말고 가능한 한 도전을 계속하여 최고의 인생을 구축하여 자신의 꿈을 실현하라고 당부하고 있다.

이미 기업을 선택하는 시대는 지났다. 왜냐 하면 직장인에게 있어 이 세상에서 정말 좋은 회사란 없기 때문이다. 기업은 사원만을 위해 존재하는 것이 아니다. 바로 경영주, 창업주, 주주를 위해 존재하는 것이다. 그러므로 자신이 수동적으로 근무하는 회사가 아닌, 자기자신이 마음에 드는 회사를 만들어야 한다고 본다.

앞으로 직장인들은 항상 새로운 것에 도전해가는 자세가 중요하다. 주어진 일, 지시하는 일에만 묵묵히 임하는 직장인은 분명히 가까운 시일 내에 잘린다. 앞뒤좌우를 살피면서 자기 부가가치, 자기 전문분야를 창조해야 한다. 그래야 창조적인 문제의식이 생기고 자기경영이 잘 되며 위기관리력이 높아지게 된다.

지금은 직장인들의 수난시대이다. 저성장기의 복합불황기에는 사회와 시장에서 사람과 상품이 넘쳐나게 된다. 즉 과포화 상태가 되는 것이다. 이때는 값있는 부가가치 상품만 팔리게 된다.

성공적으로 살아갈 지혜가 필요한 시대가 왔다. 이 책은 현직에 몸담고 있는 직장인은 물론이거니와 대학을 갓 졸업하고 사회에 진출하려는 사회초년생, 그리고 신세대 중간관리자, 간부 리더들을 위한 자기계발서 및 위기관리서이다. 부디 독자 여러분들의 유익한 자기계발, 자기관리, 위기관리에 많은 도움이 되었으면 하는 바람이다.

끝으로 본 저서를 출간하게끔 배려해 주신 무진미디어 사장님께 감사드린다.

2005년 8월
경제 · 경영전문 작가
마케팅전문신문 편집국장
김승용

Contents

1장 변화해야 살 수 있다

2장 과연, 나는 회사의 인재인가

3장 창의성 있는 전략 아이디어를 내놓자

4장 마케팅·영업마인드를 갖자

5장 남보다 앞서가는 차별화 실력을 갖추자

6장 자기계발은 자신이 해야 성공한다

7장 위기관리 리더십을 연마하자

8장 도전 없이는 성공도 없다

마음의 혁명이
성공을 부른다

1 장

변화해야 살 수 있다

1. 무엇을 어떻게 변화해야 하는가

인간은 누구나 꿈을 갖고 있다. 즉 미래에 대한 어떤 희망을 안고 삶을 영위하고 있는 것이다. 따라서 그 꿈과 기대가 어느 정도까지 실현되는가에 따라 인생에 대한 보람과 긍지, 그리고 만족과 충실을 느끼게 된다. 또한 인간은 언제나 욕망을 추구하는 한편 불만과 질투를 느끼며 살아간다. 이런 점에서 우리들은 항상 두 가지 유형의 얼굴을 갖고 있다. 즉 하나는 현재의 얼굴이고, 또 하나는 앞으로 그렇게 되고자 하는 미래의 얼굴이다. 어쨌든 인간은 누구나 비극이나 슬픔, 불만, 질투에 휩싸인 생활을 하고 싶어하지는 않는다. 그리고 실패자가 되기 싫은 것이 인간의 본능인 것이다.

그렇다면, 실패하지 않는 성공한 사람이 되기 위해서는 과연 어떻게 해야 하는가? 또한 실패하지 않는 직장인, 샐러리맨이 되기 위해 염두에 두어야 할 점은 무엇인가?

　우선 자기자신을 계발할 수 있는 목표를 명확히 설정하는 일이 가장 중요하다. 일반적으로 "현재 당신의 인생목표는 무엇인가, 어떠한 인생관 또는 직업관을 갖고 있는가, 그리고 그것을 위해 어떻게 추진하고 있는가?"라고 묻게 되면 목표의 대소를 막론하고 곧바로 정확하고 자신 있게 대답하는 사람이 드문 게 사실이다. 그리고 많은 사람들은 변화의 필요성을 느끼면서도 변화는 다른 사람의 몫이고, 나와는 상관없는 귀찮고 어려운 일로 여기곤 한다. 좋은 게 좋은 거라는 매우 위험하고 안일한 생각에 스스로 지배당하고 있기 때문이다. 하지만 지금은 변화의 바람이 거센 시대다. "변해야 산다."는 말처럼 이제 변화는 생존의 문제다. 과거의 잘못된 병폐를 치유하지 않고서는 하루가 다르게 급속히 변화하는 시대를 따라잡을 수 없다. 실패를 두려워하지 말고, 주저없이 낡은 것을 포기할 줄 알며, 우리가 미처 생각하지 못한 방법의 전환을 해야 우리는 변화할 수 있다. 지금은 바로 우리가 변해야 할 때다. 내가 바뀌면 모든 게 바뀐다.

　새로운 해를 맞이하면서 나 스스로 바뀌어야 할 부분이 무엇인지 나만의 시간을 잠시 가지며, 작은 실천부터 시작해 보도록 하자. 대부분의 사람들은 성공한 인생을 누리고 싶어한다. 그럼, 도대체 성공이란 무엇인가?

　회사에 입사한 후 순조롭게 승진, 출세하여 중역이나 사장까지 오른다는 것은 분명히 성공의 한 가지 방법일 것이다. 그러나 대기업이든 중견기업이든 사장까지 되는 확률은 결코 높지 않을 뿐만 아니라 그 책임의 막중함 때문에 사장직함이 반드시 인기 있는 직업만은 아니라는

의견도 지배적이다. 또한 높은 소득을 얻고 화려한 저택에서 살며 호화
별장과 고급 승용차를 굴리며 해외여행, 골프 등의 취미생활을 만끽하
면서 생활하는 것은 많은 사람들의 희망이며, 이 또한 성공한 인생이라
고 간주할 수 있을 것이다.

그러나 이러한 물질적인 성공 외에 정신적인 성공을 지향하는 경우
도 많다. 예컨대 직장에서 본인이 희망하는 지위를 얻거나 큰 책임을
떠맡아 그 일을 성공적으로 완수했을 때의 성취감이나, 인재를 육성하
여 정예화시킴으로써 맛볼 수 있는 성취감도 성공의 한 단면이라고 말
할 수 있다. 이런 점에서 성공이란 물질적인 성공이든 정신적인 성공이
든 그것이 일시적이 아닌, 전 인생을 통하여 계속적으로 풍요롭고 충실
한 생활을 보장해 주는가 아닌가의 여부에 달려 있다고 볼 수 있다.

2. 지금 왜 위기관리가 중요한가

우리는 지금 복합불황의 어려운 시대를 살아가면서 진정한 의미의
개인 위기관리가 필요한 시대를 맞이하고 있다. 흔히 위기관리라고 하
면, 대부분의 사람들은 국가나 기업경영의 문제이지 자신들의 문제는
아니라고 말하는 경우가 많다. 그러나 그것은 잘못된 생각이다. 위기관
리란 국가나 기업에서부터 가정·개인에 이르기까지 실로 다양한 수준
이 있으며, 모두에게 적용되는 용어이다.

인간은 누구나 건강하게 장수하기를 원한다. 그리고 정말로 자신이
하고 싶은 일을 하면서 보람을 느끼고 안정된 수입을 얻고자 하며, 또
한 세상을 위해서나 인간을 위해 인정받는 인생을 누리고 싶어한다. 그
러나 실제로 그러한 삶을 살아가는 사람은 극히 드물다. 이렇듯 자신이

추구하는 인생길에 조금이라도 근접하기 위해서는 어떻게 해야 할까? 한번쯤 진지하게 생각해 볼 필요가 있는 문제이다.

일반적으로 '성공한 사람'이라든가 '유명인'들은 처음부터 유명하지 않았다. 그들은 그저 보통 사람에 지나지 않았다. 그러나 현재 그들은 타인과의 긴밀한 신뢰관계를 구축하면서 자기를 확립시켜 흔들림 없는 인생을 보내고 있다. 처음부터 그들이 순조로운 길을 걸어왔던 것은 아니다. 경우에 따라서는 재난, 불운, 실패, 실의, 역경 등의 위기를 슬기롭게 극복한 사람들이다. 위기라고 하는 것은 저편에서부터 당연하게 급습해 오는 것만은 아니다. 성공한 사람들은 어려운 환경 속에서도 역경에 정면으로 대응하여 끈기와 인내로 위기를 돌파한 '위기관리의 프로들'인 것이다.

그럼 여기에서 스스로 제일 먼저 해야 할 일은 무엇인가? 즉, 무슨 일을 하든지 나중으로 미룬다거나 두 번째로 미뤄서는 실패하기 마련이다. 따라서 제일 먼저 해야 할 일은 첫 번째로 해야 성과가 오른다. 성공하는 사람은 훌륭한 성과를 거두는 두세 가지 분야에 역량을 집중시킨다. 그들은 첫 번째로 해야 할 일은 가장 먼저 추진하고, 두 번째로 해야 할 일은 가능하면 전혀 하지 않도록 한다. 이런 점에서 최대의 효과를 올리는 열쇠는, 집중하느냐 않느냐에 달려 있다. 인간은 죽어서도 하지 않으면 안 되는 것 이외에는 무엇이든 해서는 안 된다. 그리고 시대에 뒤떨어질 것 같은 일도 해서는 안 된다. 예를 들어, 듀폰기업은 하나의 프로젝트에 대해 실패의 징후가 보일 때 이미 철수할 준비가 되어 있다. 이것이 곧 듀폰기업이 성공한 비결의 하나이다. 또한 업계에서 뭔가 새로운 움직임을 발견했을 경우, 듀폰기업은 항상 선수를 치면서 선두를 달려왔던 것이다. 남보다 앞서기 위해 앞서 갈 수 있는 지혜를 찾는 것이 성공의 지름길이자 위기관리의 핵심이다.

3. 위기관리는 자신의 능력을 향상시켜 준다

우리들 인생의 가치는 생애의 길이에 있지 않고 그 생애를 어떻게 활용하느냐에 있다. 사람은 오래 살아도 인생에서 아무것도 얻지 못하는 경우도 있다. 당신이 인생에서 만족을 얻느냐 못 얻느냐는 몇 년을 살았느냐가 아니라 당신의 의지에 달려 있다고 철학자 몽테뉴는 역설했다.

우리들은 무슨 일을 하든지 생각대로 된다고는 단정할 수 없다. 따라서 선견지명을 갖고 앞으로 일어날지도 모르는 문제를 생각하면서 그 대응태세를 준비해야 한다. 사태가 악화될 것을 예측하고, 만일의 경우에 대비해 충분한 준비를 해 두지 않으면 안 된다. 어떤 일이든, 일을 하다 보면 갑자기 위기에 빠지게 되는 경우가 있다. 그러나 대부분의 위기는 예측 가능한 것으로서, 미리 그 대책을 강구할 수 있다.

우수한 직장인은 위기를 느꼈을 때 곧바로 윗사람에게 위기보고를 한다. 그런데 흔히 위기를 감지했더라도 자신이 수단을 강구하는 입장에 놓여 있지 않다고 하여 대응조치가 일어나기까지 우왕좌왕한다. 유감스럽게도 대부분의 사람은 불길한 경고를 한두 번 작동시켜 볼 뿐, 아무런 대책도 강구하지 않으며 단지 손을 놓고 위기가 오는 것을 기다리고 있는 경우가 많다. 이야말로 한심한 일이 아닌가! 유능한 직장인은 누군가가 시선을 보내 주지 않아도 항상 위기에 대비하면서 자신의 위기관리를 잘하는 사람이다. 예를 들어, 항상 위기관리 상태에 있으며 대변혁을 계획하고 있는 기업에 있어서는, 즉석에서의 의사결정이 요구되므로 부하직원에게 일을 맡길 여유도 없이 속전속결의 명령이 내려지는 경우가 많다. 이런 상황에서는 의사결정을 하기 전에 기업 내의 실무진의 의견을 들을 여유조차 없다. 즉, 시간이 없는 것이다. 그러나 이러한 위기관리는 좋지 않다. 항상 장래에 눈을 돌려 생각하지 않으면 안 된다. 일상 업무에서부터 대규모적인 전략으로 발상을 전환하고, 부하직원이 자신들의 능력과 테크닉을 발휘할 수 있도록 자율적인 환경을 창조해야 한다. 또다른 예로, 공자는 자기자신을 존중함과 같이 남을 존중하며, 남이 자기자신에게 해 주기를 원하는 바 그것을 남에게 해 줄 수 있다면, 그 사람은 사랑을 알고 있는 것이라고 강조했다.

이제 '자신을 위한 위기관리학'이 중요시되는 시대가 왔다. 우리 인간은 태어나서부터 죽을 때까지 수많은 위기에 직면하면서 인생을 살아가고 있다. 사람들 중에는 부잣집에서 태어난 사람도 있고, 가난한 집에서 태어난 사람도 있다. 또한 양친부모 밑에서 건강하게 태어난 사람이 있는가 하면, 사생아로 태어난 사람도 있다. 그리고 유아기의 부모에게서 받은 예절교육과 교육문제를 들 수 있다. "세 살 버릇 여든까지 간다."는 속담이 있듯이 사람은 유아기인 3~4세까지 기본적인 성격이 상당부분 결정된다고 한다. 이것 역시 커다란 리스크가 아닐 수 없다. 그리고 유치원, 초중고교 입학 등을 거쳐 가정 내 폭력이나 학교 내 폭력 문제, 사춘기 이성문제 등 소년기를 둘러싼 문제도 수없이 많다.

다음으로는 대학입시가 있다. 그리고 대학을 졸업한 뒤 어느 회사에 입사하면 좋은가, 또는 자립하여 창업을 할 것인가 등의 직업선택의 문제에 직면한다. 그리고 수많은 2, 30대 신세대 젊은이들이 직면하는 결혼 문제와 함께 그것에 부수적으로 따라붙는 이혼 리스크가 있다. 회사생활에서도 좌천, 전근, 발령대기, 근신, 권고사직, 정리해고 등 다양한 형태의 리스크가 작용한다. 이밖에도 우리들은 개인생활 면에서도 수없이 많은 리스크에 둘러싸여 있다.

4. 성공하는 사람의 절대적인 조건

　최근에는 회사에서도 조직 속의 개인이란 문제가 급속히 부각되고 있다. 특히 승진, 건강유지, 건강증진, 신변안전의 문제, 그리고 경제적인 충족감 등은 인간이라면 누구나 성취하고 싶어하는 강한 욕망일 것이다. 이와 같은 요소를 충족시키면서 자기자신의 파워를 유지하기 위해서는 다음과 같은 4가지 조건이 필요하다. 이것은 곧 성공하는 사람의 자격 조건이기도 하다.

　첫째는 바이탈리티(Vitality)이다. 둘째는 스페셜리티(Speciality)이다. 셋째는 오리지날리티(Originality)이다. 그리고 넷째는 퍼스낼리티(Personality)이다.

　이와 같은 4가지 조건을 겸비한 사람, 즉 V.S.O.P. 인간이야말로 퍼스널리스크(Personal Risk)에 직면해도 전혀 동요됨이 없이 인간성을 유지하면서 역경을 극복할 수 있는 사람이다. 그리고 인생에서 성공한 사람이 될 수 있는 것이다.

　이미지 트레이닝(Image Training)의 특징은 어떤 일을 하기 전에 '성공한 자기자신의 모습'을 생각하고 그려 보는 데 있다. 즉 "성공은 틀림없는 사실이고 단지 시간문제일 뿐"이라는 자신감 있는 태도로, 마치 성공이 기정사실인 것처럼 행동하는 것이다.

　왜 이런 방법이 사업이나 스포츠, 예술 등 다양한 분야에서 효과를 발휘하는가? 그것은 바로 인간이란 좋든 싫든 자신이 희망하는 모습을 닮아가기 때문이다. 좋은 집에서 살고 싶으면 당신이 생각하는 좋은 집의 스타일과 전망, 인테리어 등 아주 세세한 부분까지도 상상해 보라. 성공에 대한 이미지는 그냥 생각만으로는 달성될 수 없다. 이미지를 구체화할 수 있는 뒷받침이 있어야 한다. 경험과 지식은 자기가 움직인 만큼 얻게 되는데, 그만큼 당신의 이미지는 명확해지고 구체화되어 간다.

사람들은 흔히 성공하면 행복해질 거라고 생각한다. 그러나 그것은 오해이다. 성공한 사람은 모두 성공하기 전이나 후나 언제나 행복했던 사람이다. 물론 불우한 처지에 놓이거나 경제적으로 빈곤한 환경에 직면한 적도 있었겠지만, 그럼에도 불구하고 성공한 사람은 자기 스스로 인생을 굳건히 유지하고 있었던 사람들이다.

인생에서 무엇이 축복이 되고 무엇이 행운이 될지는 한 개인이 가늠할 수 없는 일이다. 그렇다면 모든 것을 축복이라 생각하고, 그 모든 것을 행복으로 바꾸는 여유 있는 마음가짐을 갖도록 하자. 성공을 원하는 사람이 소중하게 간직해야 할 가장 중요한 비결은 긍정적인 사고이다. "모든 것은 이제부터가 시작이다."라고 새로운 각오로 마음을 강하게 다져야 한다. 기회란 것은 솔직하다. 기회를 잡기 위해서는 사전에 무언가를 반드시 지불해야만 한다. 진심으로 기회를 바라는 사람은 기회가 올 때 투자를 해야 한다.

'기회만 주어진다면 나의 진짜 능력을 완전히 쏟아 부어 잘 할 수 있을텐데!'

이렇게 생각하는 사람들은 많다. 그러나 성공을 바란다면 당신은 이런 대다수 사람들의 생각처럼 살아서는 안 된다. 기회가 나에게 올 수 있도록 받아들일 태세를 항상 갖추어 둔다. 그러기 위해서는 평소 꾸준히 실력을 연마하고 건강관리를 확실히 하여 힘을 축적해야 한다.

기회가 찾아오더라도 주말과 일요일을 쉬고 나면 월요일에는 이미 기회가 떠나 버리기 때문이다. 기회는 기다리기만 해서는 오지 않는다.

5. 정신무장은 이 세상의 가장 위대한 힘이다

대체로 성공한 사람들 중에는 물질적으로는 성공했어도 정신적인 면에서는 불행한 사람들도 많다. 또한 다른 사람의 입장에서 볼 때는 성공한 사람처럼 보여도 그 사람 자신의 주관적인 측면에서는 인생의 실패자라고 생각하고 있는 경우도 있다. 이렇게 볼 때 성공한 사람이란 여러 가지 측면에서 균형이 계속적으로 유지되면서 정신적 · 물질적인 만족감을 동시에 느낄 수 있는 사람을 의미한다고 볼 수 있다.

"성공이란 마음먹기에 달려 있다!"는 말이 있다. 이 말은 성공을 위해서는 성공하기 위한 '성공 프로그램'을 만들어 끈기 있게 추진하며 도전해야 한다는 의미와도 같다. 이는 곧 성공하기 위한 조건을 스스로 창조해야 한다는 뜻이다.

여러분이 무엇을 바라든지 이 세상에는 당신이 희망하는 것을 채워 주는 힘이 존재한다. 그것은 바로 정신, 즉 마음의 힘이다. 마음은 이 세상의 가장 큰 힘이다. 따라서 바로 당신 자신이 그 큰 정신력을 가지고 있으며 또 사용하는 것이다.

그 동안 수많은 책들은 마음의 힘에 대해서 다뤄 왔다. 적극적으로 발상하는 방식에 의해서 좋은 효과를 얻을 수 있다는 것을 이야기해 왔다. 사람이 사용하는 정신 속에는 무한한 가능성이 숨겨져 있다는 것은 누구나 인정하는 일이다. 그런데 그 정신을 어떻게 사용하면 더 만족스런 성과를 얻을 수 있을까?

당신도 이 세상의 많은 사람들과 마찬가지로 어떻게 생각할 것인가, 즉 무엇을 생각할 것인가를 검토해야 한다. 요컨대 당신의 인생에 있어서 최대의 만족을 얻기 위해서는 어떤 방향으로 정신을 이끌어 가느냐가 가장 중요한 문제이다. 당신은 당신의 신념대로 무엇이든 받게 된다. 당신이 신념을 바꾸면 당신의 체험세계가 바뀐다. 당신의 완력이나 위력은 모두 보이지 않는 것에 대한 당신의 신념에서 오는 것이다. 스스로 강하다고 믿어 보라. 그러면 당신은 강하다! 의심을 가져 보라. 그러면 당신은 약하다!

대다수의 사람들은 늘 자기의 생각에 브레이크를 걸고, 상상력의 앞길에 돌을 갖다 놓는다. 신념의 새로운 상태는 의지의 힘을 쓰거나 주먹을 틀어쥐거나 이마에 주름을 잡는다고 믿어지는 것이 아니다. 누구든 자기를 믿으라고 강요한다고 해서 믿어지는 것이 아니다. 합리적이고 논리적인 기초를 바탕으로 삼을 때 신념은 서며, 그것을 진실한 것으로서 믿으며 행동으로 밀고 나갈 때 믿어지는 것이다.

아주 현명한 어떤 사람이 지난 날 이렇게 말했다. "일이 따르지 않은 신념은 죽은 것이나 다름없다." 이 말은 곧 당신이 가진 신념을 실행하지 않는 한 신념이 없는 것과 같다는 뜻일 것이다. 신념은 활동을 시킴으로써 비로소 활기를 갖게 되는 것이다.

유명한 마이어는 "백만 달러의 성공계획 5원칙"에서 성공의 핵심 요소로 다음과 같이 말하고 있다.

첫째, 목표를 뚜렷하게 잡을 것, 둘째, 목표를 달성하기 위한 계획과 그 달성 기한을 설정할 것, 셋째, 마음 속에 새겨 놓은 인생의 꿈에 진지한 욕망을 불태울 것, 넷째, 자신의 가능성에 대하여 할 수 있다고 하는 자신감을 가질 것, 다섯째, 장애요소를 분석하여 주위의 상황에 구애됨이 없이 마음 속에 그려 놓은 계획을 강인한 결의 아래 달성하고자 노력할 것 등이다. 여기에서 결의란 일관성, 지속성을 말한다. 따라서 결의했을 경우에는 치밀한 행동계획을 세워 끈기 있게 추진해야 한다.

대체로 인간은 자기자신이 특기를 가진 일에 집중하며, 그 방면에서 능력을 발휘하게 되면 매우 왕성한 자신감을 지니게 된다. 일단 자신감을 갖게 되면 인간의 두뇌기능은 놀라울 정도로 발휘된다. 지금까지 자신감이 없었던 분야에서도 큰 성과를 거두게 되는 것이다.

6. 지금은 프로만이 살아남는다

"내가 20~30억 원을 투자할 테니 적당한 레미콘공장을 하나 인수해 경영을 맡아 주지 않겠습니까? 복합불황시장의 어려움은 내가 돈으로 밀어 드리겠습니다."

얼마 전 퇴직한 L씨는 평소부터 알고 지내던 이모부의 친구로부터 뜻밖에 제의를 받았다. 회사에서 부장으로 밀려난 자신에게 레미콘회사의 사장 직책을 주고 이익금도 배분해 주겠다고 하니 참으로 고마운 일이었다. 그는 요즘 인수할 공장을 알아보느라 집에도 들어가지 않고 전국을 신나게 돌아다니고 있다. 23년 동안 다른 곳에 눈 돌리지 않고 레미콘사업 분야에만 흥미를 갖고 일해 온 결과이다.

H그룹에서 사보 발간업무를 9년간 담당했던 J씨는 지금 중견 광고회사의 사장이다. 대학에서도 학보를 편집했고 국내 대기업 사보 담당자 모임의 회장을 3년 동안 맡았다.

대기업에서 남들이 기피하는 총무사업을 15년 넘게 담당하다가 밀려난 N씨는 요즘 다시금 영어 공부에 몰두하고 있다. 세계 유수의 빌딩청소 용역회사의 국내지사 설립을 추진하고 있기 때문이다. 궂은 일의 국내 최고 전문가가 되겠다는 것이다.

사원의 전문화를 경영의 원칙으로 삼는 다국적기업들로부터 많은 한국인 벤처사업가들이 탄생했다. 모 그룹의 회장님은 월급쟁이 시절 이미 의류제품의 전문가였다. 이를 바탕으로 독립했고, 무역종합상사까지 만들 수 있었다. 지금과 같은 복합불황시대는 한편으로는 전문화의 시대이다. 살아 남은 사람들이야말로 재직 시에 가장 관심 있었던 분야로 자신의 업종을 전문화시켜 성공하고 있다.

어느 회사에서 두 영업담당 이사가 사장실로 급히 불려갔다.

"S이사, 국내경기가 아무리 죽었다지만 이게 뭐요. 월급날이 일주일 뒤고 월말에 막을 어음이 한두 푼이 아닌데, 날보고 어쩌란 말이오!"

"죄송합니다만 국내영업팀에는 기대를 말아 주십시오. 영업활동비를 삭감하는 바람에 '애들'이 풀이 죽어 기대하기 힘듭니다."

"M이사, 그렇다면 수출 쪽밖에 없는데……."

"기대해 주십시오. 해 보겠습니다."

M이사는 베트남에 출장 간 김대리에게 팩스를 보냈다. 끝에는 이렇게 썼다.

"이번 달 전체사원의 월급은 김대리가 해결할 것으로 사장님이 기대하고 계시네. 대리가 '대표이사'의 준말이라고 누군가 얘기했던 것이 바로 이런 경우라고 믿고 있네."

며칠 후 K이사는 풀이 죽어 있는 S이사를 위로하기 위해 찾았다. K이사가 물었다.

"댁의 자녀들은 공부 잘하나요?"

"말도 마쇼. 큰 애는 대학 걱정 말라지만 기대도 안 해요. 떨어지면 군대나 보내지 뭐. 작은 애는 전문대라도 가면 다행이고……. K이사도 애가 둘이죠?"

"네, 큰 애는 서울에 있는 대학에는 꼭 들어가겠다니까 그렇게 믿고……. 딸은 운세가 기막히게 좋다니까, 시집가서 잘 살 걸로 기대하고 있습니다."

며칠 후 여직원이 팩스를 들고 뛰어 들어왔다. 내용은 "우선 30만 달러 수출신용장을 열었습니다. 더 뛰겠습니다. – 김대리."

성공하는 상사는 부하의 능력을 적극적으로 믿고 기대하며 일을 맡긴다. 그리고 그들은 상사를 성공시킨다. "역경과 싸울 줄 모르는 사람은 단명한다."고 알레시스 카렐 박사는 말했다.

회사부도, 대기발령, 조직축소, 비용절감, 명예퇴직, 정리해고 등으로 인하여 많은 직장인들의 마음이 편치 않다. 한 번 조직개편이 있게 되면, 한두 자리가 아니라 수십 자리씩 사라진다. 많은 사람들이 갑자기 자리를 잃거나 대기발령을 받는다. K부장은 걱정이 태산 같았다. 영업이 잘 되지 않는 것이다. 열심히 해도 목표를 달성하기가 쉽지 않다. 그는 최악의 사태를 생각해 보았다. 퇴직하는 것이다. 그렇게 결심을 하고 나니 마음이 한결 편해졌다. 최악의 상황을 개선하기 위해서 무엇을 할 것인가를 고민했다. 또한 직원들과 회의를 하면서 영업실적을 올리는 방법에 대해서 구체적으로 논의했다. 힘차게 일하는 K부장의 모습을 보면서 직원들도 용기를 냈고, 따라서 영업실적이 점점 좋아지기 시작했다. K부장은 이제 걱정을 하지 않는다. 걱정할 시간이 있으면 열정적으로 일을 하기 때문이다.

걱정이 생길 때마다 스스로에게 자문해 보라. 최악의 상황은 무엇이며, 그 상황을 어떻게 개선할 것인지. 그리고 불가피한 일이면 받아들여라. 자신이 조정할 수 없는 일에 대해서 근심하느라고 시간과 에너지를 낭비하지 말자.

7. 20대는 기본 실력을 숙달하라

당신은 현재 어떠한 20대를 보내고 있는가? 그것은 과연 빛나고 내실 있는 생활인가 아니면 근심·불만의 와중에서 방황하는 생활인가?

바로 20대 청춘을 어떻게 보내느냐에 따라 인생의 중대한 기로가 된다. 즉 20대는 20대만의 별개의 성격으로 다룰 수 없는 것이 곧이어 30대를 맞이해야 할 세대이기 때문이다. 그리고 20대는 가장 중요한 인생을 살아가기 위한 '인간의 기본'을 숙달해야 할 인생출발의 준비기간이기도 하다. 이 시기에 몸에 배인 '성격'은 일생을 지배한다고 해도 과언이 아니다. 바로 여기에서 인생의, 그리고 인간의 기본적인 가치는 이미 결정되는 것이다. 좀더 명확하게 말하자면, 20대에서 완전한 평가를 받지 못하거나 받을 수 없는 사람은 30대에서도 제대로 인정받기가 어려워진다. 이런 점에서 20대는 인간의 기본을 익혀야 되는 세대라고 할 수 있다.

그렇다면 과연 20대에 무엇을 달성하고 성취해야 하는가?

두말 할 나위 없이 20대는 체력, 정신력, 활력이 보장되는 인생의 황금기라 할 수 있다. 이러한 귀중한 시기에 어떻게 인생 프로그램을 작성하여 시간을 보내느냐가 인생의 성공을 결정짓는 중요한 열쇠가 되는 것이다. 인생의 경주에는 목적이나 목표도 다양하게 마련이다. 즉 천차만별이 아닐 수 없다. 또한 어린 시절에는 누구나 꿈을 안고 미래를 설계하면서 성장하게 된다. 개중에는 꿈을 향해 구체적으로 실천해 가는 사람이 있는가 하면 중도에서 꿈을 포기하고 전혀 다른 길을 걷는 사람도 있다. 무엇보다도 뚜렷한 목적·목표를 설정하고 가능한 한 그것을 구체화시켜 가는 일, 이것이 곧 인생계획인 것이다.

과연 당신은 지금 어떤 인생목적을 갖고 있는가? 가정의 행복, 사업의 번창, 안정된 생활, 경영자의 길, 전문분야에서의 프로 등 여러 가지가 있을 것이다. 그러나 이것을 구체적으로 실행하는 기술이 없으면 그야말로 꿈에 지나지 않는다. 인생계획을 짠다는 것은 사업계획을 짜는

것과 같다. 20대의 인생 프로그램을 짜기 위해서는 다음과 같은 착안이
필요하다.

- 현실 – 현재 당신의 상황은 어떠한가?
- 목적 – 당신은 어떻게 되고 싶은가, 그리고 어떻게 인생을 끝마치
  고 싶은가?
- 목표 – 그것을 성취하기 위해서는 언제까지 무엇을 어떻게 할 것
  인가?
- 해결방법 – 어떠한 해결방법을 갖고 있는가?
- 시스템 – 구체적인 계획 · 실행방법은 무엇인가?

시간은 순식간에 지나가 버린다. 하루빨리 목표를 설정하고 미래를
향해 어떤 순서로 행동할 것인가를 설계하는 것이 중요하다. 출발이 빠
른 자가 선두를 달리는 것은 당연하다. 인생경주도 이와 마찬가지이다.
우선 인생의 목적을 확실하게 설정하도록 한다.

과거 옥스퍼드대학 교수였고 유명한 의사였던 윌리엄 오슬러는 젊은
시절 많은 고민을 했었다. "인생을 어떻게, 무엇을 하고 살아야 하는
가?"라고 고민하던 그는 토머스 카알라일이 쓴 책의 한 구절을 읽고 위
기로부터 벗어날 수가 있었다고 한다. "인생에서 중요한 임무는 먼 곳
에 있는 것을 희미하게 보는 것이 아니라, 확실하게 보이는 가까운 곳
에 있는 것을 실행하는 것이다."라는 말이었다. 이 말을 읽은 후 그는
철저히 현재에 충실했다. 지나간 일들은 과거로 묻어 버리고 미래도 닫
아 버렸다. 그는 내일을 향해 가능한 한 좋은 준비 방법은, 오늘의 일을
오늘 하기 위해 모든 지식과 정열을 집중하는 일이라고 말하면서 매일
매일에 충실했다. 따라서 그는 당대의 가장 유명한 의사가 되었다.

지금 우리들에게 주어진 시간은 24시간뿐이다. 과거와 미래를 닫아 버려라. 오늘 해야 할 일의 리스트를 만들어 중요한 일부터 먼저 처리하는 지혜가 필요하다.

8. 30대는 차별화 능력을 쌓는다

30대! 이 시기를 음악에 비유한다면 미완성의 교향곡이라 할 수 있다. 결과는 아직 한 가지도 창조되지 않았으나 이 연주가 끝나는 40대 이후의 장래에 대한 성공확률이 결정되는 시기이기도 하다. 따라서 이때 무엇보다도 중요한 것은 음악연주를 끈기 있게 계속할 수 있느냐 하는 점이다.

또한 30대는 일에서도 가장 정력적으로 활력을 투입할 수 있는 연령이다. 이런 점에서 30대의 직업관에서 가장 중요한 정신은 어떠한 일을 하든 결코 싫증을 낸다거나 중도에서 포기하지 않는 인내이다. 그리고 일에서 일로 쫓기는 한이 있더라도 결코 자기자신을 잃지 않겠다는 투철한 정신자세가 중요하다. 출세! 30대는 어느 정도의 성공 내지는 수확을 거두어야 하는 연령이기도 하다. 그것은 또한 직업인의 사명이며 성공을 위한 40대로의 발판이 되는 것이다.

30대는 자신의 신체 속에 활력을 비축해 놓을 수 있는 실력이 중요하다. 그리고 일은 물론 취미에서나 공부에서도 집중할 수 있는 자세가 중요하다. "나는 아직 젊기 때문에 뭔가 되겠지!", "아직은 젊은데 그렇게 초조해할 필요가 있을까?", "그럭저럭, 되겠지!" 이렇게 말하는 신세대들도 있을 것이다. 그러나 30대가 되어 이렇게 말하는 사람은 앞날이 불투명한 인생이 아닐 수 없다. 이 시기에 남보다 뒤처져 쫓아가기만

하는 방랑생활을 계속하고 있다면 이는 분명히 돌이킬 수 없는 세월이 될 것이다.

여하튼 30대는 한 발짝을 쉬게 되면 두 발짝은 뒤처지게 된다. 또한 타인과 동일한 생활습관을 고집한다면 자신은 곧 살아있는 의미가 없는 것이다. 무엇보다도 부가가치가 높은 차별화 인생이 중요하다. 30대, 이 10년간의 세월이야말로 성공을 위한 결정적인 격차를 벌려 놓을 수 있는 시기라는 점에서 그 이후의 인생성공을 크게 좌우하게 되는 것이다.

예로 부터 "영국 사람은 생각하고 나서 달리고, 프랑스 사람은 생각하면서 달리며, 이탈리아 사람은 달리고 나서 생각한다."고 하는 유명한 속담이 있다. 이에 대하여 대부분의 사람들은 "이탈리아 사람들은 지나치게 경솔하며, 영국 사람들은 너무 신중하다. 따라서 가장 이상적인 타입은 생각하면서 달리는 프랑스 사람이다."라고 평가하는 것이 일반적인 경향이다.

이와 같은 속담은 세 나라의 국민성에 대한 독특한 차이점을 분명하게 표현한 말이라고 볼 수 있다. 또한 이와 동시에 발상력, 즉 지식과 행동의 두 가지 핵심동기가 인간의 입장에서 볼 때 얼마나 중요한 요소인가를 시사하고 있어 흥미롭다. 사고와 행동의 통일, 불가분성 - 이것은 인간이 '만물의 영장'으로 지구상에 군림해 온 이래 끊임없이 추구해 온 영원한 테마이며 앞으로도 영구적으로 변하지 않는 진실이다. 이를테면 회사에 근무하고 있는 직장인이나 자영업을 하는 개인의 경우에도 당면한 문제를 해결함에 있어서는 문제를 어떻게 생각하며 어떻게 행동할 것인가 하는 것이 핵심포인트가 되고 있다. 이때 가장 어려운 문제는 지식과 행동을 어떻게 조화시키느냐에 있다고 본다. 왜냐 하면 그것이 곧 성공과 실패의 분기점이 되기 때문이다. 특히 미래의 전망이나 예측이 불투명할 때 행동의 결단문제는 가장 중요한 요소라고 볼 수 있다.

인생이란 순간순간을 지혜롭게 극복해 가는 과정이며 또한 시간과의 싸움이라고 본다. 이 때 지식을 우선한 채로 일류대학을 우수한 성적으로 졸업해야 한다는 지식 만능주의의 발상으로 시간을 할애해 온 소위 인텔리 타입은 이것저것 많은 지식을 지니고 있음으로 해서 오히려 신속한 결단을 내려야 하는 순간에는 지식을 앞세운 나머지 당황하거나 망설이게 되는 경우가 많다.

독일이 낳은 유명한 문호 괴테는 "행위란 자신의 모습을 비추는 거울이다."라고 역설한 바 있다. 인간은 대학교수 등 인텔리 타입의 인간을 일단 존경하지만, 사느냐 죽느냐의 갈림길에 봉착했을 경우에는 고매한 학식보다 그 사람이 위기에 처했을 때 과연 어떠한 판단과 결심으로 어떻게 행동하느냐가 더 값진 교훈이 되지 않을까 생각한다. 이와 같은 견해는 결단의 판단력이 빠른 사람들에게 공통된 인식이라고 본다. 사느냐 죽느냐의 갈림길에서는 언변 또는 말재주가 능란하다는 점만으로 살아 남을 수는 없는 세상이다. 이 때 가장 중요한 점은 선견력에 입각한 정확한 판단 아래 빠른 실행이 수반되지 않으면 아무도 그 사람을 높게 평가해 주지 않는다는 것이다. 카알라일은 『영웅숭배론』에서 "인생의 목적은 행위에 있는 것이지 결코 사상이나 공상에 있는 것이 아니다."라고 강조하고 있다.

9. 이것이 직장인의 성공비결이다

최근 급변하는 기업경쟁에서 생존하기 위해서 자기 성공 프로그램을 치밀하게 짜야 할 시대가 왔다. 필자는 직장인의 성공조건으로 다음의 6가지를 권하고 싶다.

첫째, 자기 직업을 사랑한다. 직업에 대한 애정은 일을 깊이 있게 파고들도록 하는 원동력이 된다. 따라서 인기직업보다는 자신의 적성에 맞는 직업을 선택해야 성공한다.

둘째, 새로운 기술 및 경영기술 등을 끊임없이 습득하도록 한다. 최근에는 특정 부문의 전문기술도 불과 몇 년 사이에 노화되거나 그 중요성을 잃게 된다.

셋째, 담당직무에서 탁월한 능력을 발휘한다. 달갑지 않은 일이라도 담당업무에 관한 한 회사에서 최고를 목표로 한다. 또한 자신이 좋아하는 업무에만 매달리면 상사로부터 좋은 점수를 받지 못한다.

넷째, 국제 분야의 실무경험을 쌓는다. 해외영업능력, 외국어능력, 시장조사능력에서 탁월한 능력을 발휘한다. 여하튼 이제는 세계지도를 보고 비즈니스를 해야 하는 시대가 왔다.

다섯째, 사내에서 새로운 사업 아이템을 개발한다. 기업가적 마인드를 갖고 신규사업 아이디어를 제안한다. 아이디어 제안 능력이 우수하면 발탁되는 경우가 많다.

여섯째, 성장가능성이 있는 업무분야를 스스로 개척한다. 남이 못하는 업무영역에서 탁월한 능력을 발휘한다. 그리고 인사, 자금, 영업, 생산, 기획, 구매 등의 다양한 업무경험을 쌓는다. 이렇게 하여 경영 컨설턴트 능력을 갖춘다. 따라서 자신의 능력을 극대화시켜 종합력을 발휘하기 위해 착안해야 할 사항을 기술해 본다.

- 자신에게 능력이 없기 때문이라고 하는 비관적인 생각을 버리고 적극적으로 행동한다.

- 자신의 일을 철저하게 숙달하여 보다 세련된 기술을 연마한다.
- 일을 재미있게 하면서 집중한다.
- 어떠한 실패나 쇼크에 대해서도 구애받지 않고 분발한다.
- 간혹, 절망적인 순간이 있더라고 곧바로 기분전환하여 마음을 수정한다.
- 자기방어에 치우치지 않으면서 자신의 결점을 알도록 한다.
- 끊임없이 왕성한 창조력을 발휘하여 일을 성취시킨다.
- 자신의 업무에 끈기 있게 집중력을 발휘한다.

자신의 단점이나 결점들이 신경이 쓰인다면 성공은 어려울 것이다. "나는 유능한 남자다. 무엇이든 할 수 있다."라는 타입과, "나는 별로 능력이 없어. 이 정도밖에 할 수 없다."라는 타입의 남자를 비교할 때, 어느 쪽이 성공확률이 높겠는가?

물론, 자신과잉이 뜻밖의 함정이 될 수도 있고, 내성적인 인간이 매우 훌륭하게 일을 할 수도 있다. 그러나 통계적인 비율로 보면, 자신에게 자신감을 갖는 인간 쪽이 압도적으로 일을 끝까지 성취할 확률이 높다. 한 예로 모 대학에서 강의를 맡은 K교수가 다음과 같은 실험을 해본 적이 있다. 입학시험 때에 참으로 비슷한 정도를 실력을 나타낸 두 개의 클래스를 선택하고, 한 클래스에서는 강의를 시작하기 전에 "여러분의 잠재적 능력은 대단히 높다. 그러나 지금까지, 별로 노력을 하지 않았던 것 같다. 높은 잠재능력을 가지고 있는 여러분들이니까 열심히 하면 반드시 우수한 능력을 유감없이 발휘할 수 있을 것이다."라고 1년간 계속 강조했다.

실제로, 잠재능력이란 편리한 말이다. 당시 그에게 잠재능력의 측정 방법은 전혀 없었다. 또다른 클래스에서는 아무것도 말하지 않았다. 강의한 내용은 마찬가지였지만, 강의의 서두에 클래스에서 언급한 말은 하지 않았다. 그 결과 1년 후의 성적은 크게 달랐다. "잠재능력이 있다.", "하면 된다."는 말을 계속 들었던 클래스의 학생 쪽이 훨씬 높은 성적을 내게 된 것이다. 그것과 동일한 실험을 다른 곳에서도 해 보았다고 한다. "학생 여러분, 여러분은 장래에 촉망받고 있다. 학생들의 미래는 더 없이 밝다. 노력만 하면 반드시 성공으로 이어진다."라고 강조했던 클래스와 아무 말도 하지 않고 강의만 한 클래스를 준비하여 그 결과를 비교해 보았다. 그러자 역시, 미래의 기대를 책임진 클래스 쪽이 훨씬 좋은 성적을 올렸다고 한다.

10. 실패를 두려워말고 자기전문분야를 다진다

프로는 자신의 실수를 모두 책임질 줄 아는 사람이다. 말을 하다보면 '할 수 없는' 이유는 수없이 많다. 시간이 없어서, 오늘은 일진이 나빠서, 부하직원이 무능해서 등등 이루 헤아릴 수도 없을 정도다. 그러나 실수를 실수로 생각하지 않거나 자기의 실패를 남과 비교해 보며 안심하는 사람은 직장인으로는 실격이다.

실수의 원인과 결과를 노트에 써두면 실수는 성공의 기반이 되고, '실수·반성 노트'는 언젠가는 '성공 노트'로 변화한다. 단 한 번의 실수로 위축되고, 쓸데없이 자신감을 잃은 나머지 일 자체를 두려워하는 것은 어리석은 일이다. 같은 실수를 되풀이하는 사람은 바보지만, 공부한 셈치고 실수의 원인을 정확하게 분석하면 된다. 실수를 회피하지 말고 정면으로 맞부딪쳐라.

이미 발생한 문제는 불평하지 말고 차분히 대응한다. 이를 위해서는 무엇보다도 사실관계를 분명히 해 둘 필요가 있다. 문제점을 정리하기만 해도 문제의 95%는 자동적으로 해결된다. 진정 해결이 필요한 문제는 나머지 5%뿐이다. 최악의 상황은 문제가 닥쳤을 때 풀이 죽어 위축되는 것이다. 무슨 일이든 그렇지만 소극적인 태도나 허둥지둥해서는 잘 되는 일이 하나도 없다. 특히 문제가 발생했을 때일수록 더욱 주의해야 한다. 그렇지만 문제가 발생하는 순간, 잠깐 사이에 비관적 생각에 빠져 버리는 사람이 의외로 많다, 그런 마음가짐으로는 해결할 수 있는 문제도 처리하지 못하고 만다.

상대방을 배려하고 있다는 느낌이 들도록 행동하라. 오히려 문제를 활용하여 상대방이 플러스가 되도록 문제를 마무리한다면 그 문제는 성공의 바탕이 되는 것이다. 지금처럼 시시각각 변해 가는 세상에서 변화를 두려워하지 않고, 변화를 추구하며, 항상 개선하는 사람만이 성공할 수 있다.

지식이든 기술이든 향상된 것을 신속히 흡수하고 소화함으로써 결과는 눈에 띄게 좋아진다. 따라서 자신의 전문분야에 관한 한 시간과 돈을 아끼지 않아야 한다. '이 세미나는 청강하고 싶다.'는 생각이 들면 곧바로 신청한다. '노트북이 있으면 일의 능률이 획기적으로 오를 것이다.'라고 생각되면 망설이지 말고 자기 돈으로 구입하라. 돈이나 시간 모두를 가능한 한 자신이 생각한 것, 자기에게 진정 중요하다고 생각되는 것에 투자한다. 지식을 축적하고 언제든 활용할 수 있도록 데이터화해 둔다. '보다 빨리, 보다 능숙하게' 할 수 있도록 기술을 빨리 연마한다. 끊임없이 새로운 것을 입력하고, 또 계속 새로운 것을 출력한다.

이렇게 생각하고 살라. 즉 그대는 지금이라도 곧 인생을 하직하지 않으면 안 되는 순간이라고. 이렇게 생각하고 살라. 즉, 당신에게 남겨져 있는 시간은 생각지 않은 선물이라고 강조한 사람은 마르쿠스 아우렐

리우스였다.

진지하게 일을 하고 있는 직장인은 누구나 업무에 필요한 좋은 생각이 떠오르지 않아 궁지에 몰린 채 머리를 쥐어짜본 경험이 있을 것이다. 그럴 때 당신은 어떻게 하는가?

마음이 끌리는 일이나 자신이 모르는 것은 곧바로 현장조사 한다. 우선 책이나 참고자료를 찾아보고, 주변의 선배나 동료에게 물어 보라. 의문을 곧바로 풀어 놓는 것은 자기를 위해서나 남을 위해서나 바람직한 일이다. 좋은 아이디어에 관한 가장 간단한 정의는 '아직 누구도 하지 못한 것' 이다. 아이디어의 생명은 독창성이다. 현장지식의 발상으로는 좋은 아이디어가 떠오르지 않는다. '이것이 마지막' 이라고 생각하면 의외로 자연스럽게 아이디어가 떠오르는 경우가 많다.

11. 빌게이츠는 이렇게 성공했다

빌 게이츠가 하버드대를 중퇴하고 마이크로소프트(MS)를 창업했을 때 어느 누구도 MS가 IBM이나 DEC같은 거대 기업을 제치고 세계 최고 IT(정보기술)기업이 될 것이라 예상하지 못했다. 아마존닷컴의 제프 베이조스가 시골 교외에 창고를 빌려 인터넷서점 사업을 시작했을 때도 그것이 신(新)유통혁명의 서곡이라는 것을 아무도 몰랐다.

빌 게이츠와 제프 베이조스와 같이 새로운 아이디어로 무장해, 기존의 시장질서와 경쟁해 성공한 예를 국제 경쟁력이 뛰어난 나라에서 수없이 많이 찾을 수 있다. MS와 아마존 탄생의 배경은 새로운 사고와 변화를 받아들이고 기존 시장질서에 도전하는 자들에게 공정한 게임원칙을 제공하는 사회 분위기다.

미국이 1990년대 IT분야의 발전을 통해 제2의 경제부흥을 이룬 것은 새로운 사고, 즉 변화를 주도하는 사람을 인정하고 적극적으로 지원한 사회 분위기가 큰 몫을 했다고 본다. 미국의 최대 강점은 세계 제1의 군사력도 아니고, 풍부한 자원이 묻혀 있는 넓은 땅덩어리도 아니다. 새로운 사고를 권장하고, 새로운 사고와 발상을 해 성공한 사람이 충분한 대가를 받는 사회 분위기가 미국부흥의 견인차 역할을 한 것이다. 백만장자를 꿈꾸는 모험심 강한 젊은이들이 기존의 거대 강자와 공정한 게임을 치를 수 있는 환경이 중요하다. 그런 환경이 없다면 다윗은 영원히 골리앗을 이길 수 없다. 아마 공정한 싸움을 할 수 없다면 그렇지 않아도 키 작고 힘없어 불리한 다윗들은 골리앗과 싸울 생각조차 품지 못할 것이다.

역사 속으로 사라져 버린 국가나 문명은 새로운 변화와 도전을 거부했다. 또 은연중에 새로운 사고를 지닌 자들을 삐딱하게 보는 문화가 생겼다. 새로운 사고와 도전을 거부하고 공정한 게임의 원칙을 제시하지 못한 남미나 중동의 일부 국가와 기업은 세계무대에서 경쟁력을 상실하고 사라져갔다.

지금 과거 경험하지 못한 변화가 빠른 속도로 밀려들어 오고 있다. 변화의 시대에는 새로운 발상, 사고를 지닌 많은 사람이 필요하다. 새로운 생각, 새로운 시각을 우대하는 사회적 분위기 및 공감대가 필요한 것이다. 변화의 속도가 빨라지고 불확실성이 커지자 사회 일각에선 새로운 사고, 발상에 대해 두려움을 드러내기도 한다. 미래를 짊어질 많은 젊은 세대들도 불확실성 앞에서 당황하고 있다. 그들에게 미래에 대한 희망의 표본을 제시해 주어야 한다. 변화를 주도하고 시도하는 사람을 우대하고 격려하며 공정한 게임의 원칙을 만들어야 한다. 다양성과 새로운 사고를 인정하는 공정한 경쟁을 통해 새로운 기술과 제품이 탄생하고 국가 경쟁력은 높아질 것이다.

국민의 정부 시절 '신(新)지식인'이라는 용어가 등장했다. 새로운 사고와 시도를 중시하겠다는 것이었다. 그러나 우리는 제대로 그런 분위기를 사회적 합의로 만들어 신성장 동력을 만들지 못했다. 근본적인 사고의 전환 없이 단순히 몇 사람을 신지식인으로 임명해서 해결될 일이 아니기 때문이다.

콜럼버스, 에디슨처럼 새로운 사고를 지닌 자들은 그들이 속한 국가가 세계를 제패하는 데 견인차 역할을 했다. 우리 사회를 더욱 다양성이 인정되고 새로운 것을 자연스럽게 받아들이는 사회로 만들고, 공정한 경쟁의 룰을 확고하게 세운다면 수많은 성공한 사람들을 배출할 수 있을 것이다. 희망을 가진 젊은이들이 그 성공한 사람들의 대열에 합류하기 위해 최선을 다할 것이기 때문이다.

2장

과연, 나는 회사의 인재인가

1. 회사 규칙 잘 지키는 직장인이 인재사원이다

회사에서 근무한다고 하는 것은 그 조직의 구성멤버가 된다는 측면에서 당연히 그 조직이 정한 규칙에 따르지 않으면 안 된다. 회사는 공통의 경영목표를 달성하려고 하는 인간의 집단이기 때문에 개인적인 견해나 개인플레이는 허용되지 않는다. 따라서, 어느 회사에서도 그 조직을 유지·발전시켜가기 위해서는 그 조직관리와 운영에 대한 기본적인 조직원칙을 정하여 전사원이 협력해갈 수 있는 경영체제를 유지하고 있다.

자신이 근무하고 있는 회사의 규칙을 잘 이해하고 충실하게 지키면서 실행해가는 것이 직장에서 실무능력과 경력계발의 출발점이다. 회사조직의 규칙상 핵심적인 내용은 다음과 같다.

1) 사규 · 사칙을 따를 것

회사에는 조직에 관한 규칙과 규정이 있으며, 사원들은 이것에 복종할 의무를 가지고 있다. 특히 취업규칙에서 정하고 있는 조항에 따라야 한다. 또한 여러 가지 규정도 필요에 따라 잘 숙지해 둘 필요가 있다.

2) 사시(社是) · 사훈(社訓)을 지킬 것

어느 회사이든 경영목적과 경영이념을 갖고 있으며 방침과 슬로건을 내세워 전사원의 의사통일을 결집하여 지켜야 할 근본자세를 확립하고 있다. 따라서 자기 회사의 사시 · 사훈의 정신을 숙달하면서 충실히 지키도록 노력해야 한다.

3) 권한과 책임을 명확하게 할 것

자신의 직무권한과 책임을 명확히 해 두는 것이 중요하다. 권한이 없는데 책임만 묻는다든가 권한이 있는데도 권한을 제대로 행사하지 못하고 무책임하게 일을 하지 않도록 권한과 책임과의 균형을 유지하도록 노력한다. 또한, 부여된 책무는 완전하게 수행할 책임이 있다는 점에서 강한 책임감과 사명감을 갖고 업무에 임해야 한다.

4) 직무내용과 범위를 명확하게 할 것

자신의 직무내용과 범위는 명확하게 파악해 두는 것이 중요하다. 또한 자신의 직무에 대해 공정한 평가가 이루어지고 있는가 어떤가를 확인하도록 한다.

5) 문서주의를 지킬 것

중요사항은 구두가 아닌 문서로 기록·보관해 두는 것이 안전하다. 또한, 지시·전달·보고·제안 등도 가능한 한 문서로 처리하도록 한다. 이를 위해서는 각종 문서작성의 기술을 숙달하도록 하고 각종 문서의 양식을 단순화 또는 표준화하여 문서를 관리하기 쉽도록 한다.

6) 균형 잡힌 조직관리를 추진할 것

기업의 경영조직은 불균형이 되면 구조력이나 기능적으로 건전한 성장이 어렵게 된다. 조직은 횡적, 종적으로 균형을 유지하면서 균형 있게 성장하지 않으면 안 된다. 자기가 소속하는 부서가 조직전체와의 관계에서 균형유지가 가능하도록 커뮤니케이션, 코디네이션(조정), 팀워크의 활성화를 도모하면서, 또한 다른 부서와의 협력체제를 유지하도록 한다.

7) 환경변화에 탄력적으로 적응할 것

최근 회사를 둘러싼 환경과 상황은 빠르게 변화하고 있다. 경영조직은 이들의 변화 트랜드에 항상 탄력적으로 적응하지 않으면 안 된다. 따라서 여러분들도 이러한 회사의 적응변화에 탄력적으로 적응하여 자기 업무에 혼돈이 발생하지 않도록 해야 한다. 회사는 자사의 성장·발전단계에 따라 끊임없이 내부개혁, 즉 조직재편성, 조직개발, 인사이동 등을 추진하기 때문에 회사 내의 움직임에 대해 민첩하게 대응해 갈 수 있는 순응성(협조성)을 숙달해 두도록 한다.

8) 경영목표에 집중할 것

모든 경영요소가 회사의 경영목표를 향해 통합되고 있으면 그 조직은 박력이 있고 전진하게 된다. 따라서 회사의 경영목표를 잘 파악하여 자기자신을 그 방향으로 함께 모든 역량을 집중해야 한다. 항상 자기를 올바른 방향을 향해 회사의 움직임에 보조를 맞춰 가는 자세가 중요하다.

9) 개성과 독자성을 발휘할 것

회사의 목표에 자기를 통합시킨다고 하는 것은 자신의 주체성을 잃지 않으면서 조직 속에서 융화하면서 개성과 독자성을 유지하라는 뜻이다. 그리고 독자성은 직장에서 자신의 존재가치를 인정시키는 강력한 무기이다. 회사는 다양한 개성을 가진 사람들의 조직체이기 때문에 강력한 것이며 성장하게 되는 것이다.

10) 능률과 생산성을 높일 것

가장 우수한 경영조직은 가장 능률적인 생산성이 높은 시스템을 말한다. 동일한 시간 내에 동일한 일을 어떻게 하면 가장 능률적으로 추진할 수 있는가, 어떠한 시스템으로 해야만 가장 높은 생산성을 올릴 수 있을까를 항상 연구하여 테크닉을 연마해야 한다. 직장인의 실력은 능률과 생산성으로 평가되는 것이다.

11) 창조적인 인간관계를 구축할 것

조직은 인간으로 구성되어 있다는 점에서 인간관계는 매우 중요하다. 새로운 가치를 창조하는 건설적인 인간관계를 만들어 가는 것이 조직활성화의 지름길이다. 따라서 직장에서의 인간관계를 보다 창조적인 것으로 만들어야 한다.

12) 평화적으로 문제를 해결할 것

직장에서는 여러 가지 문제가 발생하는데 문제가 발생한 경우에는 논리적·평화적으로 해결하도록 노력한다. 또한 직장에서는 사적인 문제로 인해 공사혼동(公私混同)이 발생하지 않도록 하는 것이 조직의 기본규칙이다.

13) 커뮤니케이션을 중요시할 것

커뮤니케이션은 조직활동을 촉진하고 발전시키는 윤활유이다. 따라서 항상 종적, 횡적 커뮤니케이션을 원활하게 유지하도록 노력해야 한다. 특히 위로부터 상사로부터의 지시·명령에 대한 보고는 완벽하게 처리하도록 한다.

14) 회사 기밀을 엄수할 것

어떤 일을 하든지 일에는 기밀내용이 포함되어 있다. 회사의 기밀사항은 절대로 외부에 누설해서는 안 된다. 퇴근 후에도 회사 기밀은 기밀로써 보존하지 않으면 안 된다. 경우에 따라서는 기밀누설이 조직붕괴의 원인이 되기도 한다.

15) 경영참여를 촉진할 것

현재 자신이 관리직(간부)이 아니더라도 자사의 경영에 대하여 강한 관심을 가지고 경영에 참여하도록 관심을 가져야 한다. 앞으로의 시대는 특히 여성들이 경영층의 중역으로 승진하게 됨으로써 경영에 직접 참여하거나 경영혁신에 기여하는 기회가 많아지게 된다.

16) 엄격한 근무태도로 임할 것

매일의 근무태도의 누적이 결국은 자신의 장래에 지위를 결정하게 된다. 따라서 자기자신의 의욕향상에 관심을 갖고 직장에서는 모범적인 근무태도를 보여야 한다. 특히 무결근, 무지각, 무조퇴는 절대적으로 지켜야 하는 규칙이다.

2. 글로벌인재, 핵심인재는 국경이 없다

작년 10월 일본 경제신문의 계열자매지 '닛케이 비즈테크'는 삼성의 인재경영에 대한 특집을 게재한 바 있다. 이 잡지는 삼성이 글로벌 인재경영 확대를 통해 더 큰 성장을 추구하는 모습을 상세하게 소개하며 "삼성그룹이 (인재경영을 통해) 앞으로도 해외 거대 정보기술(IT) 기업을 선도해 나가는 '역전의 방정식'을 계속 구사할 수 있을지 관심"이라고 밝힌 바 있다.

삼성이 글로벌 경쟁의 첨병으로 확보·육성하고 있는 핵심 인재는 전체 인력의 3~5% 정도다. 핵심 인력을 선정하는 기준과 대상자, 급여와 대우 등은 인사 기밀로 좀처럼 공개되지 않는다. 계열사의 최고경영자(CEO)급 대우를 받는다는 S(Super)급, 주력 사업의 추진 인력으로 분류되는 A(Ace)급, 미래 S급 인력으로 양성 가능한 H(High Potential)급 등으로 분류된다는 사실 정도만 알려져 있다.

삼성이 이들 핵심 인재를 얻기 위해 기울이는 노력은 눈물겨울 정도다. 당장 이건희 회장부터 열성적으로 나서고 있는 상황이다. 삼성에 스카우트된 S급 인재의 경우 이 회장과의 첫 면담을 앞두고 '반드시 화장실을 다녀오라.'는 당부를 받는다. 길어야 두 시간이면 끝날 것으로 지레짐작했다가 낭패를 본 이들이 적지 않기 때문이다.

이 회장은 서울 한남동 승지원에 S급 인재를 불러 식사를 곁들여 거의 하루 종일 면접을 본다는 것이 한용외 삼성문화재단 사장의 귀띔이다. 그룹의 핵심 사업을 이끌고 갈 사람인만큼 업무 역량뿐만 아니라 사람 됨됨이를 관찰하는 데 한 치의 착오라도 없어야 한다는 판단에서이다.

핵심 인재를 영입하는 데는 이 회장의 장남인 이재용 삼성전자 상무도 결코 뒤지지 않는다. 삼성 본관 25층에 자리 잡은 그의 방에는 '삼고초려(三顧草廬)'라는 글귀가 담긴 액자가 걸려 있다. 한 사람의 특급 인재를 영입하기 위해 과거 중국 후한 말 유비가 제갈량을 상대로 삼고초려 했던 것처럼 성심을 다하겠다는 의지의 표현이다. 이 상무는 최근 그룹 내 상위 20% 내에 드는 연구·개발(R&D) 인력을 장차 S급 인력으로 양성하기 위한 방안 마련에 나섰다.

얼마 전 미국 보스턴에 있는 MIT(매사추세츠 공과대학)의 대형 강의실. '반도체의 미래'를 주제로 특별 강연을 한 삼성전자 황창규 사장은 강연 후 리셉션에 참가한 학생들에게 'USB드라이버(휴대용 데이터 저장장치)'를 하나씩 선물했다. USB드라이버는 손가락만한 크기로 대용량의 데이터를 저장할 수 있다. 그러나 개당 50달러가 넘는 이 선물에는 조건이 붙어 있었다. 학생들이 자신들의 전공과 관심 분야 등 인적 사항을 담은 소개서를 제출해야 하는 것. 인사팀의 직원은 "학생들이 제출한 소개서를 분석, 데이터베이스로 구축해 사내 통신망에 올리면 각 사업 부서에서 자신들에게 필요한 인재를 찾아 접촉한다."고 말했다.

황 사장은 지난 주 미국 MIT와 매사추세츠 주립대에서 두 차례 강연을 하는 동안 해외 우수 인력 채용을 병행했다. 인사담당자들과 연구·

인사 분야의 전무급 임원들이 대거 동행한 것도 이 때문이다. 이들은 오전 7시부터 핵심인력에 대한 면접(面接)으로 하루 일정을 시작했다. 또 강연을 할 때마다 황 사장 등 임원진 전원이 리셉션에 참여, 일일이 학생들의 질문에 답하여 핵심 인력 유치에 정성을 쏟았다. 특히 초특급 인재인 S(Super)급으로 분류된 인물은 사장들이 미국 출장 때마다 몇 번씩 직접 만난다는 귀띔이다. 삼성전자 메모리 사업부 이원성 전무는 "이번에 면접을 하는 사람들은 3~4년 전부터 꾸준히 관리해온 사람들" 이라며 "이들의 이력서에는 전공이나 경력 등 참고 자료가 수없이 붙어 있다."고 말했다.

박사급 인력 2,100명을 확보하고 있는 삼성전자는 매년 200~300명 씩 이 같은 방식으로 해외 핵심 인력을 충원하고 있다. 이를 위해 프로 야구팀처럼 미국 뉴욕 등에 담당인력을 두고 있고, 임원들이 해외 출장 을 갈 때는 반드시 스카우트 활동을 의무화하고 있다. 또, 매년 두 차례 씩 전사적(全社的) 차원에서 북미(北美) 지역 인재 스카우트 행사를 벌 이고 있다. 삼성 인사팀 직원은 "채용 설명회 대상 학교와 필수 면담 인 원을 선정하는 데만 2개월이 꼬박 걸린다."면서 "행사가 끝난 뒤에는 다시 핵심인력들의 특성과 전공 등을 면밀히 분석, 인사 자료로 활용한 다."고 말했다.

LG전자 · LG화학 · LG필립스LCD 등 LG 주력 계열사도 '해외 우수 인력 유치단'을 구성, 지난 2월과 3월 두 차례에 걸쳐 버클리 · 컬럼비 아 · 하버드 · MIT 등 북미 지역 30여개 대학을 돌며 채용 설명회를 개 최했다. 이 기간 확보한 인력 데이터베이스는 1000여개, 월 14~17일까 지 미국 시카고에서 최종면접을 실시할 계획이다.

LG는 이와는 별도로 사업부문별 사장급 임원이 직접 러시아 · 인도 등 주요 시장을 돌며 핵심 연구 인력을 스카우트 한다. LG 이병만 부사장은 "핵심 인력은 국적(國籍)이 없다."면서 "핵심 인력은 현재의 실적과 관련 없이 적극 채용한다는 것이 방침"이라고 말했다. 여기에 이공계 기피현상이 갈수록 심화돼 국내의 연구개발 인력이 크게 부족한 것도 한 원인이다.

포스코 역시 상반기에는 유럽, 2005년 하반기엔 북미 지역을 중심으로 해외 인력을 채용할 예정이다. 포스코는 임원급 인사담당자를 현지로 보내 채용 설명회를 개최한 뒤, 30명 안팎을 채용한다는 계획이 있다.

3. 중소기업, 맞춤형 인재육성 한다

최근들어 지방대학을 활용, 생산현장의 우수인력을 길러내는 산학(産學) 협력사업이 중소기업들 사이에 뿌리를 내리고 있다. 낮에는 직장에서 일하고, 밤에는 대학생으로 '변신'하는 '주경야독형' 직장인들이 중소기업의 핵심인력으로 자리잡아가고 있다.

얼마 전 저녁 8시 경기도 부천시 테크노마트 2단지 건물 내 강의실, 충남 대천대학 김정순 교수가 20여 명의 학생들에게 컴퓨터를 이용한 도면 설계제작 등 응용 프로그램에 대한 강의를 하고 있었다. 학생들 대부분은 부천시에 위치한 20대 후반의 중소기업 사원들과 40대 이상의 중소기업 사장들이다. 교육에 참가하고 있는 김헌규 원태정밀 대표는 "고급 인력들이 중소기업을 기피하고 있어 내부인력을 재교육시키려는 움직임이 일고 있다."며 "이곳에서 강의를 듣고 있는 직원 2명에게는 1인당 190만 원 상당의 학비를 지원하고 있다."고 말했다.

기간 중 중소기업에 고급인력이 모이지 않는 것은 어제오늘의 일이 아니다. 중소기업들은 외부에서 인재를 구하기가 어렵게 되자, '내부에서 인재를 양성하자.'는 움직임을 강화하고 있다. 최근 경기도 부천시, 부천 금형산업협동조합, 충남 대천대학 등 3개 기관이 연대해 금형 발전을 위한 '위탁 교육시설'을 마련해 학생들을 가르치고 있다.

'금형 위탁교육 시설'이 태동한 것은 2년 전, 부천시와 금형산업협동조합이 '인재양성'이란 목표 하에 충남 보령시 대천대학 금형학과(금형설계 및 제작전공) 교수진을 부천 시내로 초빙해 2년제 '금형학과'를 신설했다. 이 학과에서는 6개월 이상된 중소기업 근무자를 대상으로 일주일에 3번씩 오후 7시부터 10시 30분까지 재료역할, 도면설계법, 첨단지식 산업 등 전문적인 기술과 컴퓨터 지식을 가르치고 있다. 또 한 달에 한 번은 학생들이 대천대학에 내려가 1박 2일 현장실습을 한다.

김정순 교수는 "산·학 협력 하에 기존 사원의 재교육을 통해 인력난을 해결하고 고급 인력의 지속적인 확보를 위해 수업 내용을 더욱 보강할 것"이라고 말했다. 수업에 참가하는 학생들은 모두 37명(1학년 20명, 2학년 17명)으로 대부분 자발적으로 학교를 나오고 있다. '인재양성'이란 회사의 목표와 '자기계발'을 원하는 종업원의 의지가 맞아떨어진 셈이다. 작년 3월부터 수업을 받고 있는 양모씨는 "회사에서 배울 수 없는 이론적인 면을 보충하기 위해 학교를 다니기 시작했다."고 말했다. 양씨는 대천대, 부산 경남정보대학(KIT)이 전국 최고의 취업률을 기록한 데 이어 장제원 부학장이 산·학 협력 우수사례 유공자로 교육인적자원부 부총리상을 수상, 그 비결에 관심이 쏠리고 있다.

최근, 교육부는 전국의 대학과 전문대학의 산·학 협력 우수사례를 조사한 결과 장 부학장이 산·학 협력 최우수 유공자로 선정돼 교육부 부총리상을 받는다고 10일 밝혔다. 경남정보대학은 교육인적자원부가 최근 발표한 전국 3백 63개 대학과 전문대학 졸업자 53만 명을 대상으로 실시한 취업률 조사에서 취업률 98.6%를 기록, 전국 대학 가운데 1위를 차지하기도 했다. 이 같은 성과에는 나름대로 이유가 있다. 우선 전문대학인 경남정보대는 교육 목표를 '학생 취업을 위한 전문교육'으로 선정했다. 이에 따라 산업 변화에 맞춰 미리 학과를 세우고 교육해 전문가로 육성하는 데 중점을 두고 있다.

지난 65년 설립된 이 대학은 그 동안 건설, 토목, 호텔관광, 경영학, 컴퓨터정보학 등 다양한 특성화 학과를 만들어 특화교육을 추진해 오고 있다. 이 같은 노력으로 올해 삼성전자 128명을 비롯, 삼성전기와 현대하이닉스 LG필립스LCD 현대 중공업 등 대기업에 459명이 입사하는 질적 성과를 거두기도 했다. 여기에다 교수들로 구성된 취업촉진단인 KIT인력개발센터를 설립, 교수들이 제자들을 위해 취업 세일즈에 나서고 있다.

1천 8백 개 기업과 산·학 협력체제를 구축, 매주 금요일을 '기업 데이'로 정해 장 부학장을 비롯해 교수들이 학생들의 프로필을 들고 회사 관계자들을 방문한다. 졸업생이 한해 3천~3천5백 명인 만큼 산·학 협력을 체결한 기업 당 2명을 취업시킨다는 것이 목표다. 특히 기업들과 산·학일체형 맞춤식 교육을 운영, 이 분야의 선두주자로 평가받고 있다. 넥센타이어, 한진중공업, 아웃백스테이크 등 6개 국내외 우수기업과 맞춤형 주문식 교육을 실시하고 있다.

해외인턴십과 취업업체 발굴에도 적극적으로 나서고 있다. '해외인턴십 및 취업업체 발굴단'을 구성, 일본과 중국 6개 지역에 디지털디자인 전자정보 컴퓨터정보 인터넷 응용 기계자동차 계열의 교수 6명과 4명의 전문통역 교수를 파견하고 있다. 경남정보대는 방학이 없는 대학으로도 유명하다.

대학이 매학기 취업캠프를 마련, 적성검사부터 취업 후 직장예절까지 60시간을 교육한다. 영어는 물론 최고경영자 특강, 모의면접 등도 실시 중이다.

장 부학장은 "경남정보대는 지난 해 취업률 1등에다 입시경쟁률도 14대 1을 기록하는 등 선두 대학으로 자리매김했다."며 "내년 개교 40주년을 맞아 중국과 인도네시아, 베트남에 교육상품을 판매하는 세계화 혁신전략을 추진하는 등 대학의 질을 더욱 높여가겠다."고 말했다.

4. 대기업 중역들, 1인 다역 시대 왔다

"군살 빼고 조직 효율성을 높여라."

최근 대기업마다 관리직 임원들에게 1인 2역, 1인 3역을 넘어 1인 다역의 역할까지 주문하고 있다. 이른바 '멀티 플레이형' 임원 시대다. 과거 한 개 부서·영역에서 전문성을 쌓으면 임원으로 가는 길이 보였지만 최근에는 2~3개 영역을 소화하지 않고서는 '별(임원)'을 달 엄두조차 내지 못하고 있다.

한 가지 예로 LG전자 정상국 부사장은 사무실이 두 개다. 서울 영등포구 여의도 동관 28층에 부사장실이 있고 서관 11층에도 방이 있다. LG-GS그룹 분리로 최근 인사에서 LG전자 홍보팀장(부사장급)으로 발령났지만 그룹 홍보팀장도 겸임하고 있다. 그룹 전체적으로 보면 부사장 자리가 하나 줄었다. 차량, 활동비, 각종 회원권 등 예우품목도 절감됐다.

현대자동차의 경우 차세대 차량개발을 담당하던 박준철 상무가 전무로 승진하면서 환경기술연구소장도 함께 맡았다. 기아자동차는 김익환

사장이 부사장 시절에 국내영업본부장을 맡으면서 홍보담당 부사장직을 그대로 유지하기도 했다. 삼성전기 이상표 상무는 올해 인사에서 어느 회사나 핵심요직으로 손꼽히는 인사팀장에 홍보팀장을 겸임했다. 외국계 회사인 오비맥주(주) 패트리스 타이스사장은 모 기업인 임베브의 아시아 태평양 지역 총괄 대표도 맡고 있는 상태다. 한 개 사업부문을 맡고 있는 임원들은 은근히 신경이 쓰이는 분위기다. 모 그룹 한 임원은 "더 높은 자리로 올라가려면 2~3개 부서영역을 차고 있어야 하는데 임원들 간에 물밑 수평 경쟁이 치열하다."라며 "솔직히 사내 다른 부서 임원들의 사업 실적도 눈여겨보게 된다."고 말했다. 최근 공정거래위원회는 기업결합 신고에서 계열사 내 임원겸임에 대해서 신고의무를 면제해 임원 겸직 시대의 길을 활짝 열어 주었다.

최근 삼성전자는 아예 사장단의 임원겸직을 전략적으로 활용하고 있다. 이기태 정보통신 총괄사장은 수년째 무선사업부를 직접 지휘하고 있고 최지성 디지털 멀티미디어 총괄사장도 올해 영상디스플레이 사업부장을 겸임했다. 황창규 반도체 총괄사장은 메모리사업부장을, 이현봉 생활가전부문 총괄사장은 생활가전사업부장을 겸직한다. 사장들 입장에서는 전체적인 총괄 부문도 챙겨야 하고 개별 사업부 실적이 바닥을 면치 못하면 현직 유지까지 낙관할 수 없는 시험대에 서 있는 셈이다.

이제 '임원의 시대'가 열렸다. 국방전문가로 통하는 차영구 예비역 육군 중장이 휴대폰 전문기업인 팬텍에 영입돼 미국 수출현장에 뛰게 된다. 한국을 대표하는 삼성전자의 기업설명(IR)과 홍보를 총괄하는 주우식 전무는 경제부처의 잘나가던 관리에서 변신했다. 새내기 임원들이 탄생하면 신문들이 앞다투어 경력과 프로필을 소개할 정도로 대기업 임원은 이제 중요한 위치를 차지하고 있다. 국가 경제에서 차지하는 기업의 역할·비중이 엄청나게 커진 것도 임원의 위상 제고에 큰 몫을 담당했다.

삼성전자는 지난 해 한국 수출 중 15% 이상을 담당할 정도로 국가 경제의 핵으로 자리 잡았다. 잘 나가는 공무원들과 검찰 인사들까지 속속 민간기업 임원으로 보금자리를 옮기는 이유를 알만하다. '경제의 시대'가 도래하면서 기업이 국가에서 차지하는 비중이 그만큼 커졌기 때문이다. 차영구 씨는 "기업이 잘 되면 국가의 부가 증가한다. 기업 활동 자체가 국가 발전에 도움이 되는 시대가 왔다."고 말할 정도다.

기업에서 사회생활을 출발한 샐러리맨들은 누구나 '임원'을 꿈꾼다. 임원이 되면 신분이 평민에서 귀족으로 상승하는 것과 마찬가지다. 부장과 상무(일부 기업은 상무보·이사)는 직급으로 보면 한 등급 차이에 불과하지만 대우 면에서는 엄청난 차이가 난다. 실제로 임원이 되면 역대의 연봉과 함께 복지 수준이 몇 단계 업그레이드된다. 기업마다 다르지만 부장 시절과 비교해 적게는 열 가지, 많게는 서른 가지가 달라진다. 우선 연봉이 부장 때보다 100%이상 많아진다.

삼성의 상무보는 1년에 대략 1억 3,000만 원 정도의 연봉을 받는다. 초과이익배분(PS)과 성과급 등을 합치면 2억 원대라고 보면 된다. 신임 임원은 보통 2500cc정도의 중형차가 제공된다. 부사장은 에쿠스 3500cc급, 사장은 4500cc로 바뀐다. LG도 부장 시절보다 연봉이 약 100% 안팎으로 오르며 성과급 폭도 대폭 넓어지는 등 다양한 성과보상체계가 적용된다. 따라서 순수하게 받는 연봉만 1억 원을 훌쩍 넘는다. 기업들이 임원들에게 이처럼 최고의 대우를 해 주는 이유는 기업의 미래가 임원들에게 달려 있다고 보기 때문이다. 삼성 관계자는 "부장 이하 직원들도 물론 회사에 중요한 존재이지만 임원의 결정 하나가 회사의 미래를 좌우할 수 있기 때문에 검증받은 인재를 잘 챙겨야 하는 것은 당연한 이치"라고 말한다.

　　임원으로 승진했다고 해서 좋은 일만 있는 것은 아니다. 임원이 되면 일단 1년 계약직으로 바뀐다. 성과를 못 내면 언제든지 회사를 떠날 각오를 해야 한다. 일에 대한 중압감과 스트레스도 엄청나다. LG의 한 임원은 "잡단소송제 등이 도입되면서 내 결정 하나가 회사에 엄청난 영향을 끼칠 수 있다는 점을 생각하니 어떤 때는 등골이 오싹해진다."고 말했다.

삼성 신규임원의 달라진 위상

연 봉	1억 3,000만 원(성과급 제외) - 실질인상률 100%
사무실	6평 크기 집무실 - TV · 소형 냉장고 제공
승용차	2500cc급 제공
기타복지	- 해외출장 때 　비즈니스석 탑승 - 건강검진 때 　내시경, MRI 검사 추가 - 법인카드 제공 - 골프부킹 가능
평균연령	47.5세
직원 대 임원비율	1%(직원 14만 명/임원 1,400명)

'이젠 A자형 인재가 필요하다. A자형은 사람 인(人)자와 그 사이를 잇는 선이 삼각 균형을 이루는 상태. 즉 전문성 · 인성 · 팀워크 능력을 겸비한 인재를 말한다. 도요타의 T자형(전문성과 연관지식 갖춘 프로)에 팀으로 성과를 높이는 능력이 추가된 개념이다.'

얼마 전 출판된 『CEO 안철수, 지금 우리에게 필요한 것은』에 나오는 이 구절은 글로벌 경쟁시대의 인재상을 강조하는 내용이 많다. 서울대 의대를 졸업하고 잘 나가던 의사에서 컴퓨터 바이러스 백신을 만드는 안철수연구소 대표로 변신했던 저자. 세계경제포럼의 '차세대 아시아의 리더 한국대표 18인', 비즈니스위크의 '아시아의 별 25인'에 뽑힌 그는 이 책에서 미래 한국 사회를 이끌 제2의 성장엔진이 무엇인지를 제시한다. 그 중 핵심이 바로 'A자형 인재'다.

10년 전 서울 서초동 뒷골목에서 3명으로 시작해 매출액 20%이상의 연구개발 투자와 전문인력 3백여 명의 통합보안회사로 성장한 이 회사의 숨은 힘도 여기에서 나왔다. 이는 곧 '영혼이 있는 승부'로 세계적 멘토 반열에 오른 그의 21세기 인재관이며 개인 · 기업 경쟁력을 높이는 '안철수 방식'이기도 하다.

그는 먼저 '전문성'을 갖추기 위해 그 분야의 지식과 끊임없는 자기계발 노력, 문제해결 · 개선능력, 창조력, 고객지향성 등 5가지가 필요하다고 말한다. '인성' 부문에서는 최선을 다하는 자세와 자신의 한계를 뛰어넘으려는 도전정신, 긍정적인 자고방식, 사명감과 공익정신을 핵심 요소로 든다. 팀워크 능력을 키우는 데는 '나도 틀릴 수 있다.'는 열린 생각, 타인을 존중하고 배려하는 마음, 커뮤니케이션 능력, 후배 양성 능력, 동기 부여와 연계된 리더십 등을 중시한다.

결국 우리 시대에 필요한 인재는 한 분야에 대한 전문지식뿐만 아니라 커뮤니케이션 능력까지 갖추는 것이 중요하다는 얘기다. 커뮤니케이션 능력이 없는 전문가는 자신이 맡은 일은 잘하지만 그 일의 결과를 다른 사람에게 전달해서 더 높은 수준의 성과로 만들어내지 못한다는 것, 이 한계를 뛰어넘고 조직과 인재가 입체적으로 '윈윈' 하는 것이 바로 21세기의 성장동력이다.

그는 또 국민소득 1만 달러 수준까지 이끈 키워드가 '제조업' 과 '위험 감수' 였다면 2만 달러 시대를 앞당기기 위한 키워드는 '지식정보산업' 과 '위험 관리' 라고 얘기한다. 아울러 '타인이나 타 집단에 대한 존중과 배려', '장기적인 시각을 가진 사람에 대한 인정', '기초와 기본에 대한 중요성 인식' 이 절실하다고 그는 역설한다.

"지금은 보이지 않는 적과 싸우는 시대입니다. 개인은 물론이고 기업이나 국가 차원에서도 미래를 내다보는 '전략' 이 중요하지요. 그것이 바로 '싸우지 않고 이길 수 있는 전략' 입니다."

송병락 서울대 명예교수(65)는 요즘 쇄도하는 '전략' 관련 강연 요청과 원고 집필, 국내외 세미나 등으로 눈코 뜰 새 없이 바쁘다. 전국 초·중·고교 교장들을 상대로 한 '전략 강의' 만 5년째다. 지난 여름 잠실 학생체육관에서는 초등학교 교장 5천여 명이 참석한 가운데 강연하기도 했다. 이 자리에서 그는 "파리가 하루에 100킬로미터를 날아갈 수 있다면 의아해하겠지만 말 엉덩이에 붙으면 가능하다."면서 "이게 바로 전략"이라고 설명했다.

지난 6월 초판이 나온 후 지금까지 8쇄를 기록한 그의 베스트셀러 『싸우고 지는 사람 싸우지 않고 이기는 사람』(청림출판)은 '한국형 전략 교과서' 라 할 수 있다. 이 책은 포스코, 농심 등 유수기업들이 임직원 필독서로 삼을 만큼 화제를 모으고 있다. 그가 말하는 '전략' 은 남보다 한 발 앞서 미래를 예측하고 경쟁자와 다른 나만이 할 수 있는 방법을 찾아 실행하는 것이다. 그는 일본 최고의 사무라이와 대결할 경우를 예로 들어 '전략' 을 설명한다. 좋은 칼을 구해 열심히 싸워 이기려는 것은 '전투적 의사결정' 이고 싸우기 전날 미인계 등 적의 힘을 약화시키는 방법으로 이기려는 것은 '전술적 의사결정' 이라고 할 수 있다. 반면 미국의 페리 제독처럼 사무라이가 넘볼 수 없는 자동 권총과 기관총의 위용을 보여줌으로써 싸우지 않고 승리하는 방법을 찾아내는 것이 바로 '전략적 의사결정' 이다.

"훌륭한 전략가에게는 전술과 전투적 의사결정 모두 중요하지만 역시 한 발 앞서 미래를 예측하고 경쟁자와 다른 나만이 할 수 있는 방법을 찾아내 실행하는 전략적 의사결정이 우선돼야 합니다. 프랑스로부터 베트남을 독립시킨 베트남의 전쟁영웅 보 구엔 지압 장군의 사례가 이를 잘 보여 주지요."

그는 미국으로 유학갈 때 『성경』과 『손자병법』을 챙겨갔다고 한다. 손자병법에서 배운 대로 '공부도 전략' 이란 생각을 갖고 '머리를 써서 덤볐더니' 석 · 박사 과정을 2년 반 만에 마칠 수 있었다고 한다.

"학위를 받고 나서는 미국을 앞지르기 위한 우리의 국가 전략이 필요하다고 생각했습니다. 그 때부터 전략개발 노력을 계속해 왔고 그 일부는 우리 기업이나 산업 발전을 위한 전략으로 채택되기도 했지요."

그는 이제 성실만으로 이길 수 없는 세상이 됐다며 전략에도 실천 방법이 있다고 강조한다. 그가 제시한 '전략의 10계명' 은 이렇다.

- 더 좋은 방법, 다른 방법을 찾아라
- 너의 강점을 보완하라
- 세상 변화(패러다임)를 잘 읽고 리드하라

- 공통점과 차이점을 파악하고 차이점을 차별화 전략으로 연결시켜라
- 팀 · 조직 · 시스템의 힘을 활용하라
- 자신의 문화를 창조하고 자신의 브랜드를 관리하라
- 혁신하라
- 나도 남도 승자(원원)가 되게 하라
- 열등의식에서 빨리 벗어나라
- 하늘이 보고 있다. 끝까지 노력하라

6. 1등 중소기업 사원들의 주인의식과 프로의식

서울 송파구에 위치한 휴대폰 콘텐츠업체 싸이넷(대표 김광묵) 본사 기획실 몇 명 직원들이 하트 모양 스티커를 손에든 채 휴양지와 직원 이름이 빼곡히 적혀 있는 게시판 앞에서 한참을 고민하고 있다. 잠시 후 각자 맘에 드는 사람에게 하트 스티커를 붙이고 돌아서자 자신 앞으로 스티커가 붙은 몇 명 직원들이 환호성을 지른다.

싸이넷은 모든 직원들에게 각자 자신이 가고 싶은 해외여행지를 선택하게 한 후 한 달에 한 번 있는 직원 투표와 장기자랑 결과를 통해 1년에 한 명씩 장소를 불문하고 2주 동안 해외여행을 보내 준다. 아깝게 탈락한 2등은 동남아 여행을, 3등은 국내 여행을 회사 경비로 갈 수 있다.

휴대 인터넷상에서 채팅 카페 등 휴대폰 커뮤니티를 전문으로 제공하는 싸이넷은 직원 수는 적지만 대기업을 능가하는 성과 보상 체계를 자랑한다. 직원들에게 해외여행을 보내 주는 '파라다이스' 이벤트는 일부분에 불과하다. 싸이넷 직원의 70%는 성과에 따라 매달 정기 성과급을 받는다. 싸이넷은 임원들이 기획력 업무추진능력 등을 기준으로 직

원들을 매달 A부터 D까지 평가해 D등급을 제외한 A B C 등급 전직원들에게 차등 성과급을 지급한다. 이렇게 지급하는 정기 성과급은 매달 발생하는 이익의 10%에 이른다. 성과급은 여기서 그치지 않고 직원들이 추진하는 프로젝트 매출액이 전달보다 성장하면 성장분 전액을 '매출 성과급'으로 지급받는다. 김광묵 대표는 "정기 성과급과 매출 성과급을 합쳐 26살이 된 신입 여직원이 성과급으로 한 달에 500만 원을 받은 적도 있다."며 "성과급을 받는 직원들은 매월 1인당 평균 200만 원 정도를 지급받는다."고 설명했다.

휴대폰 커뮤니티 1등 기업 싸이넷의 성공비결은 이처럼 확실한 보상 구조를 통해 직원 스스로 회사 일을 자기 일처럼 여기며 업무를 수행하도록 독려하는 데 있다. 김 대표는 "매출 성장분을 자신이 가져갈 수 있어 직원들은 자기 업무를 회사 지시가 아닌 자신의 사업으로 생각한다."며 "한 직원은 이동통신사를 스스로 찾아가 아이디어를 제안해 새로운 프로젝트를 따오기도 했다."고 말했다. 그는 또 "연간 평가가 아닌 매월 평가를 통해 직원들이 다달이 나아질 수 있도록 독려한다."고 말했다.

싸이넷은 이러한 직원들의 자발적 참여로 설립 이후 2001년 10억 원, 2002년 20억 원, 2003년 53억 원으로 매년 100%가 넘는 성장을 거듭하고 있으며 SKT 등 주요 이동통신 사업자들이 '베스트 파트너'로 선정하기도 했다.

7. 학력 인플레시대의 취업난 · 취업고시

대졸 등대지기, KAIST 출신 기관사, 석사 학교 조무원…….

다양한 직종군에서 '학력파괴'가 잇따르고 있다. 해당 직업이 필요로 하는 학력수준을 웃도는 구직자가 대거 몰리면서 '학력인플레'가 보편화되는 추세다. 극심한 취업난 속에 '몸을 낮춰서'라도 취업을 하고 보자는 '실속파'가 늘어나는 까닭이다.

부산동의공업대학을 졸업한 이홍석 씨(29)는 인천 팔미도 항로표지소에서 '등대지기'(기능직 10급)로 일하고 있다. 올 초 인천지방해양청의 등대원 특별채용 시험에 응시해 합격했다. 연봉은 수당을 합쳐 1천5백여만 원, 섬에서 생활하며 한 달에 일주일 정도만 육지로 나올 수 있는 '고독한' 직업이지만 취업을 했다는 사실에 만족한다. "졸업 후 전산 관련 회사에 근무하던 중 장래를 생각해 안정적인 공무원을 하기로 마음먹었다."는 게 이씨의 말. 당시 2명을 뽑는 등대원 채용에 57명이 몰려 역대 최고 경쟁률(28.5 대 1)을 기록했고 이씨와 또다른 대졸자가 선발됐다. 이씨는 "영도등대 소장이었던 아버지의 영향으로 등대와 친숙해 지원했는데 생각보다 고학력자들이 몰려 적지 않게 놀랐다."고 말한다.

전북대 교육대학원 석사인 남궁숙 씨(29)는 지난 3월 일선 학교에서 교사들의 업무를 돕는 조무원(기능직 10급) 시험에 합격, 서울 강동구 성내중학교에서 일하고 있다. 남궁숙 씨는 "대학원 졸업자라고 조무원을 못할 이유가 없으며 현재 업무에 만족하고 있다."고 말했다.

올해 충원된 교육공무원의 경우, 가장 하급직인 9급과 10급 시험에도 석사출신이 많다. 행정직 9급은 100명 중 18명이, 기능직 10급의 경우 226명 중 3명이 석사 출신이다.

한국과학기술원(KAIST) 출신 과학도가 지하철 기관사로 일하는 경우도 있다. 대구지하철 기관사 제준호 씨(32)는 KAIST 기계공학과 출신. 96년 졸업 후 대기업에 취직했던 그는 99년 2월 '다른 길'을 찾아

사표를 냈다. 하지만 외환위기의 여파로 새 도전이 쉽지 않았고 지난해 말 대구지하철 공사 승무원 신입으로 입사하면서 '연령제한 막차'를 탔다. 서울 구로구에서 환경미화원으로 일하는 조재천 씨(40·전문대졸)는 동료 중 '최고학력자'이다. 지난 해 12월 구로구의 환경미화원 채용에 지원해 대졸자로는 유일하게 합격했다.

각종 통계에서도 이 같은 '학력 과잉'이 여실히 나타난다. 11일 노동부 산하 중앙고용정보원의 '2003년 산업·직업별 고용구조조사'에 따르면 국내 직업 중 26%가 '학력과잉' 상태인 것으로 조사됐다. 국내 3백 83개 직업에 종사하는 사람의 평균 학력과 그 직업을 가지기 위해 요구되는 학력을 비교한 결과다. 이 결과 '학력과잉'이 99개로 26%에 달했다. 특히 20대(46.46%), 30대((38.16%)에서 학력과잉이 두드러져 최근의 청년실업난을 반영했다.

중앙고용정보원의 전근하 연구원은 "선박열차승무원, 경찰관, 철도 및 지하철기관사 등 공기업 부문에서도 '과잉학력자'가 많았다."며 "어려운 취업현실과 맞물려 안정적인 직업을 찾는 구직자들이 학력을 낮춰서라도 공기업에 취업하는 것으로 보인다."고 분석했다.

실제 취업전선에서도 '하향지원' 추세가 분명히 감지된다. 취업포털 잡링크가 지난 8월부터 10월까지 고졸을 찾는 구인광고에 지원한 1만 9백 23건을 분석한 결과 42.1%(4천 5백 98건)가 '대졸 이상자가 63.2%로 가장 많았고, 대졸 지원자가 35.6%로 뒤를 이었다. 석사 이상의 대학원 지원자도 1.2%나 됐다. 잡링크 한현숙 대표는 "취업 후 만족도가 직장생활에 미치는 영향이 큰 만큼 무조건적인 하향지원은 지양해야 할 것"이라고 조언했다.

▶ 고졸모집에 지원한 구직자 학력 (단위 : %)

• 고졸 : 57.9%

• 전문대졸 : 26.6%

• 4년제 대졸 : 15.0%

• 대학원이상 : 0.5%

▶ 연령대별 교육정도에 따른 학력 과잉, 적합, 과소 비중 (단위 : %)

• 20대 : 학력과잉 46.46%, 학력적합 40.31%, 학력과소 13.23%

• 30대 : 학력과잉 38.16%, 학력적합 49.47%, 학력과소 12.37%

• 40대 : 학력과잉 31.89%, 학력적합 41.08%, 학력과소 27.03%

• 50대 : 학력과잉 15.81%, 학력적합 36.17%, 학력과소 48.02%

8. 한국 대기업 중역의 성공조건

지난 해 초 삼성전자는 중소기업청에서 뜻밖의 제안을 받았다. 삼성전자에 상을 주기 위해 중소기업청장이 삼성전자를 방문한다는 것. 삼성전자 관계자는 "예전에는 정부에서 큰 상을 줄 때 임원들에게 예행연습 하러 1시간 전에 오라고 했다."며 "기업이 국가에서 차지하는 비중이 높아지면서 임원의 위상이 올라간 상징적인 사례"라고 말했다. 대기업 임원의 위상을 90년대 초와 비교해보면 '격세지감'이 들 정도다. 재계 관계자는 "그때만 하더라도 대기업 임원은 단순한 직장 상관에 불과했다."며 "기업의 중요한 사항을 오너나 측근이 결정하면 임원들은 집행하는 역할만 맡았을 뿐"이라고 말했다. 하지만 외환위기 이후 글로벌 스탠더드가 적용되면서 모든 게 바뀌었다. 최고경영자(CEO)와 임원들의 권한과 역할이 훨씬 커졌다.

임원은 정책을 결정하는 자리에 참여하며 대안을 제시하고 주요 사업부의 성과를 관리하며 직원 의견과 관심사를 대변하는 업무를 한다. 최고 의사 결정권자인 CEO에 대한 조언자 형태로 경영에 참여한다. 중요한 전략부터 직원 연봉을 정하는 문제까지 기업의 거의 모든 의사결정 과정에 직접 참여한다. 웬만한 건은 담당 임원의 결재만 받으면 곧바로 실행되며 기업의 미래전략 밑그림까지 그리게 된다.

LG전자의 한 임원은 "임원이 되고나서부터 내 자신이 회사 사업의 방향을 결정할 수 있는 권한이 생겼다는 점에서 솔직히 부장 때와는 다른 희열을 맛본다."고 말했다. 그는 "부장 때는 회사가 정하는 대로, 임원이 시키는 대로만 하면 됐지만 임원은 항상 여러 가지 대안 중에서 선택을 하고 결단을 내려야 한다."며 "집단소송제가 도입되면서 내 결정이 회사에 악영향을 미칠 수 있기 때문에 부담이 크다."고 덧붙였다.

삼성전자 상무보인 A씨는 "임원이 되면 권한이 엄청나게 커지지만 결단의 연속이라는 점에서 피곤한 자리"라며 "임원을 한 마디로 표현하면 고뇌하는 '햄릿'"이라고 말했다.

SK의 한 임원은 "임원은 단순한 집행자가 아닌 미래를 내다보는 전략적인 사고를 하는 사람"이라며 "항상 열린 마음으로 부하들의 의견을 잘 듣고 아이디어를 많이 내야 한다."고 말했다.

이처럼 임원은 직장인들이라면 누구나 한번쯤은 도전해볼 만한 매력적인 자리다. 하지만 아무나 그 자리에 오르는 것은 아니다. 낙타가 바늘구멍을 통과하는 것에 비유될 만큼 좁은 문이다. 삼성의 경우 전체 직원 14만 명 중 임원은 1,400명으로 직원 100명당 임원이 1명꼴이고, 대한항공은 전체 직원 17,800명 중 임원은 97명에 불과해 직원 대 임원 비율이 0.54%에 불과하다.

삼성전자의 한 고참 부장은 "함께 입사한 동기가 100명이라면, 이 중 임원으로 승진하는 동기는 기껏해야 10명 안팎일 것"이라며 "임원은 회사에서 선택받은 인물"이라고 말했다. 상황이 이렇다보니 기업들이 임원을 고르는 기준도 점점 엄격해지고 있다. 삼성 관계자는 "임원의 결정 하나는 회사 운명까지도 좌우할 수 있다."며 "임원은 미래의 CEO 후보이고 검증받은 인재이기 때문에 인재 관리라는 측면에서 별도 관리가 필요하다."고 말했다. 기업별로 임원 선정 기준이 조금씩 다르지만 일단 리더십은 임원이 갖춰야 할 공통사항이다.

삼성은 임원이 갖춰야 할 덕목으로 '지(知) 행(行) 용(用) 훈(訓) 평(評)' 등 다섯 가지를 꼽고 있다. 사업의 핵심역량을 잘 알아야 하고, 아는 데서 그치지 않고 아는 것을 솔선수범해서 행동으로 옮겨야 한다. 또 아랫사람에게 일을 제대로 시킬 줄 알아야 하고 가르칠 줄 알아야 하며 해놓은 일을 정확하게 평가할 줄 알아야 한다는 것이다. 여기에다 자기희생 정신과 동료애, 포용력을 가지고 협조해 나가는 인간미와 청렴한 도덕성을 갖추도록 요구하고 있다.

LG 역시 능력과 함께 도덕성을 중시하고 있다. LG는 실행력이 뛰어나고 단기적인 성과뿐만 아니라 지속적인 성과를 창출하는 인재를 임원으로 선발한다.

기업 임원 역할 변화

〈 외환위기 전 〉	→	〈 현 재 〉
• 오너 지시·명령 실천	→	• 기업 경영관련 의사결정 참여
• 결정된 정책 실행	→	• 기업 전략 밑그림까지 수립
• 단순한 직장 상사	→	• 직원 연봉 결정, 부장 이하 인사권까지 행사

• 권한 적으나 책임도 안짊 → • 집단소송제 도입 따라 의사결정 책임 무한대

• 관 눈치보기 치중 → • 관이 찾아와 조언 구해

대기업 임원의 조건

기 업	임원 선정 기준
삼 성	5가지 덕목 지(知) 행(行) 용(用) 훈(訓) 평(評) 솔선수범 · 도덕성 요구
L G	전문성 · 리더 자질 뛰어나야 도덕성 · 정직성 우선
현대차	신뢰성, 현장전문능력 품행, 진취성, 리더십
S K	과거보다는 미래 가능성 전문지식 · 실행력 갖춰야

◈ 외국기업 임원은 철저한 성과주의

외국계 기업의 임원이라고 해서 국내 임원의 역할과 크게 다를 것은 없다. 이들에 대한 대우는 철저한 성과주의에 있는 만큼 업무 강도가 일반적으로 셀 수밖에 없다. 국내에 제조나 서비스 기반을 갖고 있는 기업(노키아, BASF, 까르푸)의 임원 대우는 대체적으로 국내기업과 유사하다.

김영준 머서매니지먼트컨설팅 사장은 "외국계 기업들은 현지화(localization)로 인해 임금까지 국내 수준으로 맞추는 경향이 있지만 임금 결정은 철저한 개인성과에 두어 변동폭이 크다."고 말했다.

외국계 기업에 근무하는 한 임원은 "한국 기업에서는 술도 잘하고 부하직원에게 호평을 받는 등 원만한 인간관계를 가진 사람들이 승진 기

회가 많지만 외국계는 철저한 핵심성과지표(KPI)로 승진 기준을 객관적으로 측정한다."며 "임원이 된다는 게 어떻게 보면 슈퍼맨이거나 아니면 인간미가 떨어지는 사람처럼 느껴질 수 있다."고 말했다. 특히 영업직은 판매가 곧 성과이기 때문에 임원들은 그야말로 피말리는 삶을 살 수밖에 벗다. 업무를 지시할 때도 한국 임원은 대체로 부하직원에게 판단을 맡기는 일임형이 많지만 외국계 임원은 보고서 형식 등 세세한 것까지 직접 설명해 부하직원은 빈칸만 채우는 경우가 많다.

한국 기업에서 전무급은 1명의 전용비서가 붙지만 외국계는 사장이 아니면 대체로 3~4명 임원에 1명의 비서를 공유하는 경우가 많다 그만큼 업무가 타이트할 수밖에 없다는 설명이다.

9. 삼성그룹에서 승진하려면 관리와 영업의 인재가 되라

'삼성전자에서 출세하려면 관리 · 개발 · 영업부서를 거쳐라.'

삼성전자의 핵심 라인이 다시 한번 입증됐다. 지난 11~12일에 걸쳐 발표된 삼성그룹의 사장 · 임원급 승진 인사에서 전무급 이상 승진자를 분석한 결과 39명 중 92%인 36명이 관리 개발 영업 · 마케팅 3개 분야의 전문가인 것으로 나타났다. 이미 총 6명의 총괄사장 중 황창규 · 이상완(R&D 및 엔지니어링), 최도석 · 이현봉(인사), 최지성(반도체 마케팅 및 수출) 등 5명이 3개 분야에서 배출됐다.

'관리의 삼성'이란 별칭답게 이번 승진에서 가장 두꺼운 층을 형성한 곳은 역시 기획 · 재무 · 인사 등 스태프 부문이다. 총 17명의 승진자를 배출했다. 김운섭, 안주환 부사장은 각각 정보통신과 LCD 총괄의 살림살이를 맡아 왔고 김현덕 부사장은 회사 전체의 경영기획팀장이다. 김

상항, 김준, 박재중, 이상훈, 이범일, 조윤영 전무 등은 이건희 회장을 지근 거리에서 보좌하는 구조조정본부 소속이다. 이근면, 이병철, 정유성 전무는 인력관리 전문가다. 장형옥, 중국법 인장 겸 전무도 반도체 인사부문에서 잔뼈가 굵었다. 황창규 반도체총괄 사장의 후예결인 R&D · 디자인 등 개발부문에서도 11명의 승진자를 배출했다. 석준형 LCD 연구소장, 이관수 통신연구소장, 서광벽 시스템 LSI 개발실장 등이 부사장으로 승진했고, 권희민 디지털솔루션센터장도 삼성전자의 미래를 책임지는 R&D의 핵심이다. 이재원 Device Packaging 센터장을 비롯해 깅필영(정보통신), 김형걸(LCD), 윤부근(디지털미디어), 정철희(시스템 LSI), 윤지홍(디자인) 등 연구원들이 대거 전무로 승진했다.

영업이나 수출을 거친 마케팅 전문가 8명도 중용됐다. 신임 사장 3명 중 오동진 북미총괄사장과 양해경 구주전략본부장 등 2명이 마케팅에서 나왔다. 허기열 중국총괄 마케팅팀장도 부사장으로 승진했다. 김정한(북미), 백봉주(멕시코), 윤창현(서남아), 조규담(헝가리) 등 4명의 해외법인장도 수출 성과를 바탕으로 전무로 승진했다. 정보통신 부문 수출책임자인 정인철, 한양희 전무도 중용됐다.

삼성전자 주요 승진자 유형별 분류

분 야	사장급	부사장급	전무급
마케팅 영업	오동진 양해경	허기열	김정한, 백봉주, 윤창현, 정인철, 조규담
개 발		권희민, 사광벽, 석준형, 이관수	이재원, 김경태, 김필영, 김형걸, 윤부근, 정철희, 윤지홍
관 리		김운섭, 김현덕, 안주환	김상항, 김재범, 김 준, 박재중, 오세영, 이근면, 이범일, 이병철, 이상훈, 정유성, 조윤영, 허영호, 권기섭, 장형옥

삼성전자뿐만 아니라 삼성 SDI, 삼성코닝 등 전자계열사에서도 3개 분야의 중역들이 핵심 위치에 올랐다. 삼성 SDI에서 승진한 김재식, 심임수 부사장은 각각 브라운관과 모바일디스플레이 마케팅 책임자다. 삼성코닝의 디스플레이사업부장인 장도수 전무도 부사장으로 승진하며 회사 내 2인자 자리에 올랐다.

10. 삼성그룹, 핵심인재육성 어떻게 하는가

윤종용 삼성전자 부회장은 상당 수 외국인 핵심인재의 멘토(mentor : 경험과 연륜으로 상대방의 잠재력을 파악하고 그가 꿈과 비전을 이룰 수 있도록 도와 주는 사람)를 맡고 있다. 멘토의 상대방은 외부에서 영입한 S급 인재. 윤 부회장은 한 달에 한 번씩 이들과 식사를 하거나 면담을 갖는다. 그는 "하늘이 두 쪽 나도 이 약속은 지켜야 한다."고 강조한다. 대화는 복잡한 현안들이 배제되고 가족들 안부를 묻는 데서 시작된다. 일상의 크고 작은 고충과 애로사항들을 물어보고 업무 흐름에 불편함이 없는지도 세세하게 체크한다. 면담이 끝나고 나면 윤 부회장은 직접 메모를 작성해 관련 부서에 업무 지시를 내린다.

삼성 핵심인재 확보 · 육성전략

확 보		배 치		육 성
• 변화주도 • 역량 확인 • 전문역량 포착 • 이질적인 요인 　포용	→	• 적재적소 배치 • 업무 및 일상의 　불편 해소 • 멘토제 시행 　(1:1 관리)	→	• 성장 비전 제시 • 도전기회 제공 • 인재간 　상생풍토 조성

삼성전자의 최도석 경영지원 총괄사장과 김인수 인사팀장도 이런 식으로 핵심 인재들과 매월 다섯 차례 정도 정기 면담을 갖는다. 삼성은 핵심인재가 회사에 안착해 오랫동안 다닐 수 있도록 다양한 제도적 장치를 해놓고 있다. 멘토도 그 중 하나다. 사장은 S급 인재, 사업부장은 A급 인재, (수석)부장은 H급 인재에 대해 1대1로 직접 멘토를 맡아야 한다. 매월 면담 보고서를 제출해야 할 뿐만 아니라 개선요청 사항을 받아들여 즉시 시행하는 것도 멘토의 의무다. 만약 핵심인재가 석연찮은 이유로 회사를 그만두게 되면 1차적으로 책임을 져야 하는 사람 역시 멘토다.

◆ 집안일까지 지원

삼성이 핵심인재를 이처럼 맨투맨 식으로 관리하는 이유는 인재를 영입하는 것 못지않게 이들을 안착시키는 일이 어렵다고 판단하기 때문이다. 삼성 관계자는 "능력이 뛰어날수록 경쟁사의 스카우트 표적이 되기 쉽고 외국인들의 경우 이질적인 한국문화에 적응하기 어렵다는 점을 감안한 제도"라고 설명했다. 특히 조직 운영에 불만을 품고 떠난 외국인이 험담을 하고 다니는 상황은 최악이다. 세계 IT업계에 평판이 나빠지면 인력 수혈에 큰 차질이 벌어질 수밖에 없다.

삼성전자는 이 때문에 퇴직 가능성이 있다고 판단되는 사람에 대해선 밀착 관리에 들어가 대인관계 및 개인 전문성과 업무의 불일치 여부 등을 정밀하게 진단, 즉각 개선책을 마련한다. 덕분에 핵심인재의 퇴직률은 2.3%에 불과하다. 김인수 인사팀장은 "핵심인재를 관리하는 목표는 단순히 회사에 붙들어 두는 것이 아니라 조직문화에 잘 적응토록 해 일에 대한 보람과 성취감을 느끼게 하는 것"이라고 말했다.

삼성은 또 외국인들이 스스로 비전을 찾아가며 업무에 매진할 수 있도록 지난 2002년 이후 외국인 임원을 지속적으로 배출해 왔으며 내년에도 1~2명의 신규 임원을 선임할 것으로 알려졌다. 외국인은 삼성에 입사하게 되면 일단 'Employee Guide Book'이라는 이름의 두꺼운 책자를 제공받는다. 영어판, 일어판으로 제작된 이 책에는 인사제도, 편의시설, 회사소개, 정착정보, 주거지 금융·의료시설 이용법 등이 자세하게 소개돼 있다. 여기에 각 사업장에는 'Global Help Desk'라는 이름의 지원조직이 설치돼 총 20여 명의 전문 인력이 배정돼 있다. 영어 요원 10명, 일본어 요원 10명 등으로 구성된 이들은 핵심인재의 크고 작은 집안일과 차량관리, 해외 출장 시 입출국 비자업무처리 등 업무수행에 필요한 제반 지원활동을 펼치고 있다. 삼성은 또 가족을 고국에 두고 홀로 생활하고 있는 핵심인재들을 위해 해외에 있는 가족들의 대소사도 챙겨 준다. 예를 들어 부인이나 다른 가족이 일자리를 원할 경우 글로벌 인사팀을 통해 즉각 직장을 마련해 주기도 한다. 외국인 핵심인재들에겐 다국적 기업 수준의 높은 연봉 외에 마케팅기술 등의 분야를 중심으로 다양한 인센티브가 제공된다. A, H급 인력의 경우 수백만 원에서 수억 원까지 책정돼 있다.

◆ '흔들기'는 금물

하지만 우수 인재를 붙들어두기 위한 가장 큰 장치는 회사의 강력한 의지다. 윤종용 부회장은 임직원들에게 틈날 때마다 "외부에서 왔다고 텃세를 부리거나 따돌리는 일이 생기면 결코 좌시하지 않겠다."는 뜻을 밝히고 있다.

최지성 디지털미디어 총괄사장 역시 외국인들과 수시로 식사를 하며 "업무에 불편한 일이 있으면 나를 직접 찾아오라."고 주문한다. 삼성은 이를 통해 인재간 상생풍토를 조성, 조직 전반의 경쟁력을 높인다는 전략이다.

LG화학이 이른바 '우수반' 까지 편성해 핵심인재 확보 및 육성에 적극 나서고 있다.

또 내년부터 핵심인재 관리능력을 임원급 인사평가에 30%, 팀장급 인사평가에 20% 반영키로 했다. 이는 기존 인력운용 체계나 조직으로는 급속하게 글로벌화 하는 미래 경영환경에 대처할 수 없다는 판단에 따른 것으로 국내 다른 기업에도 적지 않은 영향을 미칠 전망이다.

12일 LG화학에 따르면 이 회사는 대리부터 차장까지 전체 4500명 가운데 5%인 200여 명을 철저한 보안 속에 '미래 핵심인재' 로 집중 육성하고 있다. 'HPI(High Potential Individual) 글로벌매니저 과정' 으로 명명된 이 프로그램은 1997년 글로벌 감각을 갖춘 미래 경영자를 육성하기 위해 처음 도입됐다. 대상자는 매주 회사의 주요 이슈와 관련된 사항을 집중 교육받고 있다. 또 미국의 보스턴대, 듀크대, 워싱턴대 경영학석사(MBA) 과정 및 1년 과정의 해외 지역전문가 프로그램에서도 우선적으로 선발된다.

LG화학은 이들 인재가 점차 회사간부로 성장하자 최근 '우수반' 제도를 팀장 및 임원급으로까지 확대했다. 2002년부터는 팀장급 핵심인재 50명 안팎을 매년 미국 보스턴대 혁신학교에 보내 어학 능력을 집중 연마시키고 있다. 지난 해부터는 '글로벌 AMP(Advanced Management Program) 과정' 을 개설, 핵심 임원들이 미국의 세계적인 화학기업과 주요대학을 방문해 글로벌 사업 전략을 점검하는 경영자 육성 프로그램을 실시하고 있다.

LG화학 글로벌 핵심인재 육성 프로그램

대 상	프로그램

핵심인원 40명 안팎	– 글로벌 AMP 과정
	  (듀폰 등 미국의 세계적인 화학기업 및
	  대학을 방문해 글로벌 사업전략 논의)

팀장급(차장 및 부장) 50명 안팎	– LG Champion 과정(미국 보스턴대 혁신학교에서 어학능력 집중교육)
차장~대리 200여 명	– HPI 글로벌매니저 과정 – 미국 주요대학 MBA 과정 – 지역전문가 과정

　육근열(陸根烈) LG화학 인사담당 상무는 "1990년대 중후반부터 글로벌화가 급진전되면서 기업 규모가 폭발적으로 성장했지만 이를 뒷받침할 인재는 모자랐다."며 "외부에서 선발한 핵심인재는 사내(社內) 문화적응에 시일이 걸리는 데다 몇몇 신사업 분야에 집중돼 있어 글로벌 감각을 갖춘 내부 핵심인재 육성이 시급했다."고 밝혔다. 그는 또 "신사업 구상과 인재육성은 동전의 양면"이라며 "러시아, 인도 등 새로운 시장을 개척할 때 이제는 최소한 사업 시작 3년 전부터 지역전문가를 육성하고 있다."고 덧붙였다.

　LG화학의 '우수반' 편성에 대해 사내 위화감 조성 등 부작용을 우려하는 목소리도 나온다. 이에 대해 노인호(盧仁浩) 인사탐장은 "우수반을 '인 앤 아웃(In & Out)' 제로 운영하는 만큼 해마다 재평가를 통한 진출입이 자유롭다."면서도 "나머지 직원들의 소외감은 급변하는 경영 환경 속에 기업이 살아 남기 위해서는 불가피한 측면이 있다."고 말했다.

12. 기업경영전략짜는 인재 중역시대

지난 해 12월 부장에서 상무로 승진한 김모씨. 4대 그룹 계열사에서 근무하는 김 상무는 입사 20년 만에 임원으로 승진한 지난 달부터 '임원 세계'를 톡톡히 경험하고 있다. 부장 시절, 아침 6시 30분쯤 자명종 소리를 몇 개나 들어야만 잠자리에서 겨우 일어날 수 있었던 그는 임원이 되고나서부터는 새벽 5시 20분이면 자연스럽게 눈이 떠진다. 그는 조간신문 2개를 정독한다. 김 상무는 "부장 시절만 하더라도 경제·산업 관련 뉴스만 챙겨 봤지만 '임원이 되면 세상 돌아가는 이치를 알아야 한다.'는 선배 간무 충고에 따라 요즘에는 정치·국제·사회 뉴스까지 꼼꼼히 읽는다."고 말했다.

출근하기 위해 새벽 6시에 분당 자택을 나섰다. 부장 시절보다 출근시간을 1시간 이상 앞당겼다. 부장 때는 집 앞 큰길까지 나와 통근버스를 탔지만 임원이 되고나서부터는 회사에서 내 준 2500cc 그랜저 승용차를 손수 몰로 출근한다. 서울 강남에 위치한 회사에 30분 만에 도착한 그는 회사 근처에 있는 헬스센터에 들러 간단한 운동과 함께 세면을 했다.

아침운동을 끝내고 회사에 도착한 시각이 오전 7시 10분. 매주 월요일에는 오전 7시 30분에 임원회의가 시작되기 때문에 다른 요일에는 좀 늦게 출근해도 되지만 이젠 습관으로 굳어져 7시 10분이면 회사에 도착한다. 임원이 되면서 마련된 별도 집무실로 들어선 김 상무는 30분 가량은 그날 일정을 맑은 정신으로 살핀다.

이날 오전 9시부터는 그가 관장하고 있는 3개 부서 팀장들과 회의를 했다. 1개 부서 팀장으로만 있던 부장시절과는 달리 3개 부서를 챙겨야 하니 관리 영역이 넓어진 셈이다.

김 상무는 회의 때가 가장 긴장감이 높다고 말한다. 그는 "평직원 시절까지만 하더라도 임원이 시키는 대로 일만 하면 됐지만 임원이 되면서부터는 모든 것을 챙겨야 하고 결정을 내려 줘야 하기 때문에 중압감이 크다."고 말했다.

이날도 토의를 거쳐 그는 중요한 결정 3건을 내리고 팀장들에게 업무를 지시했다. 1시간 30분 동안 회의를 하고 집무실로 들어서니 전화 통화를 원하는 메모가 5~6건 있다. 전화 몇 통을 하고 난 후 사장 결재를 받아야 할 시간이다. 김 상무는 사장과 회사 현안에 대해 몇 가지 이야기를 나눈 후 결재를 받았다. 그는 "부장 시절만 하더라도 사장을 직접 볼 기회가 별로 없었지만 임원이 되고나서부터는 적어도 일주일에 2~3번은 사장을 만난다."고 말했다.

결재가 끝난 후 오찬을 위해 회사 근처 중국음식점으로 부리나케 달려간다. 이날 점심식사는 팀장들과 함께 하는 자리다. 팀장들에게 간단한 건의사항을 챙긴 그는 오후 1시쯤 회사 지하주차장으로 내려갔다. 회사를 대표하는 외부회의에 참석하기 위해 과천청사로 가기 위해서다.

출퇴근 시에는 직접 운전하지만 업무와 관련된 외출 시에는 회사기사가 운전을 해 준다. 회의를 마치고 4시쯤 회사로 돌아온 그는 부하 직원들에게 몇 가지 업무 보고를 받고 지시를 내렸다.

오후 5시 30분쯤 비서가 들어와 다음 주로 예정된 미국 출장길 스케줄에 대해 일러 줬다. 비즈니스 클래스로 예약된 것을 확인한 김 상무는 자신이 임원이 됐다는 것을 다시 한 번 실감했다.

오후 7시에 회사에서 나온 그는 거래처 임원과 저녁 식사를 하기 위해 강남 한식집을 찾았다. 저녁을 먹으면서 업무협의를 끝낸 김 상무는 회사에서 지급한 법인카드로 비용을 지불한 후 밤 10시 30분쯤 귀가했다. 간난한 세면을 마친 그는 밤 11시쯤 '또다른 내일'을 위해 잠자리에 들었다.

　김 상무는 임원이 되고나서 웬만한 건은 자기 전권으로 처리할 수 있고, 회사의 커다란 밑그림을 같이 그려 간다는 점에서 긍정적이라며 "의사결정을 내리는 과정에 중압감이 크고 성과를 내야 한다는 스트레스 또한 늘어나는 것 같다."고 말했다.

김 상무의 달라진 하루

	AM		PM	
부장시절	06:30 08:00 09:00~10:00 10:30~11:00	기상 회사 도착 (통근버스) 임원 주재 회의 참석 결재문건 준비	12:00 02:00~03:00 04:00~04:30 07:00~10:00 11:00	점심 식사 팀회의 임원에게 업무 보고 저녁 약속 취침

	AM		PM	
임원스케줄	05:20 06:30 06:40 07:10 09:00~10:30 11:00~11:30	기상 후 신문 정독 강남사옥 도착 (승용차) 헬스에서 운동 · 세면 사무실 도착 3개 팀장과 회의 사장 결재	12:00 02:00~03:00 04:00~04:30 07:00~10:00 11:00	점심 식사 팀회의 임원에게 업무 보고 저녁 약속 취침

13. 최근 기업들, 튀는 인재 찾아 내 사람 만드는 현장

　"이 숯을 가루로 만들어 얼굴에 바르는 숯팩을 만들어 팔면 어떨까요?"
　지난 달 초 생활용품업체 피죤(대표 김이기)의 신입사원 최종면접자들은 책상에 놓인 '참숯제습제' 제품과 숯덩어리를 번갈아 바라보며 식은땀을 흘려야 했다. 최종면접 과제가 바로 기존제품을 50분 만에 자신만의 상품으로 기획해 10분간 임원들에게 설명해야 하는 '신상품 면접'이기 때문이다. 면접자들은 제품에 붙어 있는 '사용설명서'만 보고 자신의 상상력을 동원해 신제품의 마케팅 방법에 관해 일목요연하게 발표해야 한다. 회사 관계자는 "이 같은 면접을 통해 실험정신과 순발력을 살펴보자고 도입한 것"이라며 "창조적 관점으로 사물을 바라보는 인재를 찾자는 취지"라고 설명했다.

신입사원 발굴을 위한 기업의 다양한 채용 기법에 관심이 쏠리고 있다. '1차 서류전형, 2차 필기시험, 3차 면접'이라는 제식화된 채용시험만으로는 회사에 맞는 '맞춤 인재'를 찾기 힘들다는 판단 때문이다.

◆ '네 능력을 보여 봐'

'싸이월드'를 운영하고 있는 SK커뮤니케이션즈에서 서류전형을 통과한 134명에게는 각각 '도토리(전자화폐)' 100알씩이 주어졌다. 5일 안에 미니홈피를 만들어 자기 자신을 소개해 보라는 것이다.

적어도 정보기술(IT) 기업에 입사하려면 젊은 감각과 독창적인 창의력이 절실하다는 데서 도입된 프레젠테이션 면접이다. 회사 관계자는 "특별한 모범답안은 없다."며 "다만 미니홈피 블로그 등 1인 미디어 전성시대가 열리면서 여기에 맞는 인재가 찾고자 하는 취지"라고 말했다. 이번 면접시험을 준비했던 김모씨(26)는 "미니홈피의 디자인을 특이하게 꾸며야 할지, 톡톡 튈 수 있는 배경음악은 무엇일지 많은 고민을 했다."고 말했다.

LG칼텍스정유 여수공장은 '체육면접'으로 신입사원을 뽑고 있다. 일반 면접 대신 농구, 축구, 배구 등 단체로 할 수 있는 구기종목을 선택해 직접 시합하는 장면을 보고 사람을 뽑는 것이다. 회사 관계자는 "현장에서 일하는 것인 만큼 신입사원의 적극성과 성실성, 협동심을 평가할 수 있는 가장 좋은 방법"이라고 말했다.

◆ 맞춤형 인재를 고른다

지난 달 경남 진해 STX조선 공장에는 159명의 생소한 '인재'들이 모였다. 2차 면접자 전원을 조선공장 현장으로 불러들인 것, 비행기를 타고 진해에 도착해 기계와 용접 소리가 들리는 진해 공장 사무실에서 직접 면접을 봤다.

회사 관계자는 "손가락 두께만한 철판을 잘라 만드는 수만 톤에 달하는 거대한 배들을 만드는 현장을 직접 보도록 해 신입사원 후보들의 반응을 보자고 시작한 현장면접"이라고 설명했다.

한진해운은 외국인 직원이 직접 외국어 면접을 실시한다. 90% 이상 영어권과 상대해야 하는 회사 특성상 토익 같은 필기영어가 아니라 실무영어가 절대적이기 때문. 한진해운 관계자는 "외국인 직원이 직접 사원후보들과 얘기하면서 실제적인 회화능력 테스트를 하고 있다."며 "영어성적표상 점수는 높아도 실제 현장에서 간단한 회화조차 안 되는 사람들이 많다."고 말했다.

금호아시아나 그룹 계열사들의 중국 진출이 활발해짐에 따라 한자시험을 보고 있다. 전 응시생을 대상으로 한자능력시험 3급 수준의 한자시험을 치른다.

'연탄배달에 쪽방 도배하고, 산악훈련에 국토행군까지.'

신입사원 교육문화가 전통적인 교육방식인 강의식 교육에서 '현장체험 · 사회봉사'식 현장교육 중심으로 바뀌고 있다. 단순히 기업 이념을 주입해 로봇형 인간을 만들기보다는 생산현장을 알고 기업의 사회

공헌 활동에 대한 중요성을 일깨우는 것이 일체감을 느끼게 하기에 더 값지다는 평가 때문이다. 또 전통적인 '해병대식 극기훈련' 도 경영활동을 첨가하는 식으로 다양해지고 있다.

◈ '회사 사랑' 은 사회봉사부터

지난 13일부터 신입사원 연수에 들어간 삼성그룹은 연수기간에 하루는 인근에 있는 장애인 단체나 복지시설을 방문해 청소, 집수리, 빨래 등 자원봉사를 한다.

SK그룹도 올해 상반기부터 사회봉사활동을 신입사원 교육과정에 추가했다. '사회에 공헌하는 기업' 이념을 구체화하기 위한 것이라고 그룹 측은 밝혔다. 올해 입사한 신입사원들은 서울 상도동 산동네와 후암동 '나사로의 집' , 경기도 '늘 섬기는 효행의 집' 등을 방문해 연탄배달, 도배, 청소, 세탁 등 봉사활동을 펼쳤다.

현대모비스도 하반기 뽑은 신입사원들에게 장애복지원 등 복지시설을 찾아 하루 봉사를 하는 것을 정규프로그램에 포함시켰고 현대중공업도 회사 차원에서 음성 꽃동네 자원봉사를 열성적으로 전개하고 있다.

◈ 회사 특성에 맞게 교육

삼성그룹 신입사원 연수에는 버스를 타고 한 지역에 내려 직접 삼성 영업사원이 돼 물건을 파는 '라마드' 라는 프로그램이 독특하다. 여기서 남은 이익금은 전부 기부하도록 돼있다. 또 '크리피아드' 라는 프로그램은 30명 정도가 한 팀이 돼 회사를 직접 설립하고 제품을 기획하고 CF까지 찍어서 미니 컴퍼니 운영실습을 하는 것이다. 재료비로 10만 원씩 지급한다.

SK그룹은 인근 야산을 뛰어다니며 모의 경영활동을 해 보는 '산행

프로그램'을 실시하고 있다. 등산로 요소요소에서 경영과 관련된 각종 퀴즈를 풀면서 이를 팀별로 경쟁시키는 것이다. 단순한 극기훈련보다는 훈련 속에서 경영을 배울 수 있도록 프로그램을 짰다.

삼성석유화학은 지난 8월 선발한 신입사원에게 울산 본공장에서 서산공장, 판문점을 거쳐 태평로 사옥까지 1,500㎞를 도보와 자전거, 인라인스케이트를 이용해 '순례' 하도록 했다. 신입사원들이 스스로 산업시설, 유적지 둘러보기 등 스케줄을 짜도록 했고 인터넷을 활용해 상황이나 느낌 등을 보고하도록 했다. 회사 관계자는 "인터넷에 올라온 글을 보고 간부나 선배들이 격려글을 보내 줘 신입사원이 회사에 더 친근감을 느끼게 됐다."고 말했다.

현대·기아자동차는 선배가 후견인을 맡아 6개월 동안 밀착교육을 하는 1대1 후견인 제도를 실시하고 있다. 후견인에게 월 5만 원씩 지급해 신입사원 교육에 사용하도록 하고 있다.

현대모비스는 신입사원들을 직접 생산라인에 투입해 제품 생산을 해 보도록 하고 있다. 회사 관계자는 "힘든 생산현장에서 직접 일해 봄으로써 회사를 알게 하는 효과를 거두고 있다."고 말했다.

현대중공업은 35㎞ 행군, 야간 산악 극기훈련, 산악마라톤, 축구경기가 신입사원 교육 프로그램이다. 회사 관계자는 "산악마라톤을 통해 기초 체력을 점검할 수 있는 데다 스스로 건강에 대한 중요성을 깨우치게 하는 데도 큰 효과가 있다."고 말했다.

14. 한국 대학들, 인재육성과 인재교육이 시급하다

한 가지 예로서, 일본 국·공립대학의 통·폐합은 상시적으로 이뤄진다. 일본 고교생은 대학에 지원할 때 대학 이름을 다시 한번 확인해야 할 정도다. 올해만 해도 도쿄도립대와 도쿄 도립보건대, 도쿄도립과학기술대, 도쿄도립단기대가 합쳐진 도쿄수도대학이 오는 3월 개교를 앞두고 있다. 오사카부립대와 오사카여대, 오사카부립간호대도 오사카부립대로 통합돼 문을 연다. 도야마대, 도야마의과약과대, 디카오카단기대는 10월 통합을 앞두고 있다. 또한 히로사키대 · 아키다대 · 이와테대 · 시즈오카대 · 하마마츠의대 · 사이타마대 · 군마대 등 30여 개 대학이 통합 직전에 있다.

2003년까지 일본 27개 국 · 공립대가 13개로 이미 통합됐다. 2001년 도야마 아스고 문부과학상이 국립대의 국제 경쟁력 재건을 위해 입안한 '도야마 플랜'에 따른 것이다. 지난 해는 '국립대 법인화' 작업으로 통 · 폐합이 잠시 주춤했지만 올 들어서는 벌써 13개 대학이 4개로 합치는 작업을 진행하고 있다. 이런 과정으로 3년여만에 23개의 국 · 공립대가 사라질 전망이다.

사립대도 예외가 아니다. 같은 범위 내 3개 대학이 2002년 오사카국제대학으로 합병됐다. 2003년에는 학생 모집난으로 경영 상태가 나빠진 릿시칸대학이 구레대의 사회정보학부로 합쳐졌다. 특히 일본은 이와 별도로 지난 해 4월 국립대를 전면 법인화했다. 예산 교육과정 인사권을 대학 자율에 맡겨 대학은 학과 신설 · 폐지, 정원 및 등록금 책정뿐 아니라 자체 수익사업까지 할 수 있게 됐다. 정부는 민간이 참여하는 '대학평가기구'의 평가 결과에 따라 각 대학에 차등적으로 예산 (운영교부금)을 지원, 대학 경영의 효율성을 높이고 있다.

박백범 교육인적자원부 고등교육지원과장은 "일본이 대학 개혁을 서두르는 것은 2009년부터 고교 졸업자와 대학 정원이 역전되기 때문"이라며 "한국은 이런 역전 현상이 이미 2002년부터 발생하는 등 위기가 훨씬 심각하지만 구조개혁은 아직 걸음마 단계"라고 말했다.

중국은 21세기에 1백 개 대학을 세계 일류대학으로 만들겠다는 '211 공정'에 따라 대학 구조개혁을 마쳤다. '선택과 집중'의 원칙에 따라 각 지역에 흩어진 단과대를 종합대학으로 합치고 통합된 종합대학에는 막대한 자금을 투입했다. 이에 따라 1992~2002년까지 10년간 7백 33개 대학이 2백 88개 대학으로 합병됐다. 이뿐만 아니라 지난 98년 5월부터는 칭화대, 베이징대, 톈진대 등 10개 대학을 세계적 반열에 올려놓는다는 목표 아래 예산을 집중 지원하는 '985공정'을 추진하고 있다.

특히 합병 과정에서 강력한 내부구조조정을 통해 경영혁신을 꾀하고 있다. 국·공립대의 일부 캠퍼스를 민간기업 등과 합착해 '독립법인'으로 만든 것이 대표적이다. 중화과기대의 '무창 분교'와 무한대의 '성시 학원' 등이 그렇게 운영된다.

유럽 및 호주 대학들의 대학구조조정 시점은 중국이나 일본보다 앞서 있다. 노르웨이는 94년 전문대 98개를 26개 주립대로 재편했다. 호주는 89~91년 사이에 19개 대학교에 수십여 개의 기술단과대학을 합병, 대규모 대학교로 전환시켰다. 영국은 75년부터 96년까지 웨일즈대학 등 10여 개 대학을 통합했다.

그러나 한국 대학은 거꾸로 가고 있다. 70년 1백 42개였던 각종 대학이 올해 4백 11개 대까지 늘어났다. 98년 정부가 '국립대 구조조정 계획'을 발표했지만 7년이 다 되도록 공주대와 공주전문대·천안공대의 통합 한 건만 성사됐다.

지난 해 정부가 '대학 구조개혁방안'을 내놓은 뒤 대학-대학간(충남대-충북대, 경상대-창원대)뿐 아니라 대학-전문대학간(공주대-천안 공업대), 대학-산업대학간(경북대-상주대, 부산대-밀양대) 등 다양한 통합 논의가 진행되고 있지만 막상 각론에 들어가면 교수들의 이해관계, 지역사회나 동문 반발 등으로 한 발자국도 진전되지 않고 있다. 한 대학의 기획처장은 "통합의 가장 큰 걸림돌은 교수들의 이기주의"라며 "심지어 신분을 10~20년 뒤까지 보장하라고 요구한다."고 말했다.

주요국 대학교육 경쟁력 비교

국 가	지 수	순 위
핀란드	8.86	1
미국	7.98	5
싱가포르	7.65	6
프랑스	6.27	19
독일	4.53	35
한국	4.11	41

3장

창의성 있는 전략 아이디어를 내놓자

1. 매일 생각하면서 창조성을 배양하자

누구든 총 쏘는 솜씨가 서툴러도 몇 번이고 쏘게 되면 적중시키는 법이다. 창조성이란 천부적인 것이라고 체념하기 전에 아이디어를 창조하는 연습을 해 보자. 창조력이란 훈련으로 숙달된다.

"당신은 창조성이 있습니까?" 하는 질문을 받게 되면, 대다수 사람들은 자신의 창조성에 대해 자신감을 갖지 못하고 있다. 흔히 창조성이란 타고난 것이며 어찌할 도리가 없는 요소란 생각이 짙게 깔려 있는 것이다. 그런데 봔 판제의 명저 『창조성의 개발』에서 그는 정의를 다음과 같이 기술하고 있다.

"창조성이란 무(無)에서 유(有)를 만들어 내는 것이 아니다. 이미 있는 K라는 것과 이미 있는 B라는 것의 새로운 짜맞춤이다.”

그렇다면 그것은 누구나가 이제까지 해 온 일이 아닌가? 예를 들면 담배와 성냥이 제각기 흩어져 있다면 그것을 함께 붙여 가지고 다닌다 거나 수첩에 메모용지를 붙여 가지고 다니는 것 등, 이렇게 사소한 일 에도 창조력은 작용하는 것이다. 또 헤어드라이기와 청소기를 조합해 만든 ‘이불건조기’, 라디오와 카세트를 조합한 ‘라디카세트’ 등의 히트 상품도 모두 이미 있었던 K와 B의 새로운 조립인 것이다.

인간은 누구나 다 별난 일을 해 보고 싶다는 본능을 지니고 있다. ‘별 난 일’ 이란 이제까지의 사물을 조립하지 않으면 안 된다. 사람들은 그 것을 무의식적으로 하고 있다. 그것을 의식적으로 연습하는 것이 창조 성 배양술이라고 할 수 있다.

창조성이란 누구나 다 배양할 수 있지만, 그 다음의 단계를 거침으로 써 그것을 확실하게 인식할 수 있게 되는 것이다. 매우 쉬운 것 같으면 서도 어려운 것이 이 “매일 생각하는 시간을 갖는다.”는 것이다. 어느 유명한 사업가는 이런 말을 했다.

“나의 가장 중대한 일은 회사를 비전 있게 만들기 위한 묘안을 짜내 는 것이다, 그래서 나 자신을 내가 통제하기로 했다. 그런데 바쁜 일에 시달려서 결국 아이디어를 짜내는 일을 잊어버리고 만다. 나는 기독교 신자이기 때문에 일요일 아침에 교회에서 예배를 드린다. 그 후 30분 동안은 아무리 중대한 일이 생겨도 그 자리를 움직이지 않고 회사성장 의 아이디어를 짜내기로 했다. 그리고 수첩 옆에는 ‘묘안수첩’ 이라고 크게 쓰고 착상한 아이디어는 거기에 기록했다. 매일 하찮은 안(案)이 나 되풀이되는 안이 잇따라 나와서 묘안수첩은 이내 가득해진다. 어느 사이엔가 이 묘안수첩이 나의 키보다 더 높아지게 되었다. 이 묘안수첩 덕분에 오늘의 우리 회사가 유명하게 되었다고 생각한다.”

이처럼 위대한 사람일지라도 매일 발상한다는 것은 대단히 어렵다. 그래서 우리들도 이 사업가처럼 자신을 자기가 통제해 보면 좋겠다는 것이다. 화장실에 들어가 오래 있게 되면 그곳에서 생각하고, 목욕탕에 들어가면 거기서 생각하고, 지하철 안에서는 외설잡지 따위는 읽지 말고 깊이 있게 발상하도록 한다. 이와 같이 자기의 하루일과 중에 매일 시간을 내면서 그 때는 오로지 발상하는 데 전념하는 것이다. 이렇게 자신을 통제함으로써 창조력은 비약적으로 높아지게 되는 것이다.

창조력을 육성하는 방법으로서 매우 중요한 것은, 아이디어는 "미안(迷案), 진안(珍案), 우안(愚案)에 관계없이 많이 내라."는 것이다.

일례로 과거 미국의 홈런왕이었던 베이브 루스는 "홈런의 수는 배트를 휘두른 횟수에 비례한다."고 하는 명언을 남겼다. 5천 번 배트를 휘두른 사람보다는 5만 번 휘두른 사람이 홈런을 더 잘 칠 수 있다는 것이다.

아이디어도 이와 똑같다. 좋은 안, 나쁜 안이 아니다. 300가지 아이디어를 낸 사람보다는 2천 가지 아이디어를 낸 사람이 히트작을 더 많이 낼 수 있는 것이다. 따라서 한 가지 문제에 대해 최저 30가지 착상안을 낼 정도로 평소에 연습해 둘 필요가 있다.

1) 새로운 발상을 낳는 분석

새로운 발상을 낳는 분석은, 각종 기법으로 분석결과를 검토함으로써도 나오는데, 거기에 덧붙여 다음 사람도 고려해 볼 필요가 있다.

- 일에는 우선순위가 있다. 일의 순서를 만들고 앞뒤를 판단하자.
- 직렬방식과 병렬방식으로 판단하자.
- 요소시간과 과정(공정, 경위)을 생각한다.

2) 새로운 발상의 착안점

새로운 발상의 착안을 위해서는 개개인의 마음 속에 있는 벽(감정, 문화, 인식 등의 벽)을 없애 가는 것이 가장 먼저 할 일이다. 그리고 목적의식을 명확히 한다. 이제까지의 고정관념을 버리고 많은 대체안(착안항목)을 든다. 착안점으로 얼마만큼 향상하는가, 유효 정도는 어떤가, 얼마만큼 빨리 할 수 있을까 등이다.

3) 새로운 발상의 평가

새로운 발상의 착안항목이 모두 좋은 방법이라고 말할 수 없는 경우도 있다. 경제적인 측면에서 보면 문제가 있다든지, 기술적 가능성이나 실행 가능성에서 검토해 볼 때 여러 가지로 문제가 있을 수 있다. 이에 대한 평가를 해 보고 실제로 사용할 수 있는 생각과 방법을 선택하지 않으면 안 된다.

일반적 평가방법으로서는 1) 기술적 가능성 2) 실행 가능성 3) 경제성의 세 가지가 있다.

생산공정에 있어서는 이들이 품질면, 안전면, 납기면, 원가면, 생산면(양적인 면) 등 구체적인 평가항목이 된다. 그 중에서도 중요한 것은 안전면이다.

2. 걷다가 1분만 멈춰 보고 거꾸로 걸어 보라

여하튼 발상의 기본은 먼저 자신의 눈과 발로 걸어 보는 것이다. 그리고 거리에서 1분간 멈춰 서서 물구나무를 서 보라.

한 예로, 임신 중인 여성은 어디를 걷고 있든 임산부 모습이 자꾸 눈에 띄어 어쩔 수가 없다고 말한다. 즉 거리에 갑자기 임산부가 늘어난 듯한 착각에 빠지는 것이다. 비슷한 일은 남성에게도 일어난다. 임신한 부인과 같이 걷고 있으면, 남편의 눈에도 거리에 임산부가 무척이나 많이 보인다. 따라서 이러한 부부는 지금은 임신한 사람이 많다고 하는 대화를 서로 고개를 끄덕여 가며 주고받는다.

그러나 실제로는 임산부가 늘어난 것이 아니고, 두 사람의 눈이 거리를 걷고 있는 임산부의 모습만을 특별히 집중한 것에 지나지 않는다. 이러한 예는, 주변에 얼마든지 있다. 다리를 다쳐 한쪽 다리를 끌며 걷고 있을 때에는, 거리에 이렇게 다리가 불편한 사람이 많았나 하고 놀라게 되는데 이것도 유사한 사례이다.

정상적인 다리로 걷고 있을 때에는 전혀 눈에 띄지 않던 다리 아픈 사람들의 모습이 갑자기 자기 눈에 확 들어오게 되는 것이다. 한번 자기 몸 일부분의 자유를 빼앗긴 사람의 눈은, 알게 모르게 자기와 같은 모습을 찾아내려고 집착하게 된다고 한다. 그런데 재미있는 사실은 임산부도 부자유한 사람도, 자기가 정상으로 돌아오면 그런 사람들이 시야에서 사라져 버리게 된다고 한다. 이러한 사실을 생각해 보면 인간은 어쨌든 눈으로 자기와 같은 동료를 찾으면서 걷고 있는 것이 아닌가 추측하게 된다.

모든 인간은 걷기 시작할 때부터 '눈으로 걷고 있는 것'이다. 유아는 유아를, 가난한 사람은 가난한 사람을, 악당은 악당을 각각의 눈이 무의식중에 동료를 찾으며 걷는다. 산과 들을 걸을 때면 자연풍경 속에서 무엇보다 인간의 모습이 눈에 띈다. 중요한 것은 어디에 있어도 눈으로 동료를 찾으며 걷는다는 사실이다. 따라서 우리들은 걸으며 자기를 확인할 수 있다. 즉 걸을 때에 무엇을 보는가, 눈에 띄는 것은 무엇인가를 생각하면, 자기 수준이나 성향이 분명해지는 것이다.

걸을 때 여성에게만 눈이 향한다면 여색을 좋아하는 인간이겠고, 통행하는 사람들의 옷만 눈에 들어온다면 그런 외적인 치장에 무게를 두는 타입에 속한다는 것이다. 눈은 그때그때의 인간의 마음의 상태에 따라 초점도 시각도 시야도 큰 폭으로 바뀐다. 맹인과 다를 바 없다. 보고 있어도 보지 않을 때도 있고, 순간적인 잠깐이라도 분명히 보일 때가 있다. 이러한 눈의 기능이 최대한 나타나는 것은 걸을 때이다. 이것을 잘 활용해야 한다.

어떤 남자가 명동의 번화가 한복판에 서 있다. 이곳은 한국에서 1등 가는 유명한 번화가이며 지나치는 사람들도 대단히 많은 곳이다. 그러나 이곳을 걷는 사람들의 대부분은 이 번잡한 거리의 패거리고 물결이 되어 지나갈 뿐이다. 즉 사람들의 물결 속을 걸으면서 그냥 그 안에 파묻혀 있어, 변화의 진정한 모습을 이해하지 못하고 그냥 스쳐서 지나가고 있다.

이러한 걷는 방법은 단순한 생리적 이동에 지나지 않는다. 지금의 직장샐러리맨이라면 한 번 연구해 볼 필요가 있다. 그곳에서 단지 1분간만 사람의 물결에서 빠져 나와 멈춰 서서 밖에서 유심히 들여다보자. 그러면 걷는 사람들을 양적으로 파악할 수도 있고, 번잡함에 대한 인식이 새롭게 바뀌게 될 것이다. 이것은 1분간의 관찰조사라 볼 수 있는데 비즈니스상의 하나의 귀중한 자료를 얻을 수 있게 된다. 이 방법은 걷고 있을 때 임의의 시간에 정확히 1분간 멈춰 서서, 거리의 모퉁이에서 주위를 관찰하고, 유동인구와 차의 교통량, 거리의 상황, 전망, 소리, 냄새, 분위기, 날씨, 공기의 느낌, 분위기 변화 등을 조사한 뒤 관찰시각과 함께 기록한다. 누구든 귀찮을 거라고 생각하겠지만 누구든 언제 어디서든 간단히 할 수 있는 방법이다.

출장지에서 한가이 걷고 있을 경우나 사업상 이동중일 때라도 즉시 실행할 수 있다고 본다. 실제로 이쪽저쪽을 걸으면서 상황에 따라 1분간 관찰하고 그 기록을 모아 보면 비즈니스할 때 의외로 참고가 되며 비즈니스 회의의 단서가 되는 경우가 많다.

정식조사 측면에서 말하면 문제도 있지만, 실제로 번화가·주택가·농촌·산촌 등 걷는 곳곳에서 몇 번이고 반복해서 이 관찰법을 시도해 보면, 이른바 시장조사라는 조사에서는 추진할 수 없었던 사실이 발견되어 매우 놀라는 사람이 많다. 아무리 바쁜 직장샐러리맨의 경우에도 걷다가 1분간만 멈춰 서는 여유쯤은 가능하다고 볼 수 있다. 1분간은 매우 짧은 시간이지만, 자기가 인파의 물결에서 벗어나 객관적으로 변화를 보고 있으면 그 짧은 시간에 전개되는 변화의 양이 얼마나 큰지를 알게 되어 놀라게 될 것이다.

승용차로 매일 지나다녀 잘 알고 있다고 생각했던 거리도, 혼자서 걸어보면 "아니!"하며 놀라게 되는 사물을 발견할 때가 있다. 이 "아니! 여기가!"라고 생각되는 신선함이 걷는 일의 유익한 점이다. 그러나 어디를 걸어도 "아니!"하고 경탄할 일이 없다고 생각하는 사람도 있을 것이다. 따라서 누구하도 신선함을 느낄 수 있는 걷는 법을 생각해 보기로 하자.

다른 예로, 거리에서 이쪽으로 다가오는 통행인을 남자든 여자든 무조건 물구나무 시킨다면 어떻게 될까를 상상해 보는 것이다. 자동차도 건물도 간판도 모두 다 물구나무 시켜 보자. 전봇대도, 가로등도, 가로수도 모두 물구나무를 시켜 보는 것이다.

도로를 걸을 때마다 이런 엉뚱한 생각을 실행해 보는 것이다. 바보같다고 생각되어도 어쨌든 실행해 보면 걷는 것과 발상하는 것이 항상 일체가 되어 올 것이다.

처음에는 거리를 물구나무 세운다는 점에 저항이 생기겠지만, 점차 익숙해진다. 거리는 언제나 뒤집힌 듯이 보인다. 그러나 보면 걸을 때 반드시 무언가를 상상하게 되며 걷는 일이 즐거워진다. 이렇게 되면 거리를 걷는 것, 들을 걷는 것만으로도 언제나 신선한 발상이 솟아난다. 물구나무서지 않아도 보행과 사고가 표리일체가 되어 버리는 것이다. 물구나무하여 걷는 것의 원래 목적은 걷는다는 행동에 의해 발상하는 활동을 자극하는 것에 있는 것이다.

3. 호기심과 새로운 것에 대한 감각이 아이디어를 창조한다

시대감각을 포착할 수 있는 좋은 테크닉이 있는 것일까? 이것은 현실이 아닌 미래를 포착하는 일이다. 그리고 거기에는 역술가나 예언자가 말하는 뭔가 모를 수상쩍음이 항상 따라다니는 것이다. 결국 "점이란 맞을 수도 안 맞을 수도 있는 것"이다.

시대감각을 포착하려고 생각하는 사람은 주사위로 승부를 결정하는 노름꾼과 같아 보이게 마련이다. 시대감각을 확실히 예측하여 선취한다는 것은 그와 같은 가면 속에 있지도 않다. 내가 관계하는 '유행'의 세계를 보게 되면 예측이란 어려운 일임에는 틀림없지만, 가능한 것이라고 말할 수 있다. 돌발적으로 나타났다고 생각할 수 있는 '유행현상'도 거기에 앞선 몇 가지 선행현상이 있고, 그 역사적인 필연성의 고리 위에서 생기는 것이다.

다만 그 발생의 매커니즘이 합리적인 방법으로 해명되지 않았기 때문에, 시대감각을 누구보다도 빨리 예측할 수 있는 사람은 남다른 능력을 가진 사람으로 보일 것이다. 새로이 나타나는 것에 민감하게 반응하여 우리가 의식하기도 전에 제시하기 때문에, 우리는 그 신선함에 충격을 받는 것이다. 그러나 이와 같은 남다른 능력을 가진 사람도 한 사람의 인간에 지나지 않는다. 그렇다면 그들의 '새로움'에 대한 동물적인 감각은 대체 어디에서 생기는 것일까?

필자도 약 20년 가까운 동안에 남다른 능력을 가진 몇 사람을 만날 기회가 있었다. 그들을 보게 되면 한결같이 훌륭한 기억력을 가지고 있었고, 심리학에서 말하는 직관력, 관찰력이 강한 소유자이고 만족할 줄 모르는 욕망적 존재였고 자유인이고 또 일의 귀신이었다. 평범한 사람이 그와 같은 사람들과 동등하게 되기는 불가능하다 하더라도 그들에게 접근하지 못할 이유는 없다. 이를 위해서 그들이 평소에 무엇을 느끼고 어떤 인생관을 가지고 생활했으며 어떤 방법으로 '새로운 것'을 느끼는가를 추적하면, 예상외로 평범한 사람들에게 도움이 되는 것이 포함되어 있다.

여러분들은 이제 창조력을 기르는 방법은 알았으리라 생각한다. 그러면 어떻게 해서 아이디어의 씨앗을 발견하느냐 하는 것이 문제이다. 그 아이디어의 씨앗을 발견하는 최고의 테크닉이 U턴 사고이다.

문화가 발달하면 할수록 '참, 잘했어!' 하고 생각하는 일보다도 '틀렸어! 화가 나.' 하고 생각하는 일이 더 많아진다. 그 '틀렸어! 화가 나.' 하는 것은 무엇 때문일까? 거기에 구체적인 문제가 있다. 결국 '틀렸어!' 하고 생각하거나, '참 곤란하다.'고 생각하거나 자기가 바라지 않았던 감정이 생겼을 때에는 그것을 억제하고 '기다려! 이것은 어떻게 하면…….' 하고 U턴 식으로 생각하는 것이다. 이것이 U턴 사고라는 것이다.

창조성의 개발법은 많은 사람들에 의해 주장되어 왔고, 그것을 공부하는 사람들도 많다. 그러나 그 지식에 비해서 각자의 실력은 좋아지고 있지 않다. 그러나 그 지식에 비해서 각자의 실력은 좋아지고 있지 않다. 그 이유는 무엇일까? "매일 생각하는 습관을 기르자."는 숙달이 되어있지 않기 때문이다. 3, 4일은 생각하지만 그 후 1개월이나 2개월이 지나면 곧 잊어버린다. 이래서는 아무리 뛰어난 재주를 가졌다 해도 창조력이 높아지지 않는다. 따라서 자기 착안을 자신이 써서 특허청에 출원해 보자.

출원료는 얼마 되지 않는다. 그리고 특허청에서 접수통지를 받게 되면 어떤 사람이라도 가슴이 설레게 된다. "어쩌면 이 아이디어를 어디선가 1억 정도에 사러 오지 않을까?" 하고 가슴이 두근댄다. 더구나 그 기대감은 한 6개월 동안은 계속된다. 그렇게 되면 그 6개월 동안은 아이디어에 대한 일을 생각해 내고 있다. 따라서 잇따라 새로운 안이 나온다. 좋은 것은 다시 출원하고 싶다고 생각하게 된다.

이렇게 해서, 출원했다는 사실이 창조력을 배양하는 큰 원동력이 되는 것이다. 다만 일부 사람들이 "서류를 작성하기가 어려워, 초보자로서는 할 수 없는 일이야." 하고 잘못 알고 있기 때문에 출원서는 어려운 것이라고 생각하게 되는데, 그것은 잘못된 생각이고 약간만 공부하면 누구나 다 특허청에 출원할 수 있다.

여러분들도 오늘부터 실행한다면 창조력은 비약적으로 높아지게 될 수 있다는 것을 강조하고 싶다.

4. 중국인의 중국식 발상법

중국인은 한국인과 피부색도 같고 얼굴 모습도 비슷하기 때문에 마음 속으로 생각하는 것도 같으리라고 생각하게 된다. 왜냐 하면 한문을 같이 쓰는 유사종족이라고 생각하기 때문이다. 하지만 그것은 어처구니없는 오해이다. 분명히 같은 인간이기 때문에 비슷한 면이 없는 것은 아니지만 오히려 다른 면이 더 많다고 생각하는 것이 실상에 가깝다.

필자는 중국인의 발상법이나 사고법을 이해하는 열쇠는 주역(周易)과 노자(老子), 장자(壯者)와 병법(兵法)에 있다고 생각한다. 여기서는 몇 가지의 특징적인 면으로 집약하여 소개하고자 한다.

이 세상에 변하지 않는 불변한 것은 있을 수 없다. 사회정세는 끊임없이 변화하는 과정에 있으며, 가득 차면 빠지고 빠지면 가득 찬다고 하는 것이 주역의 근본인식이다. 따라서 가령 곤란에 빠지거나 벽에 부딪쳤다 하더라도 그것은 일시적인 것에 불과하다. 마침내 정세에 변화가 생겨 국면타개의 전망이 밝아지게 되는 것이다.

따라서 비록 곤경에 빠지더라도 서투르게 헤매면서 발버둥치지 않고 끈질기게 때를 기다린다는 발상이 생기게 된다. 또한 만사가 순조롭게 진행되어 순풍을 기다린다는 발상이 생기게 된다. 또한 만사가 순조롭게 진행되어 순풍을 탔을 때에도 언젠가는 반드시 역풍을 맞이할 때가 올 것이라 생각하고, 그것에 대한 대비를 게을리하지 않는 태도도 생기게 된다.

요컨대 실망했을 때나 순조로울 때에도 시대의 흐름을 간파하면서 침착한 태도로 사태에 대처하는 것이 중국인의 첫 번째 특징이라고 할 수 있다. 이에 대해 '새옹지마(塞翁之馬)'라는 유명한 고사용어가 있다.

옛날 북방의 국경 가까이에 한 노인이 살고 있었는데, 어느 날 이 노인이 가진 말이 국경을 넘어 호(胡)나라 땅으로 도망을 갔다. 근처에 살던 사람들이 안타깝게 생각하여 위로하니까, 그 노인은 "아니올시다. 이것이 언젠가는 또 행복으로 바뀔 수도 있을 것입니다."라면서 조금도 낙심하는 기색을 보이지 않았다.

그런 지 몇 개월 후 그 노인의 말은 호나라의 준마(駿馬)를 데리고 되돌아왔다. 주변의 사람들이 축하의 말을 하러 왔다. 그러나 노인은 "아니올시다. 이것이 언제 또 불행으로 바뀔지도 모릅니다."라며 조금도 기쁜 기색을 보이지 않았다고 한다.

이윽고 준마가 준마를 낳아 노인의 집은 말이 가득하게 되었는데, 어느 날 노인의 아들이 순간적으로 말에서 떨어져 큰 부상을 당했다. 이웃 사람들이 또 병문안을 하러 찾아왔다.

"아니올시다. 이것이 또 행복으로 바뀌지 않는다고 장담할 수 없지요."

노인은 한결같이 슬픈 기색을 보이지 않았다.

그런 지 1년 후, 호나라가 국경을 넘어 공격해 들어왔다. 마을의 젊은이들은 무기를 들고 나가 싸웠는데, 거의 모두가 전사하고 말았다. 그러나 노인의 아들은 신체장애자여서 전쟁터에 나가지 않아도 되었기 때문에 무사했다고 한다. 선두에 서지도 않고 꼴찌로도 가지 않고, 시종 중간쯤에서 자기 페이스로 달린다. 이것은 노장(老壯)사상의 에센스일 뿐만 아니라, 중국인의 발상법에서 볼 수 있는 또 하나의 특징이라고 볼 수 있다.

속담에도 "사람은 톱(두목)이 되지 말라. 나무는 축(軸)이 되지 말라.", "사람은 유명해지지 말라. 돼지는 살찌지 말라."는 유명한 말이 있다.

돼지는 왜 살찌면 안 되는가? 한비자(韓非子)에 이런 이야기가 있다.

어느 날 돼지에게 기생충 세 마리가 무엇인가 말다툼을 하고 있었다.

"왜 다투고 있니?"

지나가던 한 마리의 기생충이 끼어들었다.

"좋은 자리 쟁탈전이야."

세 마리가 대답했다.

"이런! 너희들. 섣달의 제삿날이 되면 이 돼지는 통째로 구워지고 말아. 싸움만 하고 있을 수는 없어."

네 마리의 기생충은 온갖 힘을 다해 돼지의 피를 빨았다. 그 때문에 돼지는 살이 빠져, 제삿날이 되어도 죽음을 당하지 않았다고 한다.

흔히 돼지는 너무 뚱뚱하게 살이 찌면 죽음을 당할 날이 가까워 온다. 인간도 마찬가지이다. 우두머리가 되거나 유명한 사람이 되면 그만큼 주위 사람들로부터 발목이 잡혀 추락할 가능성이 높아진다. 적어도 신경을 잔뜩 쓰게 되어 편안히 잠들 겨를도 없다. 따라서 중국인들은 우두머리가 되거나 유명하게 되는 것을 강하게 경계하고, 중간쯤에 붙어서 유유히 달리기를 좋아해 왔다. 다만 이 발상법의 또 하나의 특색은 "꼴찌도 되지 말고"라는 점이다. 왜냐 하면 꼴찌로까지 떨어져 버리면 남들의 비판대상이 되어 역시 몸을 보전할 수 없기 때문이다.

그렇다면, 불행하게도 우두머리가 되거나 유명한 사람이 되었다면 어떻게 하면 좋을까? "공을 세운 몸이 물러나는 것은 하늘의 도리이다.(老子)"라고 재빨리 은퇴할 때를 생각해 두어야 한다는 것이다.

중국인에게는 "부딪쳐서 깨뜨려라."라고 하는 옥쇄적(玉碎的) 발상은 없다. '손자(孫子)'를 비롯해 중국의 병법서(兵法書)는 어느 것이나 다 싸우지 않고 이기는 것을 이상적인 승리방법으로 인식하고 있다. 싸운다고 하더라도 이것이라면 이긴다고 하는 확실한 전망이 있어야 싸우고, 아군의 병력을 온전하게 보존한 채 될 수 있는 대로 효율적인 승리를 거두어야 한다고 생각한다.

국가경쟁에서 싸우지 않고 이기기 위해서는 두 가지 조건이 충족되어야 한다. 한 가지는 외교교섭에 의해서 상대의 의도를 좌절시키는 것이다. 또 한 가지는 모략활동에 의해서 상대를 내부붕괴로 몰아가는 것이다. 그리고 그것을 위해서는 정보수집활동이 불가결한 전제가 된다. 또 효율적인 승리를 거두기 위해서는 여러 가지 전략·전술을 창조해 내야 하며, 그렇게 하기 위해서는 무엇보다도 유연한 발상이 필요하게 된다.

예를 들면 '어부지리(漁父之利)'라는 사고방식이 있다. 적들까지 서로 물어뜯게 하고, 자기는 높은 곳에서 내려다보며 구경을 즐긴다. 양자가 죽음의 결투를 연출하여 서로 권력이 소모되면 전투력의 투입 없이 승리할 수 있다. "실(實)을 피하여 허(虛)를 공격한다."고 하는 전법도 있다. 이것은 적의 주력을 피하여 측면으로 약점을 공격하는 방법이다. 이렇게 하면 역시 아군의 손해를 최소한도로 줄이면서 승리로 이끌 수 있다.

5. 고정관념을 타파하자

우리들은 뭔가 창안을 내고자 할 때 가장 문제가 되는 것은 그 사람의 상상력이다. 사과가 떨어지는 것을 보고 지구의 움직임으로까지 이미지를 넓혀 간 것은 뉴턴 한 사람뿐이었다.

이와 같이 이미지를 넓혀 가는 방법은 다음 세 가지로 요약할 수 있다.

1) 편안히 쉴 것
마음과 몸이 편안하게 쉴 때 우리들의 두뇌는 고정관념에서 벗어나 상상력을 펼치기 쉬운 상태가 된다.

일례로 아인슈타인은 발상을 위해 연구 중간에 바이올린을 켜며 편안히 쉬는 것이 하나의 방법이었다. 일본의 유까와 박사의 중간자(中間

子)이론의 아이디어도, 노벨상을 받은 후쿠이겐이찌 교수의 프론티어 전자이론의 아이디어도 요(이불) 위에서 태어났다. 발상력을 높이려고 생각한다면, 우선 심신을 편안히 쉬게 하는 것이 중요하다.

2) 플러스 이미지가 상상력을 높인다

여러분은 즐거운 일을 생각하고 있을 때와 싫은 일을 생각하고 있을 때 중 어느 쪽이 더 이미지를 넓게 펼칠 수 있다고 생각하는가?

당연히 앞쪽일 것이다. 즐거운 것을 생각하고 있는 사람은 그렇지 않은 사람보다 20%나 더 이미지를 넓게 펼친다는 조사결과가 나왔다. 이 것은 단지 2분간 생각했을 때 얻어낸 결과이다. 실제로 우리들이 일을 하고 있을 때, 또 생활을 하고 있을 때의 시간은 거의 무한하다고 생각해도 좋다. 그때 당신이 무엇을 생각하고 있는가가 중요하다. 그 점이 앞으로의 발상력을 좌우한다. 따라서 여러분은 플러스 이미지를 소중히 하도록 한다.

3) 절박감이 상상력을 높여 준다

등산을 자주 하는 사람은 현장에서 체험한 적이 있을 것이다. 발을 잘못 디뎌 암벽 등에서 발이 미끄러졌을 때, 과거의 여러 가지 일들이 순간적으로 떠오른다. 그리고 나뭇가지 등을 붙잡아 신체 위험이 사라지면, 그 이미지가 사라져 버린다.

이것은 우리들의 몸에 위험이 임박했을 때, 머릿속에 축적된 정보 속에서 도움이 될 만한 정보를 찾아내려고 하는 욕구 때문이다.

흔히 "전쟁이 시작되면 과학이 발달한다."고 말한다.

제1차대전에서는 선박조선기술이, 제2차대전에서는 항공기술이 발달했다. 이것은 당사국의 국민 전체에 절박감이 더해졌기 때문이다. 이

때 기술자와 과학자의 두뇌가 빠르게 회전을 시작한다. 그 결과로서 과학기술이 보통 때보다 빠르게 진보하게 되는 것이다.

앞에서 언급한 플러스 이미지와 이 절박감은 어찌 보면 상반된 관계인 것처럼 보인다. 어떤 사람들은 절박감을 마이너스 이미지로 생각하고 있는 것 같은데, 이 둘은 성격이 다르다. 절박감은 밖에서 주어진 자극이고, 마이너스 이미지는 자기가 멋대로 떠올린 것이다. 따라서 일부러 떠올려 생각하는 건 마이너스보다 플러스 쪽이 좋다. 우리들의 두뇌는 플러스 이미지 쪽을 좋아하기 때문이다.

뉴턴이나 아인슈타인은 물리학분야에서 큰 공헌을 했다. 여하튼 상상력을 넓히고, 발상을 풍부하게 하는 것은 중요한 일이다. 그러나 목표를 명확히 하지 않으면 우리들의 두뇌는 그 힘을 발휘할 방향을 잃고 만다. "구슬이 서 말이라도 꿰어야 보배"란 유명한 속담도 있다.

"무엇을 하고 싶은가?"

"무엇을 하려고 하는가?"

이 두 가지를 항상 자문자답해 보는 것이 당신의 상상력을 성공으로 이끄는 길이 된다.

맛있는 음식을 떠올리면 침이 나오고 즐거운 것을 생각하면 기분이 좋아지듯이, 우리들이 어떤 이미지를 떠올릴 때 그 이미지에 연결되어 있는 심신상태가 재현된다. 따라서 어떤 특정한 이미지를 되풀이 생각하고, 앞에서 소개한 조건을 숙달한다면 당신은 언제나 풍부한 창조력을 발휘할 수 있다. 따라서 이 이미지를 떠올릴 수 있는, 즉 컨트롤할 수 있는 방법을 우리들은 이미지 컨트롤법이라고 부른다.

"눈이 보배", "백문(百聞)이 불여일견(不如一見)"이라는 명언이 있다. 우리들은 눈으로 본 것을 바로 외운다는 매우 우수한 능력을 가지고 있다. 스스로 운전한 길은 잘 기억하고, 여자들은 친구들의 패션이나 소지품의 색깔과 무늬까지 상세하게 기억해 내곤 한다. 이 힘을 이용하여 기억하는 것을 '시각화' 하여 효과를 거둔 사례는 상당히 많다. 즉 CI, 각종 로고나 배지, 도로표지 등 셀 수도 없이 많다.

기간 중 많이 보급된 수화(手話)는 시각화의 최고봉이라 할 수 있다. 이것은 시각언어라고 할 수 있다. 귀가 불편한 사람의 대화수단인 수화는, 대개의 의사전달이 가능하다고 한다. 이렇게 시각화하여 기억하는 기술은 모든 공부에 응용할 수 있으며 또한 그다지 연령에 관계없이 좋은 성적을 올릴 수 있다.

기억 세미나를 수강한 학생들 중에는 상당히 나이가 많은 고령층도 있고, 영어단어나 영어숙어를 하루에 100개, 200개 외울 수 있는 사람도 있으며, 숫자나 법률에서 성적을 올리는 사람도 많이 있다.

특정한 전문용어는 별도로 하고, 우리들은 대개의 한국어를 듣고 바로 이해할 수 있다. 우리들은 많은 언어를 저금할 수 있는 자산가이며 또 소프트웨어에 따라 필요한 언어를 선택하고 인출하여 말하거나 쓰고 읽을 수 있는 컴퓨터를 모두 가지고 있기 때문이다. 이 멋진 컴퓨터를 의식적으로 사용하지 않을 이유가 있겠는가!

1) 편안히 휴식을 취할 때의 이미지를 떠올린다

'목욕탕에 들어가 쉬고 있다.', ' 내 방에서 조용히 음악을 듣고 있다.' 이와 같은 과거의 체험 속에서 편안히 쉬었던 때의 일을 조용히 떠올린다. 그러면 마음이 침착해지고 전신의 힘이 기분 좋게 유지된다.

2) 과거 혹은 미래의 좋은 이미지를 떠올린다

편안하게 휴식할 수 있게 되었다면, 우선 '그 때는 일이 잘 풀렸지.' 혹은 '창의적인 생각이 마구 떠올랐었지.' 등 과거의 성공 이미지를 떠올린다. 그리고 자기가 하고 있는 일이나 사업이 잘 진행된다면 자신은 미래에 무엇을 가지게 될지, 예를 들면 '보너스가 많이 나온다.' '큰 집에서 살 수 있게 된다.' 는 등의 좋은 이미지를 떠올린다.

3) 목표달성까지의 이미지를 떠올린다

'무엇을 하고 싶은가?' , '무엇을 하려고 하는가?' 최후로 이 말을 진지하게 생각한다. 더구나 말뿐이 아니라 아인슈타인처럼 재미있는 이미지로 생각하는 것이다. 우리들의 머릿속에는 언어의 정보보다 이미지의 정보가 압도적으로 많이(약 천 배 정도) 들어와 있다. 이미지로 생각하는 쪽이 문제점을 빨리 확실하게 알 수 있고, 해답을 찾을 확률도 높은 것이다. 또 목표를 명확히 함으로써 절박감도 자연스레 높아진다.

아침·저녁 두 번 정도 한 번에 15분 정도 이전 이미지를 떠올리자. 그러면 당신은 발상력이 높아지고, 확실히 발상이 풍부해진다. 일반적으로 나이를 먹으면 이해는 잘하지만 기억력이 떨어진다고 한다. 이것은 사실이다. 30세가 넘었는데 학생시절과 같은 방법으로 공부한다면 머릿속에 잘 들어오지 않을 것이다.

그렇다면 정말 머리가 노화하는 것일까? 확실히 즉석에서 외우려고 하면 금세 머리가 포화상태가 되고, 더 이상 외워지지 않는다. 그러나 자료를 모으거나 분석하거나, 자기의 생각을 능숙하게 상대에게 전달하는 능력은 젊을 때보다 훨씬 높아졌을 것이다.

고령의 70대나 80대의 회장, 사장이 현역에서 활약하고 있는 것은 그리 신기한 일이 아니다. 이것은 사람의 능력은 나이를 먹어도 결코 뒤떨어지지 않는다는 것을 증명한다. 이렇게 진보하고 있는 두뇌를 알고 공부하는 방법을 생각한다면 미래가 밝아지지 않겠는가!

즉, 새로운 시점에서 공부방법을 연구해 보라는 말이다.

7. 숫자·계수 감각에 강한 사람이 창의력이 풍부하다

분명히 비즈니스 세계는 숫자에 파묻혀 있는 세계이다. 숫자에 둔한 사람은 그만큼 비즈니스맨으로서는 실격이다. 따라서 숫자를 내 편으로 만드는 비결을 기억해 두자.

직장샐러리맨 중에는 "아무래도 숫자에는 약해." 하고 한탄하는 직장인이 많은 것 같다. 회사의 회의 등에서 숫자를 거론하는 일이 생기면, 간단한 숫자도 일일이 서류를 펴가며 보지 않으면 답변을 하지 못한다. 결국은 부하를 불러 설명하게 하는 광경도 벌어진다. 이런 점에서 숫자에 강한 상사에게 야단맞고, 점수가 깎이는 직장인도 많다.

회사에서 숫자에 강한 사람은 역시 재무경리라든지, 현장의 원가담당이라든지, 영업에서 관리 통계를 맡고 있는 사람들이지만, 그들은 그것이 본업이니까 숫자에 강한 것이 당연하고 숫자에 강하지 않으면 일을 할 수 없다. 그러나 그런 사람들이 애초부터 숫자에 강한 사람이었는가 하면 그러지 않은 사람도 많이 있다. 숫자를 자꾸 다루다 보면 관심이 생기고, 흥미도 생겨 자연스럽게 강해진 사람도 있다.

숫자에 약한 사람이라도, 좋아하는 스포츠 쪽으로는 분명히 숫자를 익히고 있을 것이다. 숫자에 약하다고 한탄하는 사람들 중에는 대개 평소 숫자에 관심이 없는 사람이 많다. 약하다는 생각으로 숫자만 나오면 골치 아프게 생각하는 태도를 취하니, '숫자'라는 소리만 들어도 주눅이 들어 버리는 것이다.

직장샐러리맨의 세계는 숫자로 승부하고 있다. 숫자 없는 업무는 생각할 수도 없고, 도망가려고 해도 숨을 곳이 없다. 그러니 숫자를 아군으로 만들어 잘 사용해 보려고 하는 것이 상책이다. 중요한 것은 숫자에 관심을 갖는 것이다. 숫자를 통해 사물을 생각하고, 사물을 바라보라. 이런 마음가짐을 숙달하는 것이 숫자에 강해지는 지름길이다.

숫자에 강한 사람에게도 두 가지 유형이 있다고 생각한다. 디지털형과 아날로그형이 그것이다. 디지털, 아날로그라는 것은 시계업계에서 사용되고 있는 말이다. 아날로그는 시계의 초침·분침을 사용하는 것, 디지털은 숫자로 되어 있는 것이다. 최근에는 디지털시계의 생산량이 아날로그시계를 추월, 젊은 사람들을 중심으로 디지털시대에 접어들었다.

마찬가지로 세계의 사고방식도 디지털화되어 가고 있다. 예를 들면 "지금 몇 시입니까?" 하는 질문에 디지털형은 "다섯 시 이십오 분입니다." 하고 대답한다. 한편 아날로그형은 "다섯 시 반입니다." 한다. 디지털형은 30초도 틀리지 않게 대답하지만, 아날로그형은 대략적으로 대답한다.

요즘, 뇌에 대한 연구가 한창이다. 인간의 뇌에는 좌뇌와 우뇌가 있고, 좌뇌는 논리적·분석적·대수적인 사고를 하고, 우뇌는 직관적·통합적·기하학적인 사고를 한다고 한다. 양쪽의 큰 차이는 좌뇌는 말로 생각하고, 우뇌는 이미지로 생각한다는 것이다. 다시 말하면 좌뇌는 디지털 발상, 우뇌는 아날로그 발상을 한다는 것이다. 사람에 따라 좌뇌가 강하게 되어 있느냐, 우뇌가 강하게 작용하느냐에 따라 숫자 취급 방식이 바뀐다고 생각한다.

숫자에 강한 사람인 디지털형은 컴퓨터처럼 분석적·논리적으로 숫자를 취급한다. 손익계산서나 대차대조표의 숫자라고 해도, 또 관리 데이터나 통계 데이터라고 해도 마찬가지다. A는 35%, B는 53%, C는 12%라는 식으로 정확하게 숫자를 표시하고 잘 기억했다가 잘 써먹는다. 이런 사람은 확실히 숫자에 강하다고 말할 수 있다. 이것은 회사에서 항상 숫자를 다루고 있는 직책 중에 많다.

그러나 한편으로는 숫자에 강한 아날로그형도 있다. 대인관계가 포인트가 되는 영업 중에 생산현장의 관리자, 혹은 경리 출신이 아닌 간부 중에서도 자주 눈에 띈다. 그들은 숫자를 직감적·통합적으로 사용하는 사람들이다. 예를 들면 B가 절반이고, A가 3분의 1이구나 하는 식의 직감이다. 전체 중에서 숫자로 핵심을 찌르는 능력에 탁월한 사람들이다.

디지털형과 아날로그형, 어느 것도 숫자에 강하다고 말할 수 없으나 각각의 차이점은 느껴졌을 것이다. 양쪽의 능력을 다 갖추었다면 더할 나위가 없겠으나, 그리 간단치는 않을 것이다.

따라서 직장샐러리맨들은 어느 쪽인가 하면, 아날로그형으로 숫자에 강해지는 방법을 연구하는 것이 좋을 것이다.

8. 문제의식으로 숫자감각을 높이는 방법

여하튼 숫자감각을 높이려면 이렇게 해야 한다고 정리된 것은 없다. 숫자를 통해서 사물을 생각하고 사물을 보는 평소의 노력이 쌓여야만 하는 것이다. 그러려면 다음의 두 가지 착안점을 의식적으로 염두에 두어야 한다.

1) 회사에서 문제점으로 나타나는 숫자에 봉착한다면, 그 숫자의 배경에 있는 사실을 읽을 수 있는 습관을 익혀 둘 것

예를 들면, 손익계산서의 먼저 분기와 지금 분기를 나란히 펼쳐 놓고, 쭉 훑어보자. 원가가 오르고 있다. 이 때문에 이익이 약간 줄었다는 것을 알 수 있다. 그러나 여기에서 끝나 버리면 숫자감각은 익힐 수 없다. 곧 "원가가 오른 것은 왜일까?" 하고 추적해 보는 것이다.

원가는 재료비·임금·경비 등이니까, 이 중에 무언가가 원인이 되어 원가가 오르는 것이다. 원자재 값 상승이 심하다, 인건비도 액면 몇 %는 오르고 있다. 어느 쪽이 더 영향을 끼치는 걸까? 어쨌든 원가상승의 70%는 원자재의 입찰가 상승에 따른 것이다. 이런 식으로 원가상승의 배경을 분석하도록 노력해야 한다.

또 한 사람당 매출액이 떨어지고 있다는 숫자를 접했다고 하자. 이 원인은 여러 가지가 있을 것이다. 영업 레벨이 떨어졌다든가, 제품 구매력이 약해졌다든가, 거래처가 순회하는 방법이 비효율적이라든가 등 자료를 뒤집거나, 정보를 취하는 배경을 생각해 보자. 포인트 같은 점을 잡았다면 이제는 조금 앞으로 나아가 보자.

몇 백 개나 되는 거래처 중에서 극히 소수의 가게만이 많은 고객을 확보하고 있어 주문의 대부분을 차지하고 있다. 대다수는 적은 고객을 가지고 있다는 사실에 부딪힌다. ABC분석 등으로 수치화하여 문제의 큰 맥을 잡아 보자. 중요한 것은 숫자를 만나면, 한 번 그 자리에 서서 "왜?" 하고 자문해 보도록 한다. "왜?"는 반드시 숫자로 나타나지 않아도 좋다. 숫자의 배경에 있는 회사의 활동과 상황을 읽을 수 있는 습관을 들인다.

2) 회사의 모든 현황을 되도록 숫자로 바꾸어 놓고 생각하는 습관을 몸에 익힐 것

예를 들면, 영업맨이 100명 정도 있다고 하자. 그들은 어떤 영업맨일까? 한 20명 정도는 영업을 잘하는 사람들이라서 가만 놔두어도 잘 할 수 있는 사람들이다. 그리고 약 20명 정도는 시간이 걸리는 영업맨일 것이다. 남은 60명 정도는 평범하다. 따라서, 2 : 6 : 2의 구성이 된다. 이런 식으로 숫자를 통해 생각해 본다.

또 능력주의로 인사를 단행한다는 과제에 봉착해있다고 할 경우, 현재의 조직 속에서 어느 정도 능력주의를 취해야 할까? 대개 능력평가 30%, 연공평가 70%로 한다는 식의 비중으로 생각해 가자. 이런 식으로 매사를 숫자로 보자. 조잡한 숫자라도 좋다. 오히려 조잡한 쪽이 전체 속에서 핵심을 파악하기 쉽다.

숫자감각을 높이려면 일상 속에서 의식적으로 숫자에 관심을 갖고, 위에서 열거한 식의 숫자감각으로 숫자에 익숙해지는 것이 중요하다. 자료는 회사 내에 많이 있을 것이다. 이것을 반복하면 언젠가는 어렵지 않게 숫자감각을 높일 수 있을 것이다.

9. 문제의식으로 창조력을 기르자

1) 핵심문제를 아는 기술

문제의식을 높이는 것이야말로 발상을 풍부하게 하는 지름길이다. 그렇다면 다음으로는 문제를 아는 기술을 습득해야 한다.

따라서, 문제를 분류하면 다음과 같이 된다.

- 나타나는 문제 – 정상수준의 문제 – 분석적 문제해결
- 잠재적인 문제 – 기대수준의 문제 – 창조적 문제해결

여기서는 나타나는 문제를 아는 기술에 대해서만 기대해 본다.

1) 정확한 사실을 안다.(표준, 수준에 대해)

2) 전후관계를 검토해 본다.

3) 숫자로 표시하여 이해한다.

4) 평균치에서 벗어난 것을 조사한다.(범위, 표준편차)

문제를 아는 데에는 여러 가지 방법이 있으나, 비교적 간단히 사용할 수 있는 것은 위의 방법이다.

2) 핵심문제의 본질을 규명하는 발상

어디에 문제점이 있는지를 파악했다면, 다음은 문제의 본질을 규명하는 일이다. 여기에서 중요한 것은 외형상의 중점과 실제 중점을 착각하지 말라는 것이다. 문제가 현실적으로 나타나게 될 때는 몇 가지 원인이 있다.

문제의 본질을 규명하기 위해서는 가동분석, 공정분석, 동작분석 등의 방법과 행렬 도표, 특성요인 도표, 히스토그램 등의 기법을 활용하여 원인을 알아낼 필요가 있다. 그리고 항상 문제를 규명하려는 노력이 중요하다.

많이 사용하는 방법은 5W의 추구이다. '5단계의 왜' 라고 하는 방법이다.

- 왜의 1단계 – 왜 기계가 정지해 버린 것일까? → "기계가 자꾸 멈춰 안전기가 벗어났다."
- 왜의 2단계 – 왜 기계가 자꾸 걸리는 것일까? → "축을 받는 부분

의 윤활이 충분치 않아서이다."
- 왜의 3단계 – 왜 윤활이 충분치 않은 걸까? → "펌프가 충분히 퍼
올리지 못했다."
- 왜의 4단계 – 왜 충분히 퍼 올리지 못하는 걸까? → "펌프 파이프
에 찌꺼기가 쌓여 있다."
- 왜의 5단계 – 왜 찌꺼기가 쌓여 있는 걸까? → "파이프의 빨아들
이는 입구에 필터가 없기 때문이다."

IE(Inderstrial Engineering)란 일을 대하는 견해발상(사고방식)의
기술이다. 발상법의 기초가 되는 기본스텝을 기술해 보기로 한다.
IE는 1880년대 테라 및 킬브레스에 의해 창조되었다. 이후 발전, 성
장을 거듭하여 오늘날 현대산업의 기초를 쌓아 올렸다고 해도 과언이
아니다. 이 IE적 사고란 어떤 것인가를 간단히 설명하면, 일과 사물에
대한 견해 · 발상(사고방식)의 기술이라고 설명할 수 있다.
우선 IE적인 견해 · 발상(사고방식)의 기본단계를 설명하자면 다음과
같이 분류할 수 있다.

① 문제의식을 갖고, 문제의식을 높인다.
② 문제를 아는 기술
③ 문제의 본질을 규명하는 발상
④ 새로운 발상을 낳는 분석
⑤ 새로운 발상의 착안
⑥ 새로운 발상의 평가

다음은 앞의 6가지 단계에 대해 기술해 본다.

▶ 문제의식을 갖고, 문제의식을 높인다.

문제의식을 갖기 위해서는 항상 두 가지 문제가 있음을 이해하지 않으면 안 된다. 두 가지 문제란 지금의 자기 일과 회사의 문제점은 무엇인가, 한국의 최고수준과 비교했을 경우 문제는 무엇인가? 이 두 가지이다. 요약해서 말하면 '정상수준의 문제(복원적 문제)', '기대수준의 문제(혁명적 문제)'라 할 수 있다.

'정상수준의 문제'에 대해서는 "표준에 비해 실적이 어느 정도의 차이가 있는가?" 하는 점이다. 이것을 항상 정확히 파악하고 있는 것이야말로 문제의식을 높이는 첫걸음이다. 또 이 첫걸음에서 중요한 것은 세 가지이다.

- 현재의 표준과 수준이 적정한가 하는 점
- 문제는 의식적으로 알려고 하지 않으면 파악할 수 없다고 하는 점
- 문제는 그곳에 있는 것이 아니고 만드는 것이라는 점

다음에 문제의식을 더욱 높이는 '기대수준의 문제'를 생각해 본다. 이것은 정상수준의 문제가 해결된 이후의 주제이니까, 다음에 유의해야 한다.

- 그 나름대로의 환경이 필요하다.
① 위기감을 가질 것
② 성장하려는 의욕을 가질 것
③ 지지 않으려는 마음을 가질 것
④ 강제력을 가질 것
- 문제의식이 없는 곳에서는 새로운 발상이 생겨나지 않는다.

여기서, 당신 자신의 문제의식을 높이는 방법으로써, 우리에게 가까운 문제를 하나 예로 들어 보기로 한다. 전철역에 나란히 선 자동판매기를 사용자 입장에서 바라본다. 그러면 이런 불편이 있다.

- 우선, 지폐를 사용할 때 잘 들어가지 않는 경우가 많다.
- 지폐는 천 원 권만 쓸 수 있다.
- 많은 사람이 늘어서 있어도 속도가 붙지 않는다.

물론 보다 더 많은 문제점이 있을 것이다. 중요한 것은 문제의식을 갖기만 한다면, 우리들 주위에 문제의식을 높일 소재는 얼마든지 있다는 것이다.

10. 창의력 있는 아이디어가 있어야 생존한다

무엇보다 그리고 누구보다 "튀어야 한다.", "아이디어가 없다면 죽어라."

최근 소비침체로 톡톡 튀는 아이디어로 불황을 극복하려는 기업들의 노력이 눈물겹다. 어떤 광고대행사는 아예 "아이디어가 없다면 죽어라."는 슬로건을 내걸고 직원들의 아이디어 창출을 독려하고 있다. 남들과 똑같이 해서는 살아 남기 어렵다는 위기의식 속에 시무식부터 이색적인 이벤트로 진행하는 기업들도 속출하고 있다.

최근, 광고대행사 웰콤은 최근 문애란 대표가 앞장서 직원들을 공포(?) 분위기로 몰아가고 있다. 사무실 곳곳에 해골모형을 세워 정신문장을 다잡고 있다. 문대표는 "광고대행사는 아이디어를 생명으로 한다."며 "죽을 각오로 더 좋은 아이디어를 내자는 의미에서 해골모형을 설치하게 됐다."고 말했다. 문대표는 이를 위해 지난 해 1월부터 "아이디어가 없다면 죽어라."라는 살벌한 카피를 정신무장용 슬로건으로 정했다.

홍보대행사 'PR게이트'와 '시너지 힐 앤 놀톤'은 성탄카드와 신년 연하장을 만들면서 겉표지에 임직원이 모두 등장하는 사진을 실어 눈길을 끌었다. PR게이트 강윤정 사장은 "수년 전부터 연말행사로 임직원이 한 자리에 모여 사진을 찍고 이를 활용해 성탄카드와 신년연하장을 만들었다."며 "반응이 좋은 편"이라고 말했다. PR게이트는 이와 별도로 '시크릿 산타' 이벤트를 통해 직원들이 서로를 10일간 비밀리에 챙겨 주는 행사도 갖고 있다.

시무식도 종래와 다른 이색적인 이벤트로 진행하는 회사도 크게 늘었다. '스벤슨'과 '마리프랑스 바디라인'의 한국지사인 CCK는 99%인 여직원을 위해 1월 3일 시무식에서 두피관리와 몸매관리 프로그램을 제공한다. 직원들은 몸매관리와 두피관리 프로그램 중 원하는 것 하나를 택해 무료 서비스를 받는다.

지난 해 노조파업으로 호된 시련을 겪었던 LG칼텍스정유는 본사 아모리스홀에서 열리는 시무식 때 신입사원 퍼포먼스를 곁들인다. 퍼포먼스에선 신입사원 40여 명이 한 달가량 배운 탭댄스와 타악기 연주, 합창 등을 500여 명의 임직원들 앞에서 15분가량 선보인다.

올림푸스한국(주)은 전통적인 고사 대신에 디지털기기로만 이뤄진 디지털 고사로 시무식을 진행한다. 고사음식 대신 디지털카메라와 디지털솔루션 등 자사제품을 상에 가득 올리고 돼지머리는 PDP모니터에 비춰진 돼지머리 이미지로, 고사돈은 카드판독기에 교통카드를 갖다대는 것으로 대신한다고 회사 측은 밝혔다.

한화그룹 계열사인 63시티는 시무식을 북한산에서 하기로 했다. 정이만 사장은 "임직원 200여 명이 1월 8일 오전 시무식을 겸한 북한산 산행에 나서 정상에서 새로운 한해를 맞는 각오를 다질 예정"이라고 말했다.

아이디어로 회사발전이 공이 큰 직원들에 대한 포상도 후해질 전망이다. SK(주)는 회사의 이익 증대 등에 기여한 신기술을 대상으로 거액의 포상을 하는 직무발명포상제를 지난 연말 첫 시행했다. 최근 1년간 성과가 있는 기술개발 등을 대상으로 심사해 그 기술을 외부에 팔아 발생한 이익이나 매출의 5%에 해당하는 만큼 포상(5%룰)하는 제도이다. SK(주)는 최근 이 제도에 따라 정유 촉매공정기술을 개발한 연구진에게 국내 기업 중 최고액인 5억 원을 첫 포상하기도 했다.

11. 상품의 아이디어는 소비자가 준다

최근, 기업들은 소비자 만족 · 고객 만족에 심혈을 기울이고 있다. 따라서 '미래 혁신의 주역은 연구자가 아닌 고객이다.' 라고 강조한다.

경제주간지 이코노미스트 최신호는 고객의 직접 참여로 혁신적 제품을 개발하는 기업이 크게 늘고 있다고 보도했다. 회사 내부의 연구 인력에 전적으로 의존하기보다는 전문성을 지닌 고객의 참여를 보장해 주면 성공 확률이 더 높다는 분석이다.

1) 혁신 아이디어의 산실은 고객이다

GE 건강사업부는 심장이 뛰는 모습을 3차원으로 보여 주는 신제품 '라이트스피드 VCT' 를 개발했는데, 이는 고객의 제안으로 개발됐다. GE 건강사업부는 의사와 연구원 등 고객을 자문위원으로 위촉, 신제품 개발 과정에서 직접 의견을 내도록 하고 있다.

게임업체 EA는 새 게임을 팔면서 고객이 직접 내용을 수정할 수 있는 프로그램을 제공했다. 고객은 스스로 만든 콘텐츠를 웹사이트에 공짜로 올렸고 결국 게임이 더 재미있게 돼 사용자도 늘어났다. 레고는 '마인드스톰' 이란 로봇 장난감을 출시했는데 1천여 명의 해커가 이 제품의 운영체제를 내려받아 자발적으로 기능을 추가했다.

레고는 결국 자사 웹사이트에서 해커들이 만든 프로그램을 제공하기 시작했다.

독일 자동차 업체인 BMW도 2년 전부터 차량에서 각종 정보를 제공하는 텔레매틱스 서비스 개발과정에 소비자가 참여하도록 컴퓨터 프로그램을 만들어 인터넷으로 배포했다. 이를 통해 1천 명의 고객 아이디어를 받았고 성과가 좋았던 15명을 회사로 초청, 개발자와 미팅을 주선했다. BMW는 "고객은 자신의 아이디어가 채택됐다는 사실만으로도 무척 기뻐했으며 아이디어에 대한 대가를 원하지도 않았다."고 말했다.

이코노미스트는 이제 고객이 왕일 뿐만 아니라 시장조사 담당자이고, 연구개발 본부장이며, 제품개발 책임자라고 평가했다.

2) 고객 참여형 혁신이 더 성공적

기존에는 시장 조사 요원이 보고서를 쓰고 이를 기반으로 연구원들이 신상품을 개발하는 게 기업의 일반적 관행이었다. 그러나 이렇게 개발된 제품 중 4분의 3이 실패했다는 연구 결과가 나왔다.

반면 고객이 직접 참여하면 성공확률이 더 높다. MIT의 에릭 폰히펠 교수는 "고객이 주도하는 혁신이 더 성공적이며 앞으로 대부분의 혁신이 이런 방식으로 일어날 것 같다."고 말했다. 그는 "단순히 연령이나 성별, 지역별 대표성을 지닌 고객으로부터는 많은 것을 배우기 어렵다."며 "전문성이 있는 특별한 고객을 잘 파악해 관리하는 것이 필요하다."고 지적했다. 연구자들은 이런 고객을 '선도 사용자(lead users)' 라고 부르고 있으며, GE는 '선각자(luminaries)' 라고 이름 지었다.

이코노미스트는 고객이 특허를 내고 관리하기가 어려워서인지, 아니면 좋은 아이디어를 내 유명세를 타는 것을 선호해서인지 몰라도 대부분은 보상을 원치 않는다고 전했다. 이에 따라 '공짜 점심(free lunch)'이 가능하다는 사실을 깨달은 기업이 더 많아졌다고 이 잡지는 전하고 있다.

4장

마케팅 · 영업마인드를 갖자

1. 마케팅과 영업은 행복을 파는 일이다

영업이란 소비자가 희망하는 상품효용가치를 소비자와 함께 그 해결을 추구하며 자사 상품과 서비스, 그리고 정보를 제공하는 일이다.

기존의 소비자라면 영업사원의 지식이나 기능, 태도, 의욕 등 신뢰감과 관련되는 불만도 있을 것이다. 상품 그 자체의 기능이나 품질, 가격에 그다지 차이가 없는 시대에는 소비자의 불만을 없애고 신뢰를 쌓는 일이 마케팅활성화를 위한 중요한 포인트가 된다. 따라서 영업맨은 소비가가 안고 있는 불편을 찾아내서 그 원인을 함께 분석하며 파트너로서 그것을 자사의 상품이나 서비스에 의해 해결해 주고 싶다는 마음을 가져야 한다. 이런 강한 사명감을 갖고 행동에 임한다면, 그 힘이 전달되어 상대방 고객의 마음을 사로잡을 수 있다. 그 결과 상품이 판매되면 반드시 소비자의 만족과 이익을 얻게 될 것이다. 이것이 진정한 영업이며, 컨설팅 영업인 것이다.

다음은 바람직한 영업활동의 단계이다.

① 고객의 호의와 신뢰를 얻는다.
② 고객의 '불편한 점'을 알아낸다.
③ 이것에 대해 자사의 상품이나 서비스를 이용하여 최선의 해결책을 제안, 납득시킨다.(효과와 소비자를 위한다는 점이 타사와 다르다는 것을 납득시킨다.)
④ 상품구입을 검토하게 한다.
⑤ "잘 샀다."라는 만족감을 갖게 한다.
⑥ "이 회사라면 다른 상품도 좋을 것이다."라는 기대감을 충족시켜 상품을 늘려간다.

사례로 어느 조사결과에 대해 소개하기로 한다.

"당신은 젊은 시절에 주로 어떤 직종을 경험하셨습니까?"

이러한 질문을 한국 주요 대기업의 경영자에게 물었더니 '영업부문의 일'이라는 것이 1위였다. 내가 처음 이 조사결과에 대해 눈여겨 본 10년쯤 전부터 이 순위는 바뀌지 않았다.

그것의 최대 원인은 아마 이럴 것이다. 다양한 회사, 많은 사람들과 접촉하다 보면 느낌이 제각각 다르고 시야가 넓어진다는 것이다. 사실 필자도 지금은 경영 컨설팅을 하고 있으나, 젊은 시절의 한때는 세일즈에 열이 올라 있었다. 그리고 주위를 둘러보아도 "젊은 시절에는 세일즈를 했었다."는 사람이 많다. 세일즈는 멋진 일이다. 왜 그럴까?

첫째는 영업을 함으로써 당신의 감각을 키워 준다. 영업이라는 것은 다양한 사람들, 갖가지 상황에 직면한다. 명함을 주고, 인사하는 자세 하나하나 "지금까지의 방식은 잘못된 거구나."하며 반성할 기회가 많아진다. 다른 직무에서는 겪어볼 수 없는 일을 경험한다.

둘째로 끈질긴 집념·도전근성이 몸에 밴다. 회사 내에서만 일을 하는 것은 전선에 모습을 드러내지 않는 후방지원사단과 마찬가지로 직접 적과 마주치는 일은 물론, 적탄을 맞는 일도 없다. 영업·판매부문에서는 매일매일이 적과의 전쟁이다. 그러한 경험을 통해서 당신에게는 정성껏 키워 놓은 '난초'와 같은 센스와 동시에, '잡초'처럼 밟히든 불에 타든 끈질기게 새싹을 돋게 하는 생활력이 축적되어 간다.

이는 만일에 당신이 조직을 떠나도 엄격한 경영환경 하에서 활력을 갖고 살아나갈 수 있는 에너지가 된다. 영업·판매 일은 노력하는 사람에게는 다양한 실력을 익힐 수 있는 절호의 찬스를 제공해 주는 것이다.

2. 고객의 신뢰를 얻어야 영업에서 성공한다

영업사원을 상대할 때의 고객의 심리를 살펴보자. 우선 "무엇을 팔러 왔는가?"라든지, "이야기를 잘못 듣고 있으면 나중이 힘들다."라는 경계심을 갖는다. 다음으로 "좋게 말하고 있지만 속지 않겠다."라든지, "이 영업사원은 신뢰할 수 있는 사람인가?"라는 의구심을 갖는다. 이런 상대방의 방어벽을 하나하나 허물어가며 호의와 신뢰감을 얻어 "불편한 점에 대해 말해 볼까?"라는 마음을 갖게 한다. 일반적으로 다섯 번째 방문에서야 겨우 이야기를 들어 주려는 마음이 생기는 것이 보통이다.

그리고 해결책이 제시되어도 소비자는 "이것이 정말 자신에게 유익한 것일까? 좀더 좋은 것은 없을까?"라는 의문을 끊임없이 갖고 있을 것이다.

최선책이라고 납득했다 해도 "지금 살 필요가 있을까?"라든가, "산다고 해도 이 회사에서 사는 것이 좋은가?"라는 의문이 끊임없이 생긴다. 그리고 구입은 했지만 "기대한 정도가 아니었다. 구입하지 말 걸 그랬다."라는 식의 불안이 끊임없이 생기는 것이다.

이런 경계심이나 불안을 하나하나 해결해 가지 않는 한 고객의 마음을 열 수는 없다. 상대방 고객의 마음을 열기 위해서는, 양호한 인간관계와 신뢰관계를 확립시켜 호의와 신뢰를 얻어야 한다. 이렇게 되면 고객은 처음으로 이쪽의 제안을 받아들일 마음의 자세가 생기는 것이다. 따라서 영업사원의 첫걸음은 고객의 '믿음과 신뢰'를 얻는 일이라고 할 수 있다.

인간은 슬플 때 같이 슬퍼해 주고 기쁠 때 같이 기뻐해 주는 누군가를 필요로 한다는 사실을 잊어서는 안 된다. 그리고 "자신은 혼자가 아니며 어떤 형태로든 누군가에게 도움을 주고 있다."라는 존재의식이 있을 때, 사람은 '살아 있다는 것의 행복'을 느낄 수 있는 것이다. "자신이 지금 그 입장에 처해 있다면 타인으로부터 무엇을 받고 싶은가? 무엇을 해 주기를 바랄 것인가를 헤아려, 자신이 실천하라."고 성경의 『복음서』에서는 가르치고 있다. 이런 연대감과 사랑의 마음이 있다면 기쁨은 자연이 피어오를 것이다.

영업이란 일도 자신의 이익만 생각한다면 성립되지 않는다. 먼저 고객의 이익을 생각하면 반드시 자신의 이익이 되어 되돌아온다는 믿음이 있어야 한다. 이렇게 해야 당신은 고객으로부터 감사와 존경을 받는 프로 영업사원이 된다. 그리고 그 결과 훌륭한 영업실적을 올리게 될 것이다.

영업사원에 대해 고쳐야 할 나쁜 습관은 다음과 같다.

- 아침에 잠자리에서 일어나기가 힘들다.
- 회사에 아슬아슬하게 도착한다.
- "인사장 한 장만 쓰면 된다."는 것을 알면서도 게을리 하게 된다.
- "하루에 ○○건의 신규방문을 하자."고 결심하지만 오래 못 간다.
- "매달마다 한 권씩의 단행본을 읽자."고 결심하나 역시 오래 가지 못한다.
- 신규개척 고객은 납품 후 일주일 이내에 애프터콜을 하기로 마음 먹었으나, 자꾸 다음 개척에 신경이 쓰여 결국 하지 못한다. 그리고 서서히 그 고객과 멀어진다.

"사람은 넘어지면 우선 재수 탓으로 돌린다. 돌이 없으면 언덕길을 탓한다. 언덕길이 없으면 신고 있는 신발 탓을 한다. 사람은 좀처럼 자신의 잘못을 인정하지 않는다."란 말은 유태인들의 격언인데, 악습을 바꾸겠다는 큰 결심은 "원인은 자신에게 있다."라는 것을 인정할 수 있는 용기로부터 생기는 것이다.

3. 영업은 프로정신으로 임한다

프로의 절대요건은 그 일로 밥을 먹고 살 수 있는 것이다. 골프로 먹고 사니까 프로 골퍼이며, 야구로 먹고 사니까 프로 야구선수인 것이다.

영업사원 또한 '판매의 프로'이며, 프로를 지향해야 한다. 프로 골퍼 중에서도 정말로 골프만으로 먹고 살 수 있는 사람은 미미한 수준이라고 한다. 따라서 아르바이트도 하면서 열심히 노력했다는 이야기도 들은 적이 있다. 돈도 벌고 싶고 시간도 갖고 싶다. 그러나 자신의 무엇도 희생하기 싫다고 생각하는 사람은, 어떤 일을 하여도 성공할 수 없다. 일할 때도 좋은 의미로, 지지 않겠다는 생각으로 그에 상응하는 성적을 올리면, "해냈다!"란 느낌에 자신도 기분이 좋은 것이다. 그러나 그러기 위해서도 아무것도 희생하기 싫다면 너무 이기적이다.

어느 건물회사의 최고 영업맨으로서 약 10년 가까이 높은 실적을 유지하고 있는 L씨의 경우는, 도심부에 있는 사무실에 오전 7시까지는 출근한다. "혼잡한 시간을 피해 느긋하게 출근하기 위해서이다. 그리고 사람들이 나오기 전에 사내업무를 전부 해치운다."는 것이다. 그리고 야간방문을 하지 않는 날은 "늦어도 10시에는 잡니다."라고 말했다.

무슨 일이든, 그리고 영업활동도 또한 "욕구를 억제하고 파워를 집중시킨다."라는 자기희생이 급기야는 자신의 승리를 가져다 주는 것이다.

'바둥대 봤자 소용없다. 돈이 알아서 저절로 굴러 들어오는 것도 아니고, 욕심 내 봤자다.'라는 생각을 가진 사람이 꽤 많다. 언뜻 돈에 욕심이 없어 보이나, 사실은 돈을 쉽게 포기하는 것에 지나지 않는다. 이렇게 돈욕심이 적은 사람 중에서 높은 실적을 올리는 영업맨이 나오기는 힘들다.

돈욕심이 적은 사람의 대부분은 본래 생활비전이라든지 미래의 생활설계 등이 희미하거나 없거나 작기 때문이다. "방망이만큼 원하면 바늘만큼 이루어진다."라는 말은 맞는 말로, 희망 그 자체가 빈약해서는 그 사람이 할 수 있는 일은 뻔한 것이다.

따라서 결국, 돈에 관해서도 '먹을 만큼만 있으면' 정도로 그치고 만다. "게는 자신의 등껍질만큼 구멍을 판다."라는 격언이 있다. 이것은 "인간이 하는 일은 그 인간의 기량의 크기를 넘을 수는 없다."라는 것이다. 하지만 높은 실적을 올리는 영업맨은, 넘어지든 큰 타격을 입든 "두고 봐라, 반드시 해내고 말 테다."라는 도전을 갖고 있다.

여하튼 확고한 비전과 생활설계가 있어야 강한 의욕이 생기며, 그것을 에너지의 원동력으로 할 수 있는 사람이 아니고서는 우수한 영업맨이 될 수 없다. 영업맨이라는 일은 굳건한 정신력이 필요하다. 그렇지 않고서는 문전박대, 클레임(손해배상청구), 반품 등 연이은 스트레스와 전쟁을 이겨낼 수가 없다.

영업맨에게는 자신을 떠받치는 무엇인가가 반드시 필요하다. 그 중 한 가지가 튼튼한 생활설계를 모체로 한 강한 의욕이다. 그것이 좋은 의미에서 집념이 되어 활력소가 되며, 적극적인 영업활동의 에너지원이 된다. 그리고 아무리 노력을 거듭해도 여전히 성적불량이라는 슬럼프 상태에 빠졌을 때 이 에너지가 자신감을 갖게 해 줄 것이다.

4. 영업은 자신의 욕망을 다스리는 일이다

"신념(뜻)을 갖고 욕구를 억제하면 흐트러지지 않고 즐거울 것이다."라는 말이 있다. 이 말은 '이것도 저것도 다 충족시키고 싶다.'라는 생각으로는 아무리 한때 원하는 것을 손에 넣어도 그것은 진정 자신의 것이 될 수가 없다는 뜻이다. 젊은 시절에는 주위의 여러 가지 유혹이 많다. 술이나 이성교제, 각종 취미생활 등, 이런 것에 보람이나 환희를 느끼는 젊은이들이 많아지고 있는 것도 사실이다.

도대체 이것저것 다 만족시키고 싶다는 생각으로, 이 세상에 원하는 일이 모두 충족되는 경우가 어디 있을까? 오히려 반대로 최고 세일즈맨들에게 공통된 점은 지나치게 완고하다 싶을 정도로 자신의 욕망의 일부를 억제하려고 하는 자세이다.

한 예로 K씨는 차를 절대로 몰지 않는다. 집집마다 철저히 방문하기 위해서이다. L씨는 보고 싶은 TV를 집에 두지 않는다. 독서, 신문 스크랩에 시간을 집중하기 위해서이다. P씨는 아침에 일어날 시간이 되면 발로 이불을 걷어찬다. 또다시 이불 속으로 기어들어가지 않기 위해서이다. 성공하기 위해서는 자신을 희생하지 않으면 안 된다. 유명한 사람들의 성공은 많은 희생을 투자하여 자신을 억제하고 에너지를 집중시킨 결과인 것이다.

또 한 예로, 팩시밀리 영업을 하는 K씨는 항상 중요시하는 일이 있다. 공사담당자와 설치납품을 마친 후에는 한 가지 시험을 한다. "그럼 송신해 주시겠습니까?"라며 자기 회사와 교신한다. 이윽고 착신되는 내용은 "이번에 자사의 팩시밀리를 이용하여 주셔서 감사드립니다."라는 자기 회사 사장명의로 된 인사장이 온다. 물론 그 인사장은 꼬박꼬박 활자 인쇄를 했고 상대 회사명이 적혀 있는 관록 있는 내용이다.

즉, 그 단골회사에 가장 먼저 착신되는 것이 자기 회사로부터이며, 그것이 그대로 구입해 준 데 대한 감사표시의 인사장이 된 것이다. 이것은 K씨의 아이디어이다.

고객은 표현은 안 하지만 '음, 대단한 놈이군!' 라는 느낌을 받는다. 그 증거로 K씨의 매상 중 상당수가 소개에 의한 것이 많다. 고객이 다른 고객을 소개해 준다는 것은 영업맨에 대한 신뢰, 호감이라는 것이 전제임을 감안할 때 고개가 끄덕여진다.

세계적인 패스트푸드회사인 맥도날드는, 각국의 다양한 소비자의 취향에 맞춰 독자적인 메뉴를 개발하는 등 독특한 마케팅 전략으로 해마다 매출을 늘리고 있다. 이러한 성장의 배경에는 도대체 무엇이 있는 것일까?

한 관계자의 이야기를 들어 보았다.

즉, "손님 주문이 끝나잖아요. 그러면 주문을 확인하면서 살짝 미소를 띄우며 인사를 합니다. 그 미소를 지은 지 3초가 채 지나기 전에 '다른 주문은 없으십니까?' 라든지, '음료수는요?' 하며 확인합니다. 이 매상은 무시할 수 없다구요."라는 설명이다. 이것은 조금 농담 같지만, 의외의 진실은 "손님은 기분 좋은 얼굴로 대하면 3초 정도는 정신적으로 해이해져 자연스럽게 주문을 하게 됩니다."라는 것이다. 여기서도 작은 것을 소중히 하여 큰 성과를 얻고 있음을 알 수 있다.

역경을 극복하여 일을 해도 "저 사람은 쓸 만하다."라는 말을 듣는 영업맨이란, '다른 사람이 할 수 있는데 내가 못할 리 없다.'고 생각하게 마련이다.

"가격이 비싸니까.", "TV나 홈쇼핑 라디오에서 선전을 하지 않으니까.", "배치한 영업맨의 수가 적으니까.", "보상금이 없으니까.", "사무량이 많으니까." 등 팔리지 않는 여러 가지 이유를 늘어놓는 영업맨은 세상에 많다. 그러나 팔리지 않는 이유를 규명했다고 해도 역시 안 팔리는 것은 마찬가지이다.

그 팔리지 않는 이유는 본인 자신에게 있기 때문이다. 팔릴 가능성을 추구하는 고통으로부터 벗어나기 위해서 팔리지 않는 이유를 찾아내어, 그것을 대의명분으로 내세워 "그래서 못 한다. → 안 한다."라는 결론을 내린다. 그것도 그대로 몇 년 정도 지내고 나면 그것이 자신의 '체질'이 되어 버리는 것이다. 체질이란 버릇이다. 도망치는 버릇인 것이다. 도망치는 버릇이 자신에게 있다고 깨달았을 때 꾹 참고 이겨내면서 "하면 된다."는 도전정신을 가져야 한다.

5. 첫인상을 좋게하고 고객을 칭찬하라

90% 이상의 고객들은 첫인상, 그것도 최초의 15초로 영업맨을 평가한다. 실로 순간적이다. 첫인상을 토대로 "저 사람은 이런 사람이다."라는 딱지를 한 번 붙이면, 그때의 느낌으로만 상대방을 보게 되어 첫인상을 바꾸는 일은 매우 어렵게 된다.

예를 들어, "변변치 못한 사람이다."라든지 "싫은 사람이다."라는 느낌을 받았을 경우, 실제로는 좋은 점이 많이 있음에도 불구하고 무의식 중에 항상 변변치 못한 점이나 마음에 안 드는 점에만 신경이 집중되어 역시 그렇게 치부해 버리기 쉽다.

첫인상은 인간의 오감으로 만들어지는 것으로 느낌정보가 60~65%를 차지한다. 따라서 예부터 "옷이 날개다."라는 말이 있듯이 복장이나 머리부터 발끝까지의 복장, 소지품, 매너, 에티켓 등이 첫인상을 결정짓는 제일 중요한 요인이 된다.

최근 20~30대 직장인들은 매너 운운하는 것은 구식이라고 말한다. 그러나 매너·에티켓은 자신을 잘 보이기 위한 것이며, 타인과의 원만한 관계형성을 위한 것으로서 숙달해 두어도 결코 손해 보는 일은 없을 것이다. 누구를 막론하고 아무리 작은 일이라도 자신이 자랑으로 생각하는 일을 칭찬 받으면 기뻐하지 않을 사람이 없다. 칭찬한다는 것은 그 사람을 인정한다는 것이며, 칭찬의 말 뒤에는 반드시 호의가 숨어 있기 때문이다.

그러나 정말 상대방이 자랑하고 싶어하는 일이나 특별히 칭찬 받아 행복해 할 장점들을 타이밍 좋게, 그것도 아무렇지도 않게 표현하지 않으면 의미가 없다. 인간은 자신의 5욕을 만족시킬 수 있는 것을 어떠한 형태로든 받게 되면 기뻐한다. 선물이나 돈, 호화스러운 식사나 골프 등에 초대 받아 기뻐하지 않을 사람은 없다. 어느 시대를 막론하고 접대나 선물 등의 습관이 사라지지 않는 것은 이것 때문이다.

아무리 작은 것이라도 정성이 담긴 선물을 받으면 기쁜 것이다. 그리고 이것은 메아리법칙에 의해 상대방에게 되돌려 주고 싶은 마음이 생기게 한다. 또한 일방적으로 무언가를 받는 것은 어떤 의미에서는 심리적인 부담이 된다. 이런 개운치 못한 심리적 긴장감에서 해방되려는 것이 빌린 것은 갚는다는 행동으로 나타나게 된다. 그러나 이익을 노리는 금품이나 식사, 골프 등은 어디까지나 거짓의 세계이며 친해졌다고 생각해도 그것은 착각일 뿐이다.

보다 큰 이익을 제공해 주는 사람이 나타나거나 더 이상 이익을 볼 수 없다고 생각하는 순간 멀어지거나 때로는 적이 되어 버리는 경우도 있다. 상대방에게 즐거움을 주는 것은 금품이나 초대만이 아니다. 상대방에게 도움이 되는 정보나 문제해결을 위한 협조 등 얼마든지 있다.

'어떤 일로 곤란해 하고 있는가?' 라든지 '어떤 일을 해 주면 기뻐할까?' 를 생각하며 상대방이 부담을 느끼지 않을 정도의, 말하자면 '배려' 의 마음이 중요한 것이다.

6. 고객의 배려에서부터 영업은 출발한다

"자신의 성공을 위해서는 타인을 개의치 말아야 한다."라고 생각하는 사람도 있겠지만, 실제로는 그 반대이다. 자신만 좋은 대우를 받고 싶고, 자신만 돈 벌면 된다는 식의 사고방식은 긴 안목으로 보면 점점 낙오하게 된다. 영업활동에서도 "자신만 좋으면 된다.", "팔리기만 하면 좋다."라는 에고(Ego)로는 일시적으로는 팔린다 할지라도 장기간 팔

수 있는 영업사원은 될 수 없다.

우선 "팔자! 팔자!"라는 자세를 수정하고 진정한 마음에서 상대방의 '불편한 점'을 해결하려는 자세를 가져야 한다. 이것이 "손님은 왕이다."라는 점을 입증시키는 컨설팅 영업이다. 이것은 영업활동만이 아닌 모든 사람과 사람과의 문제에도 적용시킬 수 있다. 즉 이런 마음을 갖는다면, 어떤 일을 하더라도 세상을 풍요롭고 즐겁게 살 수 있는 것이다. 이런 마음이 자연히 우러나오는 사람이 인생의 달인이다. 당신은 영업활동을 통해 이것을 숙달하는 훌륭한 기회를 부여 받았음에 감사해야 한다.

커뮤니케이션에는 좌뇌 커뮤니케이션과 우뇌 커뮤니케이션이 있다. 좌뇌 커뮤니케이션이라는 것은 말이나 그것에 동반되는 동작을 통해 행해지는 일반적인 의미의 언어 커뮤니케이션으로서 논리적으로 이해하기 위한 도구이며, 이해 → 설득 → 납득에 의해 사람의 행동에 방향성을 제시하는 역할을 한다. 그러나 전달과정에서 스피치가 하는 역할은 7%일 뿐이다. 그리고 인간은 듣거나 보는 것의 4분의 1만이 머리에 입력된다는 것이 심리학상의 실험에서 입증되었다. 따라서 대화 이외의 요소가 중요한 것이다.

상대방에게 자신의 생각을 효과적으로 전달하기 위해서는 스피치와 함께 눈이나 표정, 동작, 성대, 외견(복장이나 소지품, 머리형 등), 냄새, 상황, 소도구 등을 모두 동원할 필요가 있다. 이렇게 해도 겨우 30~40%만이 전달될 뿐이다.

중요한 것은 생각과 생각이 교류하는 우뇌의 커뮤니케이션이다. "들으려 해도 들리지 않는다. 보려 해도 보이지 않는다."라는 말이 있듯이 인간은 자신이 흥미를 느끼거나 공감하거나 감동해서 무언가 자신의 마음을 움직이는 정보만을 기억한다.

이러한 공감과 감동이 무엇으로부터 일어나는가? 전달하는 사람이 가진 "꼭 이것은 알아 주었으면.", "당신이 잘 되기를, 행복하기를 바란다.", "어떻게 해서든 도움을 주고 싶다."라는 열정에 의한다. 이 열정이 말과 함께 이심전심으로 전해졌을 때 상대방의 마음에 불을 붙여 공감과 감동을 불러일으킴으로써 상대방의 마음을 움직이는 에너지를 창출하여 행동에 힘을 전달하는 것이다.

7. 고객과 신뢰관계를 유지하는 방법

마음이 맞는 사람과 대화를 할 때에는 시간이 가는 줄 모르지만, 마음이 맞지 않는 사람과 대화를 할 때에는 '빨리 끝났으면' 하고 생각하는 것이 사람의 마음이다. 따라서 좋은 인간관계를 형성했다거나 설득에 성공했다는 것은, 반드시 양자간에 호의감정이 작용했기 때문이라고 볼 수 있다.

그럼 상대방의 호의를 얻기 위해서는 어떻게 해야 하는가? 이는 다름 아닌 자기자신을 좋아해야 한다는 것과 메아리법칙이 기본이 된다.

자기자신이 좋아하지 않는 자신을 타인이 좋아해 주기를 바라는 것은 자기중심적인 생각이다. 자기가 자신을 좋아할 수 있도록 성실하고 겸허한 인간성을 숙달하는 것이 첫걸음이다. 다음으로 상대방이 자신을 좋아해 주기를 바란다면 우선 자신이 상대방을 좋아하는 마음을 가져야 한다. 인간은 타인에게 호의를 받으면, 타인에게 호의를 베풀고자 하는 특성을 지니고 있다.

예로, 보험회사나 은행과 같이 상품의 형태가 없고 유사한 상품을 취급하고 있는 경우에는, 상품을 내세워 권유를 한다는 것은 매우 어려운

영업이다. 따라서 자신의 신용을 내세운 장기적인 교류를 통하여 신뢰를 하나하나 쌓아감으로써, "○○가 하는 말이니 틀림없을 것이다."라고 생각하여 주문하기를 기다리는 수밖에 없다.

어떤 사업에서든 신뢰관계가 가장 중요한 문제이다. 특히 호텔이나 소매업에 있어서는 건물이나 이름이 아닌 그 호텔, 그 점포에 있는 사람에 의해 평가받는 경우가 많다. 이것은 긴 시간에 걸친 신용이 신뢰감으로 나타나기 때문이다.

이러한 신용을 쌓기 위해서는 개인이건 회사건 '시간'과 '돈'에 관한 약속이 기본이 된다. 납기일이나 약속, 즉, 서류제출, 지불기일, 지불조건 등의 약속을 지키느냐 그렇지 않느냐에 달린 것이다. 아무리 작은 약속이라도 지키는 것이 중요하다.

큰 약속은 누구라도 지키려고 하겠지만 중요한 것은 매일매일의 작은 약속들이다. 작은 약속은 가볍게 생각하기 쉬우나 이것이 신용을 잃게 되는 원인이 된다. 작은 약속일지라도 철저하게 지켜 나가는 것이 신용을 얻는 방법이다. 친구와의 약속에서도 "일이 생겨서"라며 태연하게 약속을 어기는 사람은, 언젠가는 중요한 친구를 잃게 된다. 아무리 친한 친구라 할지라도 한 번 한 약속은 반드시 지켜야 한다. 약속한 상대방에게는 약속에 크고 작음이 없다는 것을 명심해 두어야 한다. 즉 지키지 못할 약속은 하지 않는 것이 좋다.

자기가 타인에게 받아들여진다는 것은 어려운 일이다. 자신의 외모가 좋다거나, 머리가 좋다거나, 행동이 올바르다는 것만으로는 타인에게 인정받거나 사랑받을 수 없는 것이다. 자기자신의 경쟁력을 높이면서 살아갈 때 비로소 타인에게 받아들여진다.

그렇게 되기 위해서는 사랑할 가치가 있는 인간이 되려는 노력을 계속 하여야 한다. 결점이 없는 완벽한 인간이 되라는 말은 아니다. 이 세상에 완벽한 인간은 없다. 많건 적건 간에 누구에게나 결점은 있는 법이다. 불완전하기 때문에 인간은 자신을 좋아해야 하는 것이다.

자신의 결점을 인정하고, 그 결점이 있는 자신을 좋아해야 한다. 그렇게 함으로써 처음으로 타인의 결점을 인정할 수 있고, 상대방의 아픔을 알 수 있다. 그러나 많은 사람들은 자신의 결점은 뒤로 하고 타인의 결점만을 탓한다. 그래서 다른 사람들에게 미움을 받는 것이다. 타인을 나쁘게 말할 때에는 자신에게 그런 말을 할 자격이 있는지를 먼저 생각해 보아야 한다. 타인의 아픔을 느끼며 정성을 다해 함께 해결책을 모색하여 "어떻게 해서든 해결해 주고 싶다."라는 자세가, 훌륭한 마음과 커뮤니케이션을 만들어 낼 수 있는 것이다.

8. 영업맨은 상품지식을 숙달하고 클레임에 신중하라

영업맨 중에는 상품지식의 충실도가 '자신 있는 영업활동'에는 꼭 필요한 것임에도, 상품지식의 습득을 회사나 메이커가 해 주는 사업설명회나 세미나에만 의존하고 있는 사람이 적지 않다. 그래 가지고는 주어진 상품지식은 있어도 스스로 얻은 상품지식은 없게 된다.

판매에 강한 회사의 판매에 강한 영업맨은 공통적으로 이 점이 다르다. 어느 기계 메이커는 식품수요와 밀접한 관계가 있는 기계로 시장점유율(share)이 최고인데, 상품지식을 영화(슬라이드)화 해 놓았다. 또한 원고의 작성부터 나레이션까지 모든 것을 세일즈맨들끼리 만들었다. 외부 어느 누구의 도움도 받지 않았다. 그리고 시장에서 가장 경합하고 있는 라이벌 기종까지 슬라이드화하여, 어디가 어떻게 다르며 우리 회사의 기종이 어느 면에서 우수한가 하는 차별성 분석까지 해 놓았다.

따라서 이 회사의 영업맨의 상품지식은 매우 우수하다. 상품지식에 관한 한 최고임을 자부하는 것이다. 상품지식이란 주어진 것뿐 아니라 스스로 습득하는 것이어야 한다. 그래야만 자신의 피와 살이 되는 것이다.

일상 활동을 하면서 보다 충실한 상품지식을 숙달하는 방법은 다음과 같다.

① 제조현장을 답사한다. "공장견학을 하고 싶다."고 신청해야 한다. 새로운 발견이 된다.
② 아무리 작은 의문이라도 상사·선배에게 질문한다. 그 중에는 상사·선배도 뜨끔해하는 경우도 있을 것이다. 따라서 계속 질문한다.
③ 경쟁 상품을 연구한다. 자사 상품과의 차이점에 대해 많은 공부가 된다.
④ 고객 질문에 대답이 막히는 상품지식은 그날 안에 확인한다.

영업에서는 아무리 주의를 기울여도 트러블이나 실수가 발생한다. 100% 확실한 상품은 있을 수 없고, 사람이 하는 일이니만큼 실수가 있는 것은 당연한 일이다. 따라서 트러블을 회피하지 말고 정면으로 부딪쳐야 한다.

트러블이 발생하면 만사 제쳐놓고 달려가 변명을 하기 전에 우선 사죄를 하고, 고객의 주장에 귀를 기울여야 한다. 열심히 귀를 기울이는 것만으로도 트러블의 절반은 해결된다. 그러고 나서 책임의 소재를 확실히 밝혀 자신이 책임지고 솔직하게 대응하는 자세가 중요하다. 책임을 다른 부서에 떠넘기거나 빈약한 발상으로 트러블을 회피하려 하면 신뢰를 잃게 된다. 트러블이 일어났을 때의 확실한 대응을 계기로 고객과의 신용관계가 깊어진 예가 많이 있다.

어느 회사에서는 일부러 중요하지 않은 곳에 트러블이 발생하도록 해 두고 고객으로부터 전화가 걸려오는 즉시 달려갈 수 있도록 하고 있다. 이런 신속하고 정확한 태도가 고객에게 높이 평가되어 호응을 얻고 있다고 한다. 반대로 신속한 대응을 하지 않아 매우 사소한 트러블이었음에도 불구하고 문제를 크게 만드는 경우가 많이 있다. 무엇보다 중요한 것은 신속하게 달려가 고객의 입장이 되어 귀를 기울이는 자세이다.

신용을 얻고 싶다면, '이 사람은 진실하며 말과 행동이 항상 일치한다.'는 믿음을 주어야 한다. 말하자면 언행일치를 전제로 하지 않으면 고객의 신뢰도 얻지 못한다.

9. 영업은 적정이익을 중요시한다

영업계획이란 판매이익을 얻기 위하여 → 무엇을?(상품계획) → 어디에서?(유통계획) → 어떻게?(판매촉진) → 누가?(판매조직계획) → 얼마로?(가격계획) → 어느 정도를?(매출계획) → 파는 과정이다.

〔매출액 – 판매비 = 판매이익〕이라고 하는 과거의 견해에서 탈피하여, 〔필요판매이익 × 허용판매비 = 필요매출액〕이라는 견해에 입각하여 영업계획을 수립해야 한다.

또한 영업계획에 관한 내용으로는 판매액계획, 판매비계획, 선전광고계획, 판매촉진계획, 훈련계획, 회수계획, 판매예산서 등이 필요하다.

이익(수익)을 판단하는 대표적인 기준은 매출액과 생산액이다. 그러나 매출액과 생산액 속에는 구매비용과 재료비용이 상당폭 포함되어 있는 것이 통례이다. 따라서 아무리 매출액의 규모가 크다 할지라도 그 안에 포함되는 구매비용과 자제비용의 비중이 클 경우에는 결코 자랑할 정도의 매출액은 아닌 것이다. 적정이익이라고 하는 것은 매출액이나 생산액이 아닌 매출총이익(조이익), 한계이익, 부가가치라고 하는 것이다. 무엇보다도 적정이익을 향상시켜 나가는 것이 중요하다.

최근 들어 시장개방과 할인점 및 통신판매시장의 확산으로 요약되는 유통혁명이 소비자의 입맛을 바꿔놓고 있다. 시장이나 구멍가게에서 그때그때 구입하던 소비자들이 매일 혹은 주간 단위로 구매하고 있으며, 상품구입 단위도 소량구매에서 대량구매로 바뀌고 있다. 묶음단위로 판매하는 덕용포장 판매가 주류를 이루면서 이웃간의 공동구매도 알뜰쇼핑의 하나로 자리잡아가고 있다.

대량구매는 부부동반 혹은 가족과 함께 하는 쇼핑으로, 장보기문화에 남성을 참여시켜 남녀가 함께 하는 쇼핑문화를 형성하고 있다. 심야 쇼핑은 낮에 시간을 내기 어려운 맞벌이 부부, 직장인, 미취학 아동을 둔 주부 등 주로 젊은층을 중심으로 인기를 끌고 있으며, 교통체증이 심각한 지역에서는 일반적인 쇼핑형태로 자리 잡고 있다.

또한 PC통신과 케이블 TV 가입자, 홈쇼핑, 신용카드와 백화점카드 소비자가 크게 늘면서 전화나 팩스, 우편주문으로 상품을 구매하는 안방쇼핑문화도 하나의 추세이다.

10. 고객의 마음을 끄는 소비자의 구매요인

영업사원은 고객에게 구매욕망을 불러일으키는 전문가가 되지 않으면 안 된다. 구매요인을 쉽게 표현하자면, '고객이 상품을 사는 동기' 라고 할 수 있다. 따라서 영업사원은 고객의 구매의욕을 불러일으키는 명사수가 되어야 한다. 어떠한 형태의 판매에서도 그 배후에는 반드시 그 상품을 사게 된 동기가 있게 마련이다. 영업사원은 그 동기를 연구하여 '정확한 동기'를 파악하면 판매에 성공할 수 있게 된다.

모든 사람은 여러 가지 형태의 서로 다른 동기에 의해서 행동한다. 물건을 구매할 때도 마찬가지이다. 따라서 영업사원들이 고개의 생활과 생각을 정확하게 알고 있지 못하면, 고객의 구매동기를 끌어내지 못한다. 인간의 일반적인 동기로는 빈곤, 섹스, 관습, 습관, 공포, 질투, 경쟁심, 투쟁심, 애정, 허영심, 호기심, 명예 등을 들 수 있으나, 전문가들은 욕망, 허영, 공포의 세 가지 동기를 꼽는다. 이 세 가지 요소가 모든 영업의 90%를 차지한다 해도 과언이 아니다.

일반적으로 인간은 두 가지 마음을 지니고 있다. 하나는 이성적인 마음으로 사용하지 않으면 퇴화하는 마음이고, 또 한 가지 마음은 비이성적인 마음으로 이것은 방치해 두어도 작동을 계속하는 마음이다. 첫 번째의 이성적인 마음은 논쟁하거나 분석하거나 판단하는 경우에 사용된다. 이성적인 마음에 호소하려면 사실이라든가 현물이라든가 실험결과라든가 증거라든가 비교라든가의 논증 등을 사용하지 않으면 안 된다. 두 번째의 비이성적인 마음은 오히려 암시적인 말, 태도, 연기 등이 효과적이다. 때로는 이성에 상반되는 경우도 있다. 인간의 생활 속에서 이성적인 마음이 차지하는 비중은 전체의 20% 이내이다. 이에 반하여 비이성적인 마음은 인간생활의 약 80%를 차지하고 있다.

아무리 열심히 사실을 나열하면서 증거를 제시하라고 설득해도 상대방이 수긍하지 않을 경우에는, 감정에 호소하는 방법으로 전환해야 한다. 따라서, 판매를 성공시키기 위해서는 다음과 같은 절차를 밟는다.

첫째, 고객의 주의를 끌기 위하여 눈, 귀, 입 등의 오감을 총동원하여 설명하도록 한다.

둘째, 고객에게 어떤 점이 유익한지를 설명한다. 이를 위해서는 명확히 납득할 수 있도록 설명해 준다. 또 예상고객이 안고 있는 현재의 애로점을 발견해 자사의 상품으로 해결 가능하다는 확신을 심어 주도록 한다.

셋째, 상품을 사고 싶다는 욕망을 불러일으킨다. 따라서 고객에게 자사의 상품이 꼭 필요하다는 점을 인식시킨다. 이를 위해서는 그 상품이 없기 때문에 발생하는 애로점이나 불만 등을 구체적으로 설명해야 하며, 이와 함께 그 상품을 구입했을 때 얻을 수 있는 만족감을 설명해야 한다. 그리고 영업사원 자신이 설득에 자신감을 갖고서 그림, 사진, 도서, 카달로그, 판매실적표, 그리고 이미 구매하여 만족스럽게 사용 중인 고객들의 만족도를 설명한다. 또한 상품을 실제로 보이면서 사용방법을 고객이 확실하게 납득할 수 있도록 설명해 준다.

11. 도전과 열정으로 수입차 마케팅에 성공한 이향림 사장

PAG코리아의 이향림 대표에게는 따라다니는 수식어가 많다. 그중에 대표적인 것이 '자동차업계의 여걸', '수입차업계 최초의 여성 최고경영자(CEO)'다. PAG(프리미어 오토모티브 그룹)는 미국 포드자동차의 유럽계 프리미엄 브랜드를 총괄하는 회사이고, PAG코리아는 이를 브랜드의 한국판매를 담당하는 법인이다. 이 대표는 볼보를 비롯해, 재규어, 랜드로버에 대한 한국판매를 총괄하는 회사의 총사령관이다.

이사장이 수입차업계와 인연을 맺은 것은 우연이었다. 고교(이대부고)시절 그의 꿈은 의사였다. 하지만 성적이 안 나와 차선책으로 생물학과를 선택했다. 분자생물학이 뜨던 시기였다. 대학생활을 하면서도 생명과 관련된 공부에 대한 미련을 버리지 못했다. 그래서 유학준비를 했다. 돈이 문제였다. 유학비를 마련할 요량으로 대학졸업 후 잠시 회사를 다니기로 했다. 그때 지인으로부터 영국계인 BP코리아가 사람을 뽑는다는 얘기를 들었다.

"당시만 해도 외국계 기업은 거의 알려지지 않은 시대였습니다. 입사지원 원서를 내고 면접을 봤는데, 생각 외로 쉽게 합격했습니다. 대학시절 주한미군방송(AFKN)을 하루 3시간씩 들으면서 영어실력을 익힌게 큰 도움이 됐습니다."

처음 배치된 곳은 원유수입부, 회사생활은 재미있었다고 한다. 여성인데다, 영어도 잘해 인기를 독차지했다. 좋은 분위기에서 능력을 인정받고, 월급도 많이 받게 되자 어느덧 유학에 대한 꿈은 잊어버렸다. 무엇보다 외국인과 하루 종일 영어를 하는 게 가장 좋았다고 한다. 내친김에 대학원에 진학했다. 연대 경영대학원을 택했다. 자기 돈으로 공부할 수도 있었지만, 그는 회사에 학비보조를 요구했다.

"당시 BP코리아에는 회사지원으로 대학원에 다니는 제도가 없었습니다. 하지만 요구했죠. '인재를 키우기 위해서는 회사의 적극적인 투자가 필요하다.'는 내용의 편지를 상사에게 보냈습니다. 얼마 후 회사에서 OK 사인이 나와 바로 대학원에 등록할 수 있었습니다."

대학원에선 회계학을 전공했다. 고교시절의 꿈이었던 생명과 관련한 일과는 거리가 멀었지만, 그는 열심히 했다. 하지만 별다른 어려움 없이 직장생활을 하던 그에게 93년 위기가 찾아온다. 회사에서 일하던 부서가 없어져 구조조정의 한파가 몰아친 데다, 첫 아이가 태어나 양육문제가 걸림돌이 됐다. 고민하던 그는 BP코리아를 그만두고 육아에 매달린다. 그러면서도 틈틈이 프리랜서로 회계 관련 일을 맡았다. BP코리아의 회계를 맡았던 S회계법인의 고위층과 친분을 맺은 것이 적지 않게 도움이 됐다. 그를 좋게 본 임원들이 알음알음 파트타임 일을 주선해 준 것이다. 96년 11월부터 97년 6월까지 크라이슬러코리아의 재무 컨설턴트 일을 맡으면서 자동차업계와 첫 인연을 맺었다. 그리고 97년 7월 볼보트럭코리아의 재무 · 회계담당과장으로 업무에 공식 복귀했다.

이후 그는 승진에 승진을 거듭하게 된다. 과장 2년 만에 차장승진, 11개월 만에 부장승진, 1년 3개월 만에 이사승진(PAG코리아), 1년 5개월 만에 상무승진(PAG코리아), 1년 만에 대표이사승진(볼보자동차코리아), 그야말로 거칠게 없었다. 그리고 2005년 1월 PAG코리아의 대표이사를 겸하는 영예를 안았다. 97년 볼보트럭코리아 대표이사 겸 PAG코리아 대표를 겸하게 된 것이다. 이 같은 초고속 승진은 한국인으로선 물론이고, 외국인으로서도 극히 드문 케이스다. 포드자동차 내에서도 그의 이런 초고속 승진이 화제가 되기도 했다.

"처음 대표직을 제의 받았을 때 솔직히 예상하지 못했습니다. 언젠가 해 보고는 싶었지만, 그 정도로 빨리 기회가 올 줄은 몰랐습니다. 지금 생각해보면 내 자신을 너무 과소평가했다는 생각이 듭니다."

그는 초고속 승진 비결을 묻는 질문에 "그저 열심히 일했기 때문"이라고 겸손해한다. 하지만 그 자리에 오르기까지 그가 쏟은 땀과 열정은 '모든 행운은 공짜로 얻어지는 것이 아니다.' 라는 말을 실감케 한다. 그는 일단 일이 주어지면, 악착같이 처리하는 스타일이다. 일을 그르치지 않기 위해 남보다 배 이상의 노력을 기울였다.

"여성이라는 이유가 오히려 도움이 됐습니다. 남성들과의 경쟁에서 뒤처지지 않기 위해 더 노력했습니다. 외국계 기업에서 성공하기 위해선 영어를 잘하는 것이 필요조건이지만, 충분조건은 아닙니다. 어학실력 못지않게 일에 대한 열정과 성과가 중요합니다."

좋은 인간관계를 유지하는 것도 중요하다. 외국계 회사는 업무평가를 할 때 주변사람들의 평가를 중시한다. 그가 PAG코리아 대표에 오를 때 포드자동차는 많은 사람들로부터 이 대표의 평판을 조사했는데, 하나같이 높은 점수를 줬다는 후문이다. 포드자동차가 세일즈 경험이 전혀 없고, 마케팅에 대해서도 이렇다할 경력이 없는 이 대표를 판매총괄 법인의 대표에 임명한 것은 그의 능력과 인간관계를 믿었기 때문이다.

PAG코리아 대표에 취임한 지 한 달, 그는 지금 진검승부를 준비하고 있다.

"올해가 진짜 승부를 걸 시기라고 봅니다. 2004년에 좋은 성적을 냈던 것은 그 전해 성적이 너무 안 좋았던데 따른 반사효과도 크다고 봅니다. 올해는 연간 2천대를 목표로 하고 있습니다. 볼보는 물론, 랜드로버와 재규어도 좋은 성적을 낼 것으로 기대합니다. 차를 무조건 많이 팔기보다는 수익성이 높은 알짜회사를 만드는 게 꿈입니다."

12. 한국 대기업 영업사령탑들의 마케팅 현장

사례로 국내 1백대 기업의 영업부문 사령탑들은 업무일(5일) 중 절반은 술을 마시는 것으로 나타났다. 평균 주량은 소주 1.2병이었다. 이들이 가족과 함께 보내는 시간은 하루 평균 81.6분으로 1시간 30분이 채 되지 않아 영업맨은 성공을 위해 자기희생이 가장 많이 요구되는 직군 중 하나로 조사됐다.

이는 한국경제신문 자매주간지인 한경비즈니스가 창간 9주년을 맞아 글로벌리서치와 함께 1백대 상장기업 영업총괄 임원들을 대상으로 실시한 조사(조사기간 11월 22일~26일) 결과에 따른 것이다. 조사에 응한 70명의 응답자는 일주일에 평균 2.6회 술을 마신다고 답했다. 37.1%가 주2회를 꼽았으며 5일 내내 술을 마시는 사람도 7.1%나 됐다. 안 마신다는 응답은 4.3%에 불과했다.

영업사령탑들의 38.6%는 가정에서 보내는 시간이 하루 1시간도 안 됐다. 1~2시간 31.4%, 2시간 이상 27.1%의 순이었다. '비즈니스는 밤에 이뤄진다.'는 말을 실감케 하는 조사 결과다. 영업사령탑 중 휴일을 챙긴다는 응답자는 절반에 그쳤다. 28.6%는 휴일의 절반 정도를 일하고 있었으며 17.1%는 아예 휴일이 없다고 답했다.

또 응답자의 74.2%는 오전 8시 이전에 출근한다고 답했으며 7시 이전에 출근하는 사람도 25.7%나 돼 영업총괄 임원들은 대부분 워커홀릭(일 중독자)이라는 분석이 설득력을 얻었다. 평균 퇴근시간은 오후 7시 48분이었다.

응답자의 40%는 영업을 좌우하는 결정적인 변수로 제품품질을 꼽았다. 영업능력과 브랜드인지도가 각각 32.9%, 18.6%로 뒤를 이었으며 제품가격은 2.9%에 불과했다.

영업임원들은 바쁜 일상 중에서도 자기관리에 힘을 쏟으려고 노력하고 있는 것으로 나타났다. 응답자의 60%는 비흡연자였고, 82.9%가 골프 등 꾸준한 운동으로 건강관리를 하고 있었다. 국내 영업임원들의 평균 연봉은 2억 3천 4백만 원이었다. 그러나 평균이하인 2억 원 이하가 전체의 82.9%, 평균보다 월등히 높은 7억~10억 원이 14.3%여서 임원 간에도 빈부격차가 컸다.

한경비즈니스는 이 같은 영업총괄 임원들의 성향을 담은 '100대 상장기업 영업사령탑 대탐구' 기사를 지난 달 발간된 잡지에 게재했다.

▶ 영업총괄 임원의 평균 주량 (단위 : %)

• 1 ~ 1.5병 미만 : 51.4%

• 1.5 ~ 2병 미만 : 17.1%

• 2병 이상 : 4.3%

• 안 마신다 : 4.3%

• 0.5병 이하 : 1.5%

▶ 영업총괄 임원의 퇴근 후의 시간활용 (단위 : %)

• 업무관련 관계자 만남 · 접대 : 60%

• 가족과 함께 보낸다 : 20%

• 운동 · 공부 등 자기계발 : 14.3%

• 업무 구상 : 5.7%

5장

남보다 앞서가는
차별화 실력을 갖추자

1. 자기분야의 최고를 모방한다

태어날 때부터 천재인 사람은 아무도 없다. 아인슈타인도 대학시험에 실패한 경험이 있고, 에디슨은 초등학교도 졸업하지 못했다.

만약 당신이 에디슨 같은 발명가가 되고 싶으면 에디슨처럼 행동하고, 이순신 같은 장군이 되고 싶으면 이순신처럼 행동하라. 그러면 자신도 모르게 그들의 근사치에 접근할 수 있다. 어떤 일을 추진하다 막히면 그 분야의 최고 전문가를 떠올려 보도록 한다.

'내가 만일 그분이었다면 어떻게 생각했을까?' 라고 자신에게 자문해 보고 그의 행적을 찾아 보라, '역시 그분은 남다른 면이 있었구나.', '나는 그보다 더 좋은 방법으로 해 봐야지.' 라는 생각이 미치면 이미 그보다 훌륭한 사람이 되어 있을 것이다. 남이 잘하는 분야를 재빠르게 모방하여 배우는 것을 벤치마킹(Benchmarking)이라고 한다.

20~30대 직장인 가운데 최고경영자의 꿈을 가진 사람은 10명 중 1명도 채 안 되며, 절반 이상이 사회적 성공이나 명성보다 가정의 행복을 더 중시한다는 설문조사 결과가 나왔다.

J기획이 얼마 전 30대 기혼남성 직장인 1백여 명을 대상으로 실시한 설문조사에서, "직장에서 어디까지 승진할 수 있는가?"라는 질문에 9%만이 최고경영자라고 답변했다. 부장까지 승진할 것이라고 응답한 사람이 27%로 가장 많았으며, 이사가 16%, 과·차장이 7% 순이었다. 현 직장에서 승진을 기대하지 않거나 오래 다닐 생각이 없다고 답변한 사람도 12%나 됐다.

"인생에서 가장 중요하게 생각하는 것이 무엇인가?"라는 질문에는 54%가 가정의 행복이라고 응답했다. 다음으로 24%가 경제적 풍요를 들었으며, 11%가 자신의 적성에 맞는 생활, 사회적 성공이나 명성이라고 응답한 사람은 9%에 불과했다.

한 예로, 이레전자 정문식 사장은 90년 초, 신림동의 허름한 다섯 평 창고에서 시작해 십여 년이 지난 지금 6천여 평의 공장을 갖게 됐다. 영세한 전선가공으로 시작했던 일이 지금은 휴대폰과 PDP TV 등 첨단 디지털 제품을 만드는 최첨단 벤처기업으로 성장했다. 2명의 직원이 1천여 명의 대가족이 된 것이다. 그 동안 꿈과 희망을 안고 도전해온 많은 여정 중에서 수많은 좌절과 절망을 겪었고, 그럴 때마다 포기하고 싶었던 적이 한두 번이 아니었다고 한다. 지금도 그는, 매사에 감사하는 마음으로 생활할 수 있도록 이끌고 있는 것은 어릴 적 공장을 전전할 때 많은 구박(?)을 아끼지 않았던 인생 선배들의 덕분이라고 한다.

무엇이 그토록 두려운가. 오늘날 많은 젊은이들이 미래에 대한 불안을 가지고 있다고 한다. 시도해 보지도 않고 너무 쉽게 미리 포기해 버리는 나약한 모습을 옆에서 지켜볼 때마다 안타까워 마음 속 한구석이 어두워짐을 느끼게 된다. 어렵고 안 될 것 같은 일에 과감히 도전해 비로소 그 일을 이루어 냈을 때 그 보람과 기쁨을 어디에다 비교할 수 있을까…….

가끔은 비빌 언덕이 없다고 투덜대는 사람들을 만날 때마다 우직한 소(牛)와 달리 우리는 우리 자신의 손으로 직접 언덕을 만들어 보자고 이야기해 본다. 어떤 일이 주어지든지 그 일에 미치도록 빠져들 수 있는 그 만의 열정이 있다면 곧 원하는 목표에 도달하리라 생각하며, 그러한 믿음과 자신감이 더불어 무엇보다 중요하다고 말하고 싶다고 한다.

과거 성공을 이룬 선배들은 과연 운이 좋아서라고 치부할 수 있을까? 그분들의 삶 속에서 무언가 다른 점들을 몇 가지 발견할 수 있었는데, 이상하리만큼 하나의 공통점이 있었다. 그분들은 일반인들에 비해 매사에 열정적이고 긍정적이며 근면, 성실하다는 것이다.

그는 또한 그분들을 따라 오랜 기간 연습했더니 엇비슷하게 흉내는 낼 수 있었다. 하지만 남처럼 하면 남 이상 될 수 없다는 말이 있지 않은가. 바로 젊음에 비유되는 패기와 열정이 그 해답이라고 생각한다. 일찍 일어나는 새가 가장 좋은 먹이를 찾고, 가장 높이 날고자 하는 새가 가장 멀리 내다볼 수 있다고 한다.

성공은 그냥 얻어지는 게 아니라 본인의 노력 여하에 따라 상반되게 달라질 수 있다는 것을 건강한 이 땅의 젊은이들에게 당부한다고 말하고 있다.

2. 어떤 일이든 집중하면 자기분야의 프로가 된다

"호텔 비즈니스는 강인함과 부드러움을 모두 갖춘 한국여성들에게 잘 어울리는 직종인 것 같습니다."

최근 국내 여성 부총지배인에 임명된 배선경 쉐라톤 워커힐호텔 부총지배인은 "여성으로서의 부드러움과 어머니로서의 푸근함은 개인이나 조직이 경직되는 것을 막아 원만한 인간관계를 일궈 낸다."면서 소위 고위층과 접촉이 잦은 호텔 마케팅업무의 성격상 여성들이 더 좋은 결과를 가져올 수 있음을 강조했다.

호텔리어 생활 7년 8개월 만에 부총지배인으로 초고속 승진한 그녀는 지난 1996년 미크로네시아와 한국의 하얏트호텔 마케팅을 관할하는 지역매니저로서 호텔업계에 첫 발을 디뎠다. 한국인이 외국계 호텔의 지역 매니저를 맡은 것 역시 업계에서는 최초였다.

그리고 서강대학교 영문학과를 나와 미국 '시카고 아트 인스티튜트'에서 순수미술을 전공하던 그녀가 호텔에 관한 공부를 시작한 것은 지난 1993년. 당시 미국 코넬대학에서 박사과정을 밟고 있던 남편 강성민 카톨릭대 경영학과 교수의 권유에 의해서였다. 코넬대 호텔경영학과 대학원에 입학한 그녀는 뜨거운 학구열을 불태웠다. 2살과 3살된 두 아들을 기르면서도 평점 3.8이상의 성적으로 매학기 학장이 수여하는 장학금도 받았을 정도.

"당시 교수들은 이름 가운데 '선'자를 따 저를 '슈퍼 선'이라고 불렀습니다. 아마도 아이들을 맡길 곳이 없어 도서관에까지 데리고 다니던 모습이 눈에 띄었던 모양입니다."

이 같은 과정을 거친 그녀이기에 이제는 어지간한 어려움에는 의연하게 대처할 수있을 것 같다고 말했다. 또한 그녀는 향후 업계 전망에 대해 "앞으로 호텔은 '잠자는 빌딩'의 개념이 아닌 거대한 복합건물의 성격으로 발전할 것"이라며 "워커힐의 경우 주말에 가족이 숙박하면서 아버지는 골프연습, 어머니는 스파를 즐기는 동안 아이들은 영어경제 교실이나 매너교실에 참가하는 등 시티리조트로서의 모습을 갖춰 나가고 있다."고 말했다.

또 한 예로, 어느 회사의 오후 2시 20분경, 텔레마케터 100여 명이 일하고 있는 서울 여의도 신한카드 고객만족팀 사무실에 '뻐꾸기' 소리가 울리기 시작했다. 통화대기 고객 수가 30명을 넘었다는 경보음이다. 사무실 정면 전광판을 힐끔 올려다보니 상담원 전원이 풀가동중이라는 점멸등이 깜빡거린다.

'유휴인력 0.'

15분 째 똑같은 질문만 되풀이하고 있는 전화 속 고객이 야속해진다.

" '뻐꾸기' 소리가 울리면 마음이 바빠져요. 빨리 다른 전화를 받아야 하는데 고객은 수화기를 놓지 않고……. 마감을 코앞에 둔 신문기자의 심리상태 같은 거죠."

내년이면 입사 4년차가 되는 텔레마케터 신지현 씨. 평균 근속기간이 6개월 정도인 텔레마케팅 업계에서 그는 베테랑에 속한다. 지난 11월 파트타임 상담원에서 정상담원으로 승진한 그는 5명의 파트타임 상담원을 지휘하는 중간관리자이기도 하다.

신씨가 여의도 사무실에 도착하는 시간은 오전 8시 30분, 전날 걸려온 총 전화횟수, 상담원별 상담건수 등을 분석한 '업무공지'를 일람한 후 팀 미팅을 소집해 건당 상담시간이 너무 길거나 하루 상담횟수가 평균에 못 미치는 상담원을 상대로 업무지도를 하고 나면 콜센터 개시 시간인 9시가 된다.

팀장이라고는 해도 전화가 몰리기 시작하는 오전 11시부터 오후 4시까지는 직접 전화를 받는다. 신씨가 요즘 하루에 소화하는 통화량은 평균 70건 정도. 150~160건을 처리하던 파트타임 시절에 비하면 일도 아니다.

"오후 2~4시 사이엔 물 마실 틈도 없어요. 이 시간이 지나고 나면 온몸에 힘이 빠지면서 마감인 6시까지가 한없이 길게 느껴지죠."

텔레마케터는 세상에서 가장 말을 많이 해야 하는 직업 중 하나다. 얼굴도 보이지 않는 고객을, 그것도 하루 100명 이상을 공손과 친절로 응대한다는 것은 엄청난 기력 소모를 요구하는 일이다. 때문에 대부분의 상담원은 가벼운 현기증, 목 통증을 직업병으로 달고 산다. 늘 헤드셋을 착용하는 데서 오는 청력 감퇴도 일반적이다.

12월은 1년 중 카드사 텔레마케터가 가장 바쁜 달이다. 특히 인터넷을 통한 연말정산용 소득공제증명서 발급 관련 문의가 많다.

"50대 이상 고객들은 설명을 해도 이해가 느리세요. 상담 시간이 무한정 늘어날 때가 종종 있습니다."

전화상담에서 최적 시간은 '1분 30초에서 2분 사이'다. 2분을 넘어서면 그만큼 다른 고객들의 대기시간이 길어진다. 그러나 어떤 경우에도 고객보다 먼저 전화를 끊어서는 안 된다는 것이 텔레마케팅의 철칙.

"최장 40분까지 상담한 경험이 있습니다. 현금서비스 취급수수료가 너무 높다는 민원이었는데 갖은 욕설에 '불을 지르겠다.'는 협박까지 나왔지만 계속 웃는 목소리로 응대했죠."

할머니들 중에선 용건 외에 가정사 상담까지 하려는 분들이 있어 가끔 애를 먹는다고 한다.

경기 상황은 상담 내용에도 큰 영향을 미친다.

"2002년도만 해도 언제나 한도조정 관련 문의가 드물었습니다. 요즘은 '다른 카드 연체로 한도가 낮아져 돌려막기가 안 된다. 풀어 달라.’, ‘장사가 안 되서 처음으로 카드대금을 못 내게 됐다. 카드론이나 분할납부는 안 되느냐.’ 는 문의가 너무 많아요. 아무리 친절하게 대해도 결국은 ‘안 된다’ 는 말을 해야 하는데 가슴이 아프죠.”

3. 직장 내에서 맨파워 능력을 계발한다

회사조직 속에서 자신을 부각시키고 성장시켜 가기 위해서는 그 조직 구성멤버들에게 자신을 인정하도록 만들어야 한다. 회사에서는 직위·직무·업무 등 모든 것은 회사에서 부여해 주었다는 점에서 자기 임의대로 일을 진행할 수는 없다. 따라서 말단사원이 과장의 일을 처리한다던가, 과장이 부장의 일을 멋대로 처리하는 것은 있을 수 없는 일이다.

가령 어떤 잘난 체 하는 경력사원이 과장이 되고 싶다고 생각했다면 분명히 상사나 주위사람들로부터 그 사람이 과장에 적합한 인물이라는 인정을 받지 않으면 안 된다. 이 사람이라면 안심하고 직책을 맡길 수 있다고 하는 신뢰를 획득한 다음에야 부여받은 그 직책이 강력해지는 것이다. 그렇지 않고서는 부여받은 직책을 원만하게 수행할 수가 없다. 왜냐 하면 모략과 권모술수를 동원하여 탈취한 직책은 결코 오래가지 못한다.

그렇다면 조직 속에서 자기를 어떻게 인정시켜야 하는가.

이를 위해서는 자신의 실력, 장점, 개성, 사상 등 자신의 미래모습과 독자성을 주위사람들에게 정확하게 평가시켜 인정받도록 해야 한다. 이와 같이 조직 속에서 자신에게 호감을 갖도록 함으로써 업무활동을 유리하게 전개해가는 대인전략, 대조직정책을 PI(퍼스널 아이틴티의)

전략이라고 말한다.

또한, PI 전략은 자신의 독자성을 부각시킴으로써 타인과의 사이에서 명확한 차이를 둘 수 있다. 이것이 곧 차별화 전략이 되는 것이다. 따라서 차별화 전략을 추진하는데 있어서는 다음과 같은 핵심적인 내용을 숙지해 두는 것이 중요하다.

1) 자기자신을 아는 일부터 출발할 것

우선 자기자신의 본질을 알고 본래의 자기자신의 본질로부터 출발해야 한다. 자신의 본질(本質)에서 이탈한 행위는 진정한 자신다움을 발휘할 수가 없다. 자기자신을 아는 것이 PI 전략의 첫 단계이다.

손자병법에서 강조하는 "적을 알고 자기를 알면 백전백승 할 수 있으며 적을 알지 못하고 자기를 알면 한번은 승리하고 한번은 패한다. 또한 적을 알지 못하면 싸울 때마다 반드시 패한다."고 하는 말은 조직 속에서 자신을 육성하고 향상해 가는데 있어 매우 중요한 조건이다.

2) 방향설정과 일터 창조를 도모한다

자신은 지금 자신이 가고자 하는 길을 걷고 있는가. 또한, 자신이 지금 향하고 있는 방향은 본래 자신이 향하고자 했던 정확한 방향인가를 확인할 필요가 있다.

그리고 자신은 지금 본래 자신이 있어야 할 장소에 있는가 어떤가를 확인하는 것도 중요하다. 그것은 다름 아닌 인간은 자신에게 적합한 일터에 있음으로 하여 비로소 자신을 육성할 수 있으며 능력을 향상하게 되는 것이다. 머물 장소가 다르면 본래의 능력을 발휘할 수 없게 된다.

따라서, 적재적소 하는 것은 사원을 활성화하여 조직을 강화시키기 위해 매우 중요한 조직관리의 법칙이다. 만약 현재 자신의 직종과 배치된 부서가 적성, 방향성, 적재적소라는 관점에서 아무래도 부적합할 경우에는 직종변경이나 배치전환을 회사에 건의하여 자신에 가장 적합한 직무를 맡도록 하는 것이 중요하다.

3) 종합력을 강화한다

인간은 세 가지 힘(力)을 가지고 있다. 첫째는 지력(知力), 둘째는 체력(體力), 셋째는 기력(氣力)이다. 여러분의 힘(力)은 이 세 가지 힘을 종합한 것이다.

우선, 자신의 지력을 평가할 때는 자기 두뇌의 특성(장점)을 파악하는 것이 중요하다. 예를 들면, 무슨 일이든 잘 착안하고 두뇌회전이 빠른 사람은 비서직이 바람직하고 분석력이 있고 숫자개념이 강한 사람은 재무(경리)직이 유리하며 여러 가지 아이디어를 잘 낼 수 있는 사람은 기획직이 유리할 것이다. 따라서 자신의 두뇌가 어느 분야에서 가장 잘 작동하는가를 파악할 수 있다면 곧 자신의 적성을 알 수 있게 된다. 무엇보다 자신의 두뇌력을 일에 적용하여 머리가 좋다는 것을 인정받는 것이 중요하다.

다음으로 자신의 체력을 재는 경우에는 건강진단이나 체력측정뿐만 아니라 자기체질의 특성을 파악하는 것이 중요하다. 또한, 자신의 체형, 유전, 혈액형 등 자기의지로 컨트롤 할 수 없는 신체적 조건도 고려해야 한다. 체력은 직무수행능력의 중요한 요소의 하나이기 때문에 항상 단련과 절제를 게을리 하지 말아야 한다. 그리고 세 번째의 기력(氣力)은 인간에너지의 근원이기 때문에 항상 기(氣)를 강하게 하는 것이 중요하다. 업무가 아무리 어렵고 엄격할지라도 끝까지 완수하는 기력이 중요하다.

기력이 약하기 때문에 실패해서는 곤란하다. 일에서 가장 참담한 패자는 "자기자신에게 패배하는 패자"라고 할 수 있다. 자신의 지력(知力), 체력(體力), 기력(氣力)을 축적하여 강화책을 세워 자기자신의 종합력을 강화하도록 한다. 조직 속에서 자신의 지력, 체력, 기력 가운데 어느 한 가지라도 허약한 경우에는 좋은 평가를 받기 어려우며 불리한 상황에 놓이게 된다.

4) 자기 품위를 높일 것

인간은 감성(感性)과 지성(知性)을 가지고 있는데 일반적으로 감성형이냐 지성형이냐의 두 가지로 인간유형을 분류하고 있다. 만약 자신의 감성이 우수하다면 감성을 보다 필요로 하는 직종으로, 그리고 만약 지성(知性)이 우수하다면 지성을 보다 필요로 하는 직종에 임하는 것이 자신의 능력을 발휘할 수 있고 자기육성도 가능해진다.

그러나 감성만이 아무리 풍부하고 지성이 빈약하면 품성(品性)은 열악해진다. 또한, 지성만이 아무리 우수하고 감성이 빈약하면 품성이 열악해진다. 따라서 감성과 지성을 혼합한 품성을 갖추는 것이 중요하다. 감성과 지성을 균형 있게 연마하면 고결한 품성을 배양할 수가 있다.

자기 품위를 높여 가는 것은 최고의 PI 전략의 하나이다. 잡초 속의 한 송이 백합화와 같이 다수 가운데 품질이 좋고 빛나는 것은 PI 로서 최고이다. 능력계발의 최고목적은 인품을 연마하는 것에 있다.

5) 올바른 태도를 나타낼 것

일에 임하는 자세, 사람에 대한 태도, 근무 중의 동작 등 당신의 직장에서의 모든 행동과 언어는 일거수 일투족이 관찰되면서 당신의 인물상은 명확하게 사내에서 정착되고 만다.

특히, 주의해야 할 점은 습성·악습이다. 인간은 모르는 사이에 나쁜 습관이 몸에 배이게 된다. 그리고 곤란한 것으로 나쁜 습관은 그것을 하고 있을 때에는 자신은 느끼지 못하게 된다는 점이다. 그러나 상대방과 주위 사람은 그 점에 시선이 모이게 되고 당신을 불쾌하게 생각한다거나 낮게 평가하기도 한다. 자신의 태도와 행동양식을 분석하여 나쁜 습관은 빨리 고치도록 한다.

"저 인간은 태도가 불량하다고 하는 평가를 받는 것은 캐리어계발에 있어 치명적이다."

성실함, 예의바름, 규율엄수, 시간엄수, 책임감, 협조성, 적극성 등 태도와 행동면에서 "저 친구는 매우 예의바른 사람이라든가, 저 사람의 태도는 항상 당당하고 공정하다든가, 저 사람은 언제나 의욕이 왕성한 사람"이라는 평가를 받는 것이 최고의 PI 전략이라 할 수 있다.

6) 좋은 품성, 좋은 성격, 그리고 자신의 개성화

성격은 비즈니스에서 매우 중요한 요소이다. 아무리 머리가 좋아도 그리고 아무리 뛰어난 미모라 할지라도 성격이 나쁘면 조직 속에서 고립되는 경우가 많다. 즉, 직장조직에서 왕따를 당하게 된다. 주위 사람을 불쾌하게 한다거나 주위 사람과 트러블을 자주 일으키는 성격은 상대방에게 상처를 줄뿐만 아니라 자기자신도 상처를 받게 된다. 따라서, 조직 속에서 자기를 육성하고 향상시켜 가는데 있어 바람직한 성격은 솔직함, 온후함, 겸허함, 명랑활달함, 협조성, 정직함, 적극성 등을 지닌 사람이다. 이 중에서도 솔직함은 실무능력 향상에 있어 그 무엇보다 중요한 자질이다. 왜냐 하면 솔직한 사람일수록 현장실무를 신속하게 받아들여 소화하기 때문이다.

자신의 성격을 잘 분석하여 좋은 성격을 발견하고 그 장점을 철저하게 살려 자신의 개성을 만드는 것이 가장 좋은 방법이다. 저 사람은 정말 정직한 사람이라든가, 저 사람은 활달한 사람이라는 평가를 받는다는 것은 직장에서 자신을 육성해 가는데 큰 힘이 된다. 따라서, 좋은 성격은 자신을 향상시키고 나쁜 성격은 자신의 발목을 잡으면서 성장을 방해하게 된다. 좋은 성격의 개성화는 최고의 PI 전략의 하나이다.

7) 느낌 좋은 이미지를 창조할 것

인간은 누구를 막론하고 느낌이 좋은 상대와 대화하기를 원한다. 특히, 초면에서는 첫인상으로 그 사람을 판단·평가하는 경향이 있다. 따라서, 느낌이 좋은 인상을 부여하는 것이 자신의 이미지 창조의 첫걸음이다.

한 번 나쁜 인상을 부여하면 매우 만회(회복)하기가 어렵게 된다. 좋은 이미지를 상대방에게 전달하기 위해서는 우선 인상(이미지 메이킹)이 좋고 예의바른 태도가 중요하다. 또한, 용모는 언제나 청결하면서 건강미를 보여 주도록 한다.

과연 자신이 직장동료나 주위 사람들에게 어떠한 인상을 부여하고 있는가에 대해 자기분석을 통하여 느낌이 좋은 이미지 창조에 노력한다.

8) 넘버원 전략을 추진한다

직장에서 자신을 인정받기 위해서는 우선 자신의 가장 좋은 점을 주위 사람들에게 인정시켜 높은 평가를 얻도록 한다. 이를 위해서는 자신의 장점·단점을 정확히 파악하여 장점을 최대한 살리면서 단점을 수정·보강해 가도록 한다.

"이것이 나의 최고의 장점(강점)이다."라고 말할 수 있는 것을 한두 가지 도출하여 집중적으로 육성하도록 한다. 따라서, 이렇게 연마한 세련된 한두 가지 장점은 결점을 희석시키면서 자신의 부가가치 장점을 더욱 돋보이게 해 준다.

4. 열정과 집중력이 차별화의 지름길이다

모든 경영의 출발점이자 종착역은 자기경영이다. 스스로를 발전시키며 다스리는 것이다. 비즈니스맨으로서 자기경영의 핵심은 바로 일이다. 어떤 일을 해야 하고 무슨 직업에서 보람을 찾을 것이며 어떤 직장에서 승부를 걸 것인가의 문제다.

경제 위기 이후 '준비되지 않은' 퇴직자들이 쏟아져 나오자 서점가엔 이들의 상처를 겨냥한 자기경영서들이 봇물을 이뤘다. 그 주장은 두 가지 방향으로 집중하라는 것이 하나다. 아주 열정적으로 일하라는 것이 두 번째다.

자기가 잘하는 일이 아니라 회사에서 시키는 일만을 해왔던 이들에겐 서광이 비치는 듯 했다. 열정이란 단어는 다시 시작하겠다는 이들에게 비장감까지 더해 주었다. 주위에 열심히 사는 사람이 늘고, 꿈꿔왔던 일을 결행하는 이들이 많아지고 있는 데는 이 같은 배경도 있는 것이다. 문제는 이런 노력에도 불구하고 눈에 띄는 성과를 내는 사람이 그렇게 많지는 않다는 데 있다. 이유가 뭘까.

이 두 가지 행동준칙이 빠뜨리고 있는 분야가 하나 있다. 바로 돈이 흘러 다니는 시장이다. 열정을 불살라가며 자기가 잘하는 일에 집중하면 돈은 자연적으로 따라올 것이란 믿음은 너무 순진한 것이다.

자기가 잘하는 일에 사력을 다하는데도 적고 살지 못하면 어찌되겠는가. 이는 기업으로 가면 더 분명해진다. 사원들이 모두 잘할 수 있는 분야를 핵심사업으로 삼아 밤낮을 가리지 않고 휴일을 잊고 일했는데 회사가 돈을 벌지 못하면 무슨 일이 생기는가. 회사가 망한다. 잘하는 일을 더 이상 할 수 없고, 열정은 발현될 곳이 없어진다.

자기가 잘하는 분야라도 과연 사 줄 사람은 있을지, 수입은 괜찮을지를 항상 점검해야 한다. 가입의 혁신활동도 비용만 많이 든다면 포기하는 게 낫다. 미국의 경영이론가 짐 콜린스가 근작 '좋은 기업을 넘어 위대한 기업으로'에서 선보인 '고슴도치 컨셉트'도 같은 얘기를 하고 있다.

그는 자신을 잡아먹으려는 교활한 여우의 온갖 공격을 이겨내는 고슴도치의 생존 방법을 '단순한 집중력'으로 풀이한다. 가시를 세우고 몸을 공처럼 말아 버리는 데야 여우가 잡아먹을 재간이 없다는 설명이다. 콜린스는 집중할 분야를 고슴도치처럼 단순화하되 '최고가 될 수 있는 일'과 '깊은 열정을 가진 일'에 더해 '경제엔진을 움직이는 것'을 절대 빠뜨리지 말라고 강조한다. 경제엔진을 움직이는 것은 한 마디로 돈이다. 기업으로 보면 현금흐름이다. 개인으로 좁혀 보면 매달, 매년 버는 수입이다.

훌륭한 비즈니스모델과 헌신적인 직원들을 갖고 있는 벤처기업들 중 적잖은 업체들이 소리소문 없이 사라지는 것도 바로 돈 때문이다. 시장을 생각하는 자세, 돈을 잊지 않는 마음이 있어야 경영혁신도 자기 경영도 가능해지게 된다.

5. 취직에도 차별화 전략이 성공을 거둔다

"중국에서 취업이 잘 되는 이공계인데다 대학시절 인턴과정을 통해 실무경험을 쌓은 덕을 봤습니다."

중국의 명문 칭화대 건축학과를 졸업한 직후인 지난 해 9월 미국계 건축 디자인 그룹 'XWHO'의 베이징 지사에 취임한 차경은 씨(25). 차 씨는 "활발한 건설경기 때문에 '공사판'으로까지 불리는 중국에서 인 력 수요가 큰 분야를 전공했던 게 쉽게 일자리를 찾는 데 도움이 됐다." 고 말했다.

XWHO에서 건축설계사로 일하고 있는 차씨가 중국 땅을 처음 밟은 건 지난 97년 겨울, 개인 사업을 위해 중국에 온 부친을 따라 고교 1년 을 마치고 베이징에 왔다. 6개월 동안 중국어 연수를 한 뒤 현지 중국학 교인 '55중학' 고2로 편입했다. 국제학교도 있었지만 중국에서 대학까 지 갈 생각에 중국어 수업을 하는 현지 학교를 택했다.

건축학과를 지원한 것은 한국에 있을 때부터 미술을 좋아했기 때문. 99년 칭화대에 입학할 당시 건축학과에 합격한 한국인 유학생을 그가 유일했고, 이공계열을 통틀어서도 한국인 유학생 합격자는 10명이 안 될 만큼 적었다. 실제 중국에서 공부하는 한국 유학생들은 대부분 어문 과 인문계열을 전공해 중국 내 취업 요소와 거리가 있다는 지적이다.

중국 건축학과는 5년을 공부해야 하기 때문에 지난 해 가을 졸업한 그는 취업의 문턱에서 고민했다고 한다. 귀국해서 직장을 잡을 건지, 중국에서 일자리를 찾을 건지 결단을 내려야 했던 것.

차씨는 "중국이 건축설계의 선진국은 아니지만 세계 최대 시장이기 때문에 대학 전공을 토대로 탄탄한 경력을 쌓을 수 있다는 점에서 중국 에 남기로 결정했다."고 말했다. 왜 미국계 기업을 택했느냐는 질문에 차 씨는 "장차 미국에서 프로젝트매니지먼트(PM)를 공부해 중국에서 부동 산 개발을 해 보고 싶다."며 "미국 하버드대 교수 출신인 창업한 XWHO 가 비전 실현에 도움을 줄 수 있는 기업이라고 판단했다."고 설명했다.

그가 졸업 후 첫 번째 이력서를 낸 곳이 XWHO인 이유다. 중국에만 90여 명의 직원을 둔 미국 도시설계 전문 업체인 이 회사 입사를 위해 차씨는 중국인 대졸자들과 경쟁했다. 면접장에서 회사 측으로부터 "되도록 빨리 출근했으면 좋겠다."는 합격통지를 받았다.

당시 차씨를 면접했던 XWHO의 수석 디자이너 왕리훙 씨는 "처음으로 한국인을 채용했다."며 "차씨의 의사소통 능력이 중국인과 비교해도 뒤지지 않는 데다 전공 분야 실력은 다른 중국 학생들보다 뛰어났다."고 말했다.

차씨는 "대학 시절 여러 업체에서 인턴으로 근무한 게 도움이 됐다."고 설명했다. 처음에 필수 교과과정으로 칭화대 건축설계연구소에서 6개월간 인턴과정을 한 그는 이후 인턴으로 근무할 업체를 직접 찾아 나섰다. 친지 소개로 한국 인테리어 업체 풍진아이디와 한국계 컨설팅 업체 베이징지사에서 각각 2~3개월간 인턴을 했다. "중국 부동산 시장을 익히고 싶어 지도교수를 통해 베이징 완퉁이라는 대형 부동산개발 업체에서도 3개월 동안 인턴으로 근무했다."고 말했다. 지도교수와 쉬저우라는 작은 도시의 도심 재개발 등 2건의 프로젝트를 진행하기도 했다.

왕씨는 "차씨의 대학 시절 인턴경험이 좋은 인상을 줬는데 지금 보니 정확히 봤던 것 같다."며 "국적은 아무런 문제가 되지 않는다."고 말했다.

6. 자기연출, 자기소개도 차별화 하라

자기소개서에는 자신의 의지와 자격조건부터 기술해야 한다. 한 기업의 인사를 책임지는 사람은 본론에 들어가기 전에 쓸데없이 장황한 개인적 소개를 좋아하지 않는다.

어떤 일자리를 원하는지를 신속하고 직접적으로 언급하는 것이 중요하다. 그 다음에 곧바로 자신이 어떠한 자격 조건을 갖추고 있는지 기술해야 한다. 대부분의 외국인 기업 또는 세계화를 추구하는 기업들은 이런 방식을 훨씬 더 선호할 것이다.

또 자기소개서는 '내가 고용주를 위해 할 수 있는 것이 무엇인가?' 라는 부분에 중점을 둬야 한다. 일자리를 얻기 위해 지원하는 사람의 입장에서 본인의 지식이나 경험이 고용주가 찾고 있는 것과 정확하게 일치한다는 것을 보여 주는 것이 최상이다.

따라서 고용주에게 좋은 인상을 남길 수 있도록 자신의 역량이나 성과 업적들을 열거해야 한다. 한국적인 문화에서는 이렇게 하는 것이 마치 지원자가 지나치게 자기 자랑을 하고 있는 것처럼 여겨질 수도 있다. 하지만 본인의 장점에 대해 적극적으로 소개할 수 있는지 여부는 입사를 위한 인터뷰 제안을 받느냐 받지 못하느냐의 차이를 낳는다. 국제적인 기업들은 자신의 긍정적인 자질에 대해 잘 표현할 수 있는 사람을 원한다.

특히, 외국인 회사에 지원한 사람은 회사 측에 인터뷰 여부에 대한 답을 줄 것을 요청해야 한다. 가장 좋은 방법은 언제까지 연락을 받지 못할 경우 회사에 직접 연락해서 자신의 탈락 여부에 대해 문의하겠다고 미리 밝히는 것이다. 한국인들은 보통 이렇게 하는 것이 너무 도전적이라고 생각해서 꺼려한다. 하지만 대부분의 외국인 회사 입장에서 볼 때 응시자가 자신의 현황에 대해 알아보기 위해 전화를 하는 것은 그 자리에 대해 지대한 관심을 갖고 있다는 것을 표현하는 것으로 간주된다.

반면 전화를 하지 않는다는 것은 소극적인 자세나 관심 부족을 나타내는 것으로 여겨질 수 있다. 후자의 경우 어느 쪽이든 응시자에 대한 좋은 평가로 이어질 수는 없을 것이다.

또 한 예로 박정희 전 대통령의 장녀이며 현역 당대표인 박근혜 씨는 어머니인 육영수 여사 서거 후 어머니의 올린 머리를 20년간 고수하고 있다. 그녀의 이러한 연출은 육 여사의 죽음을 애도하는 이들의 사랑을 얻는데 큰 역할을 하는 것으로 나타났다.

학자에서 정치인으로, 정치인에서 방송인으로 변신해온 김동길 박사는 나비넥타이와 콧수염으로 트레이드마크를 만들어 깊은 인상을 심었다. 서태지 역시 특이한 패션과 춤으로 인기를 얻고 있다. 정치인이나 연예인처럼 브랜드 인지도가 직업에 직접적인 관련을 갖는 사람들은 자기 연출을 매우 중요시한다.

얼마 전에 있었던 미국 대통령 선거전을 돌이켜 보면 처음부터 끝까지 자기연출경쟁이었음을 알 수 있다. 민주당의 앨 고어 후보는 초반부터 지루하고 재미없는 모범생 이미지를 벗기 위해 군복 차림을 하는 등 이미지 변신 연출에 최선을 다했다. 공화당의 부시 후보는 대통령의 아들이라는 부담을 줄이기 위해 팬케이크 뒤집기 경연 대회 참가, 13세 쌍둥이 자매와의 눈썰매 타는 장면 등 TV 이벤트에 집중하면서 대중 친화적인 이미지 연출에 주력했다.

빌 클린턴 대통령은 1992년의 선거 시 40대 중반으로 대통령 후보자로서는 너무 젊은 나이를 의식해 머리의 은색을 더욱 드러나게 하고 곱슬머리를 약간 펴 나이 들어 보이는 헤어스타일을 만들었다. 96년 선거시에는 이미 젊은 스타일로 만들었다. 임기 말기인 2000년에는 아내인 힐러리 클린턴의 뉴욕 상원 의원 출마 발표와 함께 나이 들고 무력해 보이는 하우스 허즈번드의 희고 부스스한 머리 스타일로 바꾸었다. 그의 이러한 외조는 힐러리 클린턴의 당선에 직·간접적인 영향을 미친 것으로 나타났다.

미국의 국무장관인 매들인 올브라이트는 남북 정상 회담 후 우리나라를 방문할 때는 햇빛을 상징하는 '선버스트' 브로치, 중동평화 협상 때는 '거미줄' 브로치, 94년 걸프전 패전국인 이라크 언론이 그녀를 독사라고 비난한 직후 이라크 외교관을 만났을 때는 '뱀' 브로치, 러시아 방문 때는 강력한 힘을 상징하는 '독수리' 브로치, 중동 방문 때는 평화를 상징하는 '비둘기' 브로치를 착용하는 등 브로치 외교로 유명하다. 그녀는 옷맵시가 나지 않는 몸매에 관심을 집중하지 않고 브로치에 관심을 갖게 해 고위직의 품위와 여성다움을 둘 다 챙기는 연출에 성공한 셈이다. 이처럼 정치인 및 유명 인사들이 자기연출을 하는 것은 약점은 드러나지 않게 하고 장점을 부각시켜 대중의 사랑을 받기 위해서다. 자기연출은 의상과 장식품 없이도 할 수 있다.

또한, 경기도 안양 동안지역에서 16대 국회의원에 당선된 심재철 씨는 선거권 내에 있는 회사 사가의 악보를 외워 지역구 내 회사를 방문, 트럼펫으로 사가를 연주해 친근감을 높이는 유세로 음악을 아는 멋진 정치인의 모습을 연출해 15대 때의 낙선을 16대에 회복하기도 했다. 미국의 연방준비위원장인 앨런 그린스펀 역시 음악대학을 다녔으며 재즈 연주를 기가 막히게 잘한다는 사실을 금리 인상 등의 이슈로 시끄러울 때 세상에 알려 얼음같이 차가운 인상을 완화시켰다. '안철수 바이러스 연구소'의 안철수 사장은 회사 이름을 '안철수 연구소'로 바꾼 후 번개 맞은 헤어스타일로 광고를 찍어 회사의 확장된 이미지 심기에 성공했다.

이처럼 자기연출은 고정된 이미지 탈피는 물론 개인의 브랜드 강화에 큰 역할을 하기 때문에 브랜드를 원하는 사람들에게 매우 중요하다.

7. 중견사원, 연봉 1억 시대 왔다

'기본연봉 수억 원(시장가치에 연동), 입사 보너스 5천만 원, 강남지역 50평대 아파트 임차료 지급, 자녀 해외 학자금 지원……' 이귀로 전 한국과학기술원(KAIST) 교수는 최근 이런 조건을 제시받고 LG전자기술원 원장으로 취임했다. "과도한 연봉격차는 조직 구성원간 인화(仁和)를 해칠 수 있다."며 차등 폭이 작은 급여 체계를 유지해온 LG전자에서 상상도 할 수 없는 일이 벌어진 것이다. 중량급 핵심 연구개발(R&D) 인재에게나 적용되던 이 같은 급여 시스템이 올해부터 LG전자 전 임직원에게로 확대된다. R&D 인재를 다른 직종에 비해 확실히 우대하고, 실력에 따라 동일 직급간 연봉 격차를 대폭 확대키로 한 것.

LG전자는 이를 통해 우수 R&D 인재를 대거 확보하고 내부인재를 집중 육성, 2010년 세계 3대 전자업체 반열에 오른다는 구상이다. LG전자의 이번 급여시스템 개편 초점은 '최소한 우수 R&D 인력의 연봉만큼은 동종업계 최고 수준으로 올려 준다.'는 데 맞춰져 있다.

기본급으로 인상하는 게 아닌 '그레이트 인센티브'란 이름의 성과급을 통해서다. 김영기 LG전자 HR 부문장은 "신입사원을 제외한 상위 50%인 5천여 명이 실적에 따라 연간 5백만~5천만 원씩 평균 1천만 원 정도를 인센티브(연봉 34% 인상 효과)로 받게 된다."며 "동종업계 최고 수준인 만큼 인재 영입이 한결 수월해지는 데다 내부 인재들에 대한 동기 부여도 극대화할 수 있을 것으로 기대된다."고 말했다.

LG전자는 이 밖에 R&D 인력에게 목표를 준 뒤 이를 달성할 경우 지급하는 '타깃 인센티브' 제도를 확대하고, 전체 R&D 인력의 5~10%에 해당하는 핵심인재에게 지급하는 '리텐션 인센티브(퇴사하지 않았다는 이유만으로 매년 1천만~3천만 원씩 지급하는 제도)' 대상도 늘리기로 했다.

지난 해 LG전자에서 성과급을 가장 많이 받은 부장급 직원의 연봉은 1억 5천만 원 수준. 이는 성과급 없이 기본연봉(월급여·상여금)만 받은 초임 부장 연봉의 3배에 달하는 액수다. 대리급 R&D 사원의 경우 최고 4천 5백만 원, 최저 3천 1백만 원으로 40% 정도 차이가 났다.

LG전자는 올해 기본급 인상률을 최소화한 반면 성과급을 대폭 늘린 만큼 이 같은 격차가 5배 이상 벌어질 것으로 예상하고 있다. 심지어 대리가 부장보다 2배가량 많이 받는 사례도 나올 것으로 전망했다. LG전자 관계자는 "시스템상 올해부터 연봉 1억 원을 받는 대리급 R&D 사원이 나올 수 있다."고 말했다.

LG그룹은 현재 지주회사인 (주)LG를 주축으로 모든 자회사와 계열사에 적용되는 임원 급여시스템을 뜯어고치는 작업을 하고 있다. 지금은 '잘 나가는' 계열사 임원이나 적자를 내는 계열사 임원이나 똑같은 연봉을 받지만 앞으로는 몸담은 회사의 규모와 각자 맡은 업무의 중요도 및 실적에 따라 달리 보상하겠다는 것이다. 이를 위해 맡은 업무의 중요도와 난이도에 따른 인센티브를 전체 연봉에 추가하고, 상반기 중 LG전자와 LG필립스 LCD 등 주요계열사 임원에게 스톡옵션을 지급키로 했다. LG전자는 일단 상반기 중 일정 한도 내에서 주요 경영진과 R&D 인력에게 스톡옵션을 제공한 뒤 점차 범위를 확대할 계획이라고 한다.

LG전자 3년차 부장의 연봉격차 예시(단위 : 만 원)

	기본연봉 (월급여 12회 상여금 8회)	연말 성과급	타깃 인센티브	그레이트 인샌티브	리텐션 인센티브	총계
최고등급 R&D센터 A부장	6,200	1,000	10,000	5,000	3,000	25,200
최저등급 R&D센터 B부장	6,200	900	0	0	0	7,100

※ 연말성과급과 타깃인센티브, 리텐션인센티브는 지난 해 각각 지급했던 최고치를 기준으로 산정했으며, 회사 및 개인별 성과에 따라 늘어날 수 있음.

8. 우선, 자신의 인사평가를 해 보자

이제부터 실무능력계발을 추진하는데 있어 우선적으로 해야 할 일은 자기자신의 진정한 실력을 알아야 하는 일이다. 자기자신을 과대평가하며 도취된다거나 또는 반대로 과소평가하여 열등감을 갖는다면 그 이상의 자기성장은 기대하기 어렵게 된다. 중요한 것은 우선 겸허하게 자기자신의 실력을 아는 일이다. 이렇게 하지 않으면 자신의 머리를 어떻게 육성하면 좋은가, 어느 방향을 향하여 추진하면 좋은가 등 실무능력계발을 위한 기본적인 방침, 노선, 방법을 정할 수 없다.

따라서, 실무능력계발을 추진하기 전에 우선 자기자신의 인사평가를 하여 자신에 대한 종합테스트를 해 볼 필요가 있다. 이때 주의해야 할 것은 결코 자기자신을 감미롭게 봐서는 안 된다는 점이다. 가능한 한 엄격한 눈으로 자기분석·자기평가를 하는 것이 중요하다.

자기자신의 인사평가의 주된 체크 포인트는 다음과 같다.

① 적성   ② 직무수행 및 직무목표 달성 실적   ③ 실력수준
④ 근무태도   ⑤ 도덕성   ⑥ 인간관계

이와 같은 자기평가 항목의 체크 포인트에 대해 한 가지씩 진지하게 자기평가를 해 보도록 한다.

여기에서 첫 번째의 적성에서는 과연 자기적성을 충분히 활용하고 있는가를 검토해 본다. 적성이란 자기 직업에 대한 적합성과 비(非)적합성을 의미한다. 현재 자신이 수행하고 있는 직업이 정말로 자신에게 맞는 직업인가 어떤가를 재확인 하도록 한다. 실무능력을 계발하기 위해서는 우선 자신의 적성을 분명히 파악할 필요가 있다.

이제부터 자기가 성장하느냐 못하느냐는 자신의 적성을 살릴 수 있느냐 없느냐에 달려있다.

적성의 발견과 활용이야말로 실무능력계발의 첫 단계이다. 그리고 적성을 최고로 살리면서 자기향상을 꾀하려면 다음의 두 가지 전제조건을 충족시키지 않으면 안 된다. 즉, 첫 번째는 자신이 걸어가야 할 "방향"이고 두 번째는 자신 스스로 위치해야 할 "장(場)"이다.

따라서, 현재 자신이 진행하고자 하는 방향을 향해 달리고 있는가 그리고 자신의 재능을 발휘할 수 있는 적재적소의 적합한 직장에서 근무하고 있는가를 알지 않으면 안 된다.

이것을 확인하기 위해서는 자신의 현재 직종과 부서에서 자신의 적성과 부합되고 있는가 어떤가를 평가하는 것이 가장 확실한 방법이다.

실무능력계발의 효과를 올리는 가장 좋은 방법은 자신에게 적합한 직종(직무)을 적합한 장소에서 육성하는 일이다. 따라서 이와 같은 조건이 충족되는 사람은 가장 성공확률이 높은 사람이며 자기육성도 가능해진다. 다음으로, 자기 일을 언제까지 책임을 갖고 완벽하게 처리할

수 있는 실무적인 능력을 직무수행능력이라고 말한다.

　이제까지의 자신의 직무수행을 과거실적을 토대로 비교 · 분석해 보는 것도 자기육성에서는 매우 중요하다.

① 자기 직무내용과 범위(권한과 책임)를 명확하게 이해하고 있는가
② 상사로부터의 명령 · 지시를 정확하게 받고 있는가
③ 상사에 대한 보고는 필요에 따라 충분히 하고 있는가
④ 자기 일의 플랜과 스케줄이 완벽하게 짜여져 있는가
⑤ 업무(일)의 기일을 잘 지키고 있는가
⑥ 한정된 시간 내에서 최대의 효과와 능률을 올리기 위해 창의 공부를 하고 있는가
⑦ 업무상(작업상)의 실수나 결손은 없는가
⑧ 문제가 발생했을 때 감정에 치우치지 않고 논리적 · 평화적으로 문제를 해결하고 있는가
⑨ 정리정돈을 잘하고 있는가
⑩ 자신의 직무수행에 필요한 전문지식, 기술, 기능을 숙달하고 있는가
　자신의 직무에 관계있는 정보를 수집 · 정리 · 활용하고 있는가
　자신의 직무수행에 유용한 노하우를 축적하고 있는가
　의욕이 충만한가

　또한, 직무수행에 필요한 다음과 같은 자질을 필요로 하여 충분할 정도로 숙달하고 있는가 없는가는 자기평가를 해 보도록 한다.

① 책임감 ② 집중력 ③ 지속력 ④ 계획성 ⑤ 논리성 ⑥ 창조성 ⑦ 설

득력 ⑧ 정확성 ⑨ 협조성 ⑩ 리더십 ⑪ 사기 ⑫ 적극성 ⑬ 미래지향성 ⑭ 프로패셔널리즘 ⑮ 기획력 ⑯ 통찰력 ⑰ 주의력 ⑱ 분별력 ⑲ 솔직함 ⑳ 민첩성

이들 체크 포인트는 직종·직책에 따라 필요한 능력의 종류나 성격·수준이 달라지게 되는데 여하튼 이들 요소를 자신의 직무에 적용시켜 자신의 점수를 매겨보도록 한다. 그리고 자신의 실력(능력) 수준이 어느 레벨에 위치하고 있는가 또한 자신이 실력을 발휘할 수 있는 일은 무엇 무엇인가를 명확히 아는 것이 중요하다. 자기 실력의 차원(次元)을 높이고자 하는 일의 수적·양적의 질을 높여가는 것이 실무능력의 계발이다. 현재 자신의 질적 측면과 양적 측면을 잘 분석하여 자기실력의 한계를 알아야 한다. 그리고 그 한계를 극복하기 위한 부가가치노력이 중요하다.

다음으로는, 자신의 근무태도가 이대로 좋은가를 분석하도록 한다. 근무태도를 관찰하면 그 사람의 태반은 파악할 수 있다.

지각율, 조퇴율, 결근율의 세 가지 실적은 가장 중요한 평가요소이다. 이밖에 근무시간 내의 자리비우기, 잡담율, 다른 일처리 등은 타인(동료)들이 엄격하게 당신을 평가하는 요소가 된다. 따라서, 자신의 근무태도에 대해서는 자신의 생각이 아닌 타인의 눈으로 이와 같이 평가된다는 점을 자각하도록 한다.

이와 같이 근무태도는 좋든 나쁘든 당신이라고 하는 인간의 이미지를 떠올리게 하며 가령, 나쁜 이미지가 직장에서 정착되면 신뢰도에 치명적인 영향을 받게 된다.

다음으로는, 진지한 의욕이 있는가 없는가이다. 자신의 일에 대한 근로의욕의 강약을 측정한다. 자기자신이 보람이 없으면 의욕은 생기지

않는다. 자신의 사기가 낮은 경우는 왜 그러한가, 그 원인을 규명해야 한다. 가령, 능력이 충분히 있어도 직장에서 뭔가의 원인으로 사기가 꺾이면 그 사람은 능력을 발휘할 수 없게 된다. 의욕이 없을 경우, 이것이 만성화하면 성격화되어 버린다. 자신의 직무는 의기양양하게 임하는 자세가 중요하다. 모럴(사기)은 활력의 원천이기 때문에 모럴을 항상 높이도록 하는 비전이 중요하다. 실무능력계발은 높은 의지 속에서도 가장 큰 효과를 나타내게 되는 것이다.

다음으로는, 인간관계가 원만한가 어떤가는 직무 수행상 매우 큰 문제이다. 조직 속에서 타인과 함께 일하기 때문에 업무의 진행패턴은 팀웍이 된다. 인간관계가 원만하지 않는 경우는 원인이 무엇인가를 찾아내야 한다. 인간관계를 잘 유지하는데 필요한 협조성 · 설득력 · 리더십 · 성실함 · 아량 · 예의범절 · 언어사용 · 배려 · 사교성 · 명랑함 · 신뢰 등의 좋은 자질을 자기가 얼마만큼 숙달하고 있는가를 자기평가 하도록 한다.

또한, 반대로 인간관계가 서툰 나쁜 성격이 있으면 그 결점을 없애기 위한 자기계발을 해야 한다. 인간관계가 원만하지 못하면 결코 훌륭한 일은 불가능하다. 특히, 오해를 불러일으킬 언동과 감정에 치우친 언행이 있으면 깊이 반성해야 한다. 인간관계가 없는 일이라고 하는 것은 있을 수 없기 때문에 좋은 인간관계를 구축하는 것도 실무능력계발의 하나이다.

9. 자기업무의 고유권한을 파악한다

커뮤니케이션이 잘 되지 않는 것은 간부의 책임이다.
간부는 가장 어렵고 싫은 일의 선두에 서서 돌파구를 찾아야 한다.

간부는 부하 직원의 일까지 자신이 처리하지 않는 것이 좋다. 모든 일이나 업무는 숙련 과정을 통해 이루어진다. 간부는 부하 직원이 그런 과정에 도달할 수 있도록 조언 역할을 해야 한다. 그러나 부하 직원의 일이 서툴다고 모두 처리하면 부하 직원의 발전은 없다.

대체로 부하들로부터 불평을 사는 상사들의 공통된 약점은 다음과 같다. 판단과 지시에서 자신감이 없고 애매모호하며 불필요한 말과 지시를 남발한다. 큰일에 신경 쓰지 않고 세세한 일에만 집착하여 혼자서만 바쁘다. 그리고 책임을 지려고 하지 않으며, 잘못은 부하 직원에게 떠넘기려 하고 상사에게는 비굴하면서 아첨 떨기 바쁘다. 행동이 늦고 일의 타이밍을 잘 맞추지 못하며 뒷북치는 경우가 많다.

간부는 부하 직원에게 업무를 위임하면서 어떻게 처리할 것인지 예측할 수 있어야 한다. 또한 그 일이 그 직원에게 합당하고 능력을 발휘할 수 있는 일인지도 가늠해야 한다. 부하 직원의 능력의 한계를 넘어 무리한 업무를 지시한다든지, 능력에 비해 턱없이 낮은 일을 지시하는 경우는 없어야 한다. 이는 곧 간부가 부하 직원의 능력을 제대로 알지 못하는 데서 기인한 것이다.

어떤 부하 직원은 자기의 능력을 발휘할 기회가 왔다고 업무를 추진하다가 실패의 쓴맛을 볼지도 모른다. 하지만 간부는 이런 사태까지 대비하고 업무를 지시하는 치밀함을 갖추어야 한다.

특히 중요한 것은 부하 직원이 실패를 겪은 뒤 좌절할 위험은 없는지, 장애에 부딪치는 것은 아닌지 파악하는 것이다. 대부분의 부하 직원은 상사로부터 인정을 받고 싶어하는 강한 욕구가 있다. 그런 욕구를 간부들은 잘 인식하고 부하 직원에게 도움을 줄 일이 무엇인지 항상 염두에 두어야 한다. 특히 부하 직원과의 의사소통은 매우 중요하다. 부하 직원과의 대화는 사적인 일과 공적인 일을 명확히 구분해야 한다.

또 곤란에 처해도 좀처럼 말하지 않는 성격을 가진 부하도 있다. 그런 직원에게는 "곤란하다면 즉시 보고하라."는 것만으로는 부족하다. 업무에 대해 잦은 대화를 나누어 자신이 도와야 할 정확한 타이밍을 고려해야 한다. 커뮤니케이션이 잘 되지 않는 것은 부하의 책임이 아니라 간부의 책임이다.

업무의 보조도 일의 순서에 따라야 한다. 의존도가 강한 직원은 지나치게 도움을 주어서는 안 된다. 그렇다고 그런 부하 직원을 방치해서도 곤란하다. 무엇보다 일하기 좋은 환경을 만들어 주고 낙심하지 않게 용기를 주는 것이 필요하다. 어쨌든 부하 직원을 파악하는 능력이 없다면 제대로 부하 직원을 육성할 수 없으며 강한 신뢰를 유지할 수도 없다.

회사의 경영 스타일은 가지각색이다, 간혹 간부들이 부하 직원을 믿지 못하고 업무를 모두 처리해 버리거나 부하 직원에게 모든 것을 위임해 버리는 경우도 있다. 활기 없는 회사는 모두가 소극적이라 모험도 하지 않고 부하 직원은 물론 경영자와 간부조차 책임을 지지 않겠다는 경우도 있다.

미지의 세계에 부딪쳐 보지 않는다면 특별한 해결점을 찾을 수 없다. 따라서 보다 분위기를 조성하기 위해서는 부하 직원의 사기를 북돋아 주어야 한다. 난관에 부딪쳤을 때 부하 직원이, 간부만이 할 수 있는 일은 간부가 한다. 일이란 맡은 고유의 몫이 있는 것이다.

간부는 언제나 업무상 가장 어렵고 가장 싫은 것을 떠맡고 모든 일의 선두에 서서 돌파구를 찾아야 한다. 그러한 간부들만 있다면 부하 직원들은 모두 분발하여 업무 능력도 오를 것이다.

10. 자기 몸값 높이는 차별화 노력이란?

실무능력계발은 자신의 캐리어계발의 일환으로써 추진해야 한다. 캐리어는 일조일석에 쌓아지는 것은 아니다. 긴 세월에 걸친 노력의 축적이 그 사람의 캐리어가 된다. 따라서, 캐리어계발은 앞으로 자신의 이상(理想)을 추구해 가는 것이 기본이다.

최종적으로는 자기인생의 목적을 훌륭하게 성취하기 위한 플랜이기 때문에 최초의 시작에서부터 자신의 "생애 플랜"이 수립되지 않으면 안 된다. 따라서, 생애 플랜을 세우기 위해서는 다음의 4가지 단계를 밟는 것이 중요하다.

첫째는, 자기자신의 확고한 인생관을 확립하여 자신의 삶을 명확하게 설계하도록 해야 한다. 즉, "내 인생에서 무엇을 추구하고, 무엇을 성취할 것인가?"를 생각하고 앞으로 자신이 가야 할 장래의 모습을 확실하게 마음 속에 새겨 두도록 한다. 그렇게 하면 자신 스스로 자기 인생의 목적이 분명하게 보이게 된다. 확고한 인생관을 가지고 자신의 삶을 영위하지 못하는 사람에게는 인생비전을 발견할 수 없다.

둘째는, 자신의 적성을 정확하게 파악하여 자신에게 맞는 직종을 선택하여 이것을 육성해야 한다. 즉, 전문분야를 선택하여 "이것이야말로 내 일이다!"라는 자신감을 갖고 일에 매진하는 것이 성공으로의 지름길이다. 이 길 밖에 없다고 하는 삶이 곧 캐리어계발의 정공법이다. 물론, 전문분야를 깊게 탐구하여 가는 과정에서 그것에 관련한 여러 가지 관련분야에 대해 공부하고 체험해 보는 것이 중요하다.

세 번째는, 라이프 사이클에서 본 생애 플랜을 세우는 일이다. 인간의 성정과정에는 대나무(갈대)와 같이 몇 개의 굴절이 있다. 따라서 자기인생을 20대, 30대, 40대, 50대의 네 가지 연대별로 구분하여 생애 플랜을 세워 제 각기의 연령대에서 자신은 어디까지의 수준까지 향상할 것인가의 구상을 설계해 본다. 이렇게 하면 실무능력계발을 시작하려고 생각하는 경우에 흔히 자신의 나이를 의식하는 사람이 많은데, 자신을 계발한다고 하는 측면에서 볼 때 연령이란 그다지 관계가 없다고 본다. 오히려 그와 같은 소극적인 생각이 문제이다.

어느 유명한 의사는 이렇게 말하고 있다.

"30대에 건강하고 싶다면 20대에 단련하십시오. 40대에 건강하고 싶다면 30대에 절제하십시오."라고 말했다.

실무능력계발은 이 가르침과 진정 동일하다고 본다. 장래 자신의 캐리어계발을 위해서는 차별화 노력을 계속해야 한다.

니체는 말하기를, "과거를 풍요롭게 해야 미래를 낳는 것, 이것이 나에 대한 현재이다."라고 말하고 있다.

네 번째는, 장기계획을 세우는 일이다. 적어도 5년 앞의 구체적인 플랜을 세우도록 한다. 5년 앞에는 자기자신을 어디까지 높여갈 것인가를 생각하면서 플랜을 세운다. 그리고 우선 "제1차 실무능력계발 5개년 계획"을 세우도록 한다. 물론, 3년 계획도 좋다. 제1차 5개년 계획을 세울 때 제2차, 제3차 5개년 계획의 구상도 세워 보면 자신도 모르게 의욕이 생기는 것을 느낄 수 있다. 이때는 무엇보다 이해득실만을 지나치게 생각하지 말아야 한다. 작은 것을 얻고자 하는 사람은 큰 것을 잃게 된다. 따라서, 큰길을 향해 달려야 성공한다. 일시적인 타산은 영원한 손실을 입는다고 생각해야 한다.

제1차 5개년 계획을 세우면 다음에는 그 범위 내에서 단기계획을 세운다. 통상적으로는 1개년 계획을 세운다. 또한, 세운 계획을 추진해가는 과정에서 상황과 환경의 변화가 발생할 때는 필요에 따라 계획내용과 전략전술을 수정해 갈 필요가 있다. 이 경우에 원칙적으로 방법은 바꿔도 목적(목표)과 의지를 바꿔서는 안 된다. 어디까지나 초지일관·초지관철이 중요하다. 또한, 5개년 계획을 세운 경우에는 늦어도 4년째에 접어든 시점에서는 다음의 "제2차 5개년 계획"에 착수하도록 한다.

6장

자기계발은 자신이 해야 성공한다

1. 남모르게 자기계발해야 차별화할 수 있다

모든 인간은 갈망하는 동물이다. 나아지려고 하고 더 잘 살려고 한다. 그러므로 본질적으로 자신의 과거와 경쟁하는 동물이다. 자기계발은 이런 갈망에 대한 자기투자를 의미한다. 필자가 보기에 좋은 자기계발서는 세 가지 공통적인 특성을 가지고 있는 것 같다.

하나는 '자신에게 가장 자기다운 것을 찾도록' 도와 준다. 만일 '마음만 먹으면 무슨 일이든 다 잘할 수 있다.'고 주장하는 자기계발서가 있다면 경계해야 한다. 우리는 모든 것을 다 잘할 수 없다. 그러나 어쨌든 사람이기 때문에 '내'가 할 수 있는 것이 따로 있다. 그것이 무엇인지 모색하고 발견하고 계발하는 것이 자기계발의 과정이다. 따라서, 책을 읽고 '나의 차별성'에 대한 고민의 깊이를 더할 수 있게 도와 준다면 좋은 자기계발서라 할 수 있다.

둘째, 좋은 자기계발서는 반드시 '인간에 대한 이해'를 바탕으로 출발한다. 대세와 주류에 편승하고 유행에 영합하고 자신을 소개하여 다른 사람들이 세상을 보는 관점에 순응하는 값싼 처세술을 자기계발로 생각해서는 안 된다.

사과와 배는 우열을 비교할 수 없다. 그저 다를 뿐이다. 다르기 때문에 세상에 대한 자신만의 '유일한' 가치가 있는 것이다. 자기계발의 코드는 그러므로 '타자와의 경쟁이 아니다. 오히려 '다른 사람과의 공존과 보완'이라는 인간관계를 지향한다. 자신의 삶뿐만 아니라 다른 사람의 삶에 대한 이해를 가정한다. 인간에 대한 이해가 부실한 자기계발서는 나와 다른 사람과의 관계를 '경쟁' 관계로 왜곡하고 악용될 수 있는 소지를 제공할 수 있다는 점에서 대단히 유해하다.

셋째, 지나치게 구체적인 방법론과 테크닉에 치중한 자기계발서는 권하기 어렵다. 왜냐 하면 '효율성은 창조성의 적'이라는 점을 명심해야 한다. 원칙은 변하지 않는 것이지만 늘 변해야 마땅한 것이 바로 방법론과 테크닉이다. 스탠더드를 정해 마치 지켜야 할 법칙처럼 나열하고 강조하는 것을 친절한 구체성으로 받아들여서는 안 된다. 참고할 사례와 자료는 제공하되 자신에게 맞는 새로운 방법을 스스로 터득하고 만들어내는 것을 도와 주는 자기계발서가 좋은 것이다.

덤으로 본인이 꼭 준수하는 원칙 하나. 좋은 책은 좋은 사람과 같다. 그 사람과 같이 있어 내가 더 나은 사람처럼 여겨지면 그 관계는 좋은 관계다. 책도 그렇다. 그 책을 보고 내가 더 좋은 생각을 깊이 할 수 있게 됐다면 그것만큼 '최상의 자기계발서'는 없다.

2005년에는 새로운 사람으로 거듭나고 싶은가. 당신의 삶을 바꾸고 싶은가.

미국의 시사주간지 US뉴스&월드리포트 최신호(27일자)가 '2005년 당신의 인생을 개선하는 50가지 방법'을 특집 커버스토리로 소개했다. "지속 가능한 변화를 달성하기 위해선 작은 것부터 시작하고 현실적인 계획을 세우는 것이 가장 중요하다."면서, 변화를 꿈꾸는 중년들을 위해 각계전문가들의 조언을 토대로 50가지 방법을 제안했다.

① 우선순위를 세운다.
② 명상을 시작한다.
③ 옷장을 비운다.
④ 필요 없는 물건은 과감히 버리거나 남에게 준다.
⑤ 앨범을 정리한다.
⑥ 옷과 소지품을 계절별로 정리수납한다.
⑦ 잡동사니를 정리한다.
⑧ 주거환경을 바꾼다.
⑨ 가사노동에서 잠시라도 해방돼 내 시간을 갖는다.
⑩ 성공지향주의를 버린다.
⑪ 독서 등으로 두뇌를 자극한다.
⑫ 화초를 기른다.
⑬ 놀이에 취미를 붙인다.
⑭ 젊은 문화에 관심을 갖는다.
⑮ 독서량을 늘린다.
⑯ 성생활을 활성화한다.
⑰ 재정상태를 점검한다.
⑱ 가정 비용을 줄인다.

⑲ 투자를 다각화한다.

⑳ 크레디트 카드 사용을 끊는다.

㉑ 재정적으로 최악의 상황에 대비한다.

㉒ 신용도를 관리한다.

㉓ 자연재해 등에 대비한 비상계획을 세운다.

㉔ 전화번호, 주소록 등 각종 자료를 정리한다.

㉕ 영수증 등 서류를 정리한다.

㉖ 반신욕을 한다.

㉗ 숙면을 취한다.

㉘ 금연한다.

㉙ 식사를 조절한다.

㉚ 신선한 과일을 먹는다.

㉛ 흰빵, 흰쌀 등 식탁에서 흰색을 없앤다.

㉜ 청량음료를 끊는다.

㉝ 패스트푸드는 끊고 건강식을 먹는다.

㉞ 결혼한다.

㉟ 야채섭취를 늘린다.

㊱ 가벼운 부상을 조심한다.

㊲ 자동차 운전을 조심한다.

㊳ 가스사고에 대비해 실내경보기를 단다.

㊴ 크레디트 카드, 영수증을 철저히 관리한다.

㊵ 집안의 각종 벌레를 박멸한다.

㊶ 야외활동을 늘린다.

㊷ 치아건강을 관리한다.

㊸ 매일 스트레칭 체조를 한다.

㊹ 발에 맞는 신발을 신는다.

㊺ 매일 최소 10번 심호흡을 한다.

㊻ 비타민을 복용한다.

㊼ 철학서, 철학강좌 등에 관심을 가져본다.

㊽ 봉사활동을 한다.

㊾ 외모를 바꾼다.

㊿ 용서한다.

2. 자기계발을 통한 직장인의 생존전략

출발점에서는 개개인의 능력에 결정적인 차이가 없을 것이다. 그러나 이 외부의 바람에 어떻게 대처하느냐에 따라 결과는 확연히 달라진다.

비즈니스세계에서 이류나 삼류인 사람은 처음부터 바람을 피해 간다. 처음부터 승부를 체념하는 것이다. 또 어느 정도까지는 참아 낸다 해도 언젠가는 바람에 날려 꺼져 갈 운명이다. 그것을 실력이 부족한 탓도 있지만, 바람을 받아 내는 방법을 모르는 데서 그 원인을 찾아볼 수 있다. 그러나 일류인 사람들은 외압을 장애로 보지 않고, 오히려 자기를 성원하는 것이라고 생각하며 투지를 불태운다. 그와 동시에 바람을 과학적으로 이용하는 방법도 알고 있다.

비행기나 고속열차의 앞부분은 바람의 저항을 줄이기 위해 유선형이라는 점을 상기하자. 평상시 '성공전략'인 직장매너가 비상시에는 '생존전략'이 된다. 친절교육 전문기관인 '서비스매너연구소' A소장은 각 직장을 돌며 참매너를 가르치고 있다. 그는 "직장 선후배, 동료 및 고객과의 원만한 관계를 유지하도록 도와 주는 것이 매너교육"이라면서 "좋은 매너야말로 IMF 시대에 살아 남기 위한 필요조건"이라고 말한다.

◆ 표정관리를 잘한다

인사하기 전후 또는 대면할 때와 돌아설 때의 표정이 갑자기 달라지면, 표리부동한 느낌을 주기 쉽다. 2~3초 이상 미소 띤 표정을 유지하도록 한다.

◆ 부름에 신속히 반응한다

윗사람이 부르면 앉았다가도 일어서서 주목하는 태도를 보인다. 정지된 모습보다 가볍게 다가서며 반응한다. 동료가 말을 걸면 눈동자나 얼굴만 돌리지 말고 몸을 돌려 정면으로 대한다.

◆ 먹기 전에 권한다

점심 식사, 음료수 등 먹는 문제가 걸리면 윗사람이나 동료에게 두세 차례 권한다. 회식자리에서 상사가 수저를 들기 전에 기본 상차림에 손대는 것은 금물이다.

◆ 퇴근 시 인사한다

상사보다 먼저 퇴근하려 할 때는 직접 이유를 설명하여 양해를 구한다. 다른 사람을 통해 말을 전하거나 슬그머니 빠져 나가지 않도록 한다.

한 예로, 직장에서 본인이 희망하는 지위를 얻어 큰 책임을 떠맡아 그 일을 성공적으로 완수했을 때의 달성감이나, 부하 인재를 육성하여 정예화시킴으로써 맛볼 수 있는 성취감도 성공의 한 단면이라고 말할 수 있다. 이런 점에서 성공이란 물질적인 성공이든 정신적인 성공이든, 그것이 일시적이 아닌 전 인생을 통하여 계속적으로 풍요롭고 충실한 생활을 보장해 주는가 아닌가의 여부에 달려 있다고 볼 수 있다.

"성공이란 마음먹기에 달려 있다!"고 하는 이야기가 있다. 이 말은, 성공을 위해서는 성공하기 위한 '자기 프로그램'을 만들어 끈기 있게 추진하며 도전해야 한다는 의미와 같다. 이는 곧 성공하기 위한 조건은 자기자신이 창조해야 한다는 뜻이다.

① 평생직장은 없다. 평생직업에 충실하라.
　어느 회사에 다니는가보다는 어떤 일을 할 수 있는가가 중요하다.
② 살아 남으려고 애쓰지 말라.
　조기퇴직, 고용조정 같은 칼바람은 일회성이 아니다. 전문성을 키우는 게 상책이다.
③ 자기 몸값은 스스로 챙겨라.
　직장인은 프로 운동선수와 같다. 능력이 떨어지면 감봉이나 방출도 감수해야 한다.
④ 회사보다 자신을 사랑하라.
　인생의 목표를 뚜렷이 세워 일에 대한 성취감을 높여라.
⑤ 연(緣)에 의존하지 말라.
　혈연, 학연 같은 거품이 장래를 보장하던 시대는 지났다.
⑥ 일을 적게 하라.
　곰지락거리며 일을 늘려 하거나, 중요하지 않은 일에 과도한 정성을 들이지 말라.
⑦ 맹목적인 충성심을 버려라.
　자신의 장래를 회사에 내맡기고 무작정 잘 되겠지 하는 소극적인

태도는 버려라.

⑧ 한눈을 팔아라.

　급변하는 시대에는 '멀티탤런트'가 조직에서 필요한 존재이다.

⑨ 안에서 놀지 말고 나가서 놀아라.

　'방안풍수'가 되지 말고 넓은 세계와 접하라.

⑩ 원리원칙대로 일하지 말라.

　원리원칙만 중시하는 '매뉴얼주의'에 빠져서는 창의성을 키울
수 없다.

*인생을 두려워하지 말라. 인생을 살 가치가 '있다'고 믿으라. 그대의
그러한 믿음은 그 사실을 창조하는 데 도움을 줄 것이다. – W. 제임스*

▶ 사회활동

• 혼자 있는 시간을 최소로 줄인다.

• 퇴직 사실을 빨리 주위에 알린다.

• 과거의 직함을 잊고 앞으로 불리고 싶은 호칭을 정한다.

• 경력과 능력이 담긴 명함을 새로 찍는다.

• 오전 10시에 동창, 군대친구, 전 회사 동료 등 '직장 있는' 사람 2
명과 점심 약속을 정한다.

• 경조사를 챙긴다.

▶ 능력배양과 정보수집

• 컴맹이라면 워드프로세서나 윈도우를 익히고 컴퓨터통신과 인터
넷 사용법을 배우며, 타자능력을 높인다.

• 한 가지 외국어를 새로 시작한다.

- 신문을 광고까지 숙독하고 도서관 등을 활용해 취업 · 창업 정보를 모은다.
- 손쉬운 자격증을 따둔다.

▶ 외모와 건강
- 정상체중의 2kg 내외에서 벗어나지 않도록 몸무게를 자주 잰다.
- 자주 목욕하고 매일 면도한다.
- 등산, 산책, 줄넘기 등 운동을 매일 한다.
- 와이셔츠는 다려 입고 점퍼나 파카 차림은 피한다.

3. 유머감각과 웃음도 자기계발이다

성공하는 경영자가 되려면 반드시 갖춰야 할 덕목의 하나가 바로 풍부한 유머감각을 키우는 것이다. 누군가를 설득하고 이끌어야 할 위치에 있는 사람에게 유머는 소중한 자산이다.

아날로그 시대에는 권위 하나로 많은 사람을 거느리고 경영을 쉽게 했지만 디지털 시대의 최고 경영자는 급변하는 경영환경에 신속하게 적응할 수 있는 유머감각이 풍부해야 성공할 수 있다.

유머는 여유 있는 마음과 유연한 생각을 하는 사람에게서 나온다. 유머는 사람이 살아가는데 참으로 좋은 청량제이며, 그 소재를 찾아 내는 것도 능력에 속한다.

처음 만나는 사람과 사업 이야기부터 꺼내는 것은 어딘지 모르게 분위기가 너무 딱딱하고 어색하다. 잘 모르는 사람과 이야기할 때는 정치, 종교, 인종문제처럼 민감한 것은 삼가는 것이 좋다. 이해(利害)관계

없는 아주 가벼운 소재로 시작하여 어느 정도 분위기가 무르익었다 싶으면 본론으로 들어간다.

필자의 경험으로는 상대방의 취향을 미리 파악해 두는 것이 좋다. 스포츠, 음악, 문학, 영화, 연극 등 우리 주변에서 자주 접할 수 있는 각종 문화행사와 연관시켜 상대방이 관심을 갖고 있는 분야에서 화두를 이끌어 내면 비즈니스를 부드럽게 할 수 있다.

요즘처럼 골프가 나날이 대중화되고 있을 때 골프 유머만큼 우리를 편하게 해 주는 화두는 없다. 그래서 신은 인간에게 골프라는 아주 값비싼 스포츠를 내려 준 것이다. 골프장에서 가끔 필자는 동반자를 웃기며 분위기를 바꾸는 데 이용하는 유머를 소개한다. 이른바 'Y담'도 자주 동원한다.

퍼팅할 때 'Never Up Never In'이라는 말이 있다. 다다르지 않으면 들어가지 않는다는 뜻이다. 필자는 이 말을 '불기불립 불립불입(不起不立 不立不入)'으로 번역한다. '세우지 않으면 서지 않고, 서지 않으면 들어가지 않는다.'는 것이다.

공부든 컴퓨터든 혼자서 하면 늦게 배워지고 누군가에 의하여 도움을 받으면 쉽게 깨우쳐진다. 골프도 혼자서 연습하면 늦게 깨닫고 다른 사람이 원포인트 레슨이라도 해 주면 빨리 배워진다. 경영에서도 갈등과 긴장이 생기면 유머로 풀어 준다. 직설적인 지시보다 유머로 우회하는 것이 훨씬 좋다. 언제 어디서나 분위기에 어울리는 유머를 구사할 수 있는 사람이라면 그는 사업이나 인생에서 이미 절반은 성공한 것이다.

다음은, 웃음 십계명에 대해 기술해 본다.

① 크게 웃어라 : 크게 웃는 웃음은 최고의 운동법이며 매일 1분 동안 웃으면 8일 더 오래 산다. 크게 웃을수록 더 큰 자신감을 만들어 준다.

② 억지로라도 웃어라 : 병은 무서워서 도망간다.

③ 일어나자마자 웃어라 : 아침에 첫 번째 웃는 웃음은 보약중의 보약이다. 3대가 건강하게 되며 보약 10첩보다 낫다.

④ 시간을 정해 놓고 웃어라 : 병원과는 영원히 바이 바이(bye bye)다.

⑤ 마음까지 웃어라 : 얼굴표정보다 마음표정이 더 중요하다.

⑥ 즐거운 생각을 하며 웃어라 : 즐거운 웃음은 즐거운 일을 창조한다. 웃으면 복이 오고 웃으면 웃을 일이 생긴다.

⑦ 함께 웃어라 : 혼자 웃는 것보다 33배 이상 효과가 좋다.

⑧ 힘들 때 더 웃어라 : 진정한 웃음은 힘들 때 웃는 것이다.

⑨ 한번 웃고 또 웃어라 : 웃지 않고 하루를 보낸 사람은 그날을 낭비한 것이나 마찬가지다.

⑩ 꿈을 이뤘을 때를 상상하며 웃어라 : 꿈과 웃음은 한집에 산다.

4. 자기계발 안 하면 빨리 늙는다

◆ '가사-일' 슈퍼우먼이 되려고 하지 마라

전업주부였던 여성이 직장생활을 시작하면 예전보다 가사에 소홀해지게 마련이다. 가족이 아내나 어머니가 예전만큼 집에 신경을 안 쓴다고 서운해 하면서 갈등이 생길 수도 있다. 따라서 주부들이 성공적인 직장생활을 하기 위해서는 먼저 가족에게 충분한 이해와 동의를 구할 필요가 있다.

집안일과 회사 일을 분리해 처리하는 것도 중요하다. 둘 다 잘하려다 보면 직장에서는 가정일을, 가정에서는 직장일을 걱정하게 될 때가 많다. 그러나 사회는 냉정하다. 사생활 때문에 업무를 소홀히 하는 것을 너그럽게 이해해 주는 기업은 없다. 회사 책상에 앉아서까지 걱정되는 집안일이 있다면 차라리 휴가를 내 처리하는 것이 좋다.

◈ 가정-일-나이 따른 경력플랜을 세워라

나이에 구애받지 않고 노년까지 일할 수 있는 전문직을 찾는 주부가 늘고 있다. 하지만 전문직은 경력에 따라 능력을 인정받고, 수입이 늘어나기 때문에 처음에는 어려운 일이 한두 가지가 아니다. 출장요리사나 웨딩플래너 같은 프리랜서의 경우 스스로 활로를 개척해야 하기 때문에 꾸준히 자기를 관리하고 자신감을 갖지 못하면 좌절하기 쉽다.

취업정보업체 잡링크(www.joblink.co.kr)의 한현숙 사장은 "무작정 열심히 하겠다는 생각보다는 일, 가정, 나이 등에 따른 스스로의 인생 계획과 경력플랜을 짜놓는 것이 좋다."고 충고한다. 2년 후나 5년 단위로 장기적인 목표를 세우고 현재 위치의 나와 비교해 계속 스스로를 업그레이드하라는 것.

◈ 인맥이 재산… 나만의 정보원을 만들라

다양한 인간관계만큼 큰 자산은 없다. 점심 시간 등을 이용해 되도록 많은 사람을 만나려고 노력하면서 폭넓은 인적 네트워크를 형성하는 것이 바람직하다. 주부라는 특성을 살려 주위 사람들을 알뜰살뜰하게 챙겨 주는 것도 신뢰감을 높이고 인맥을 쌓을 수 있는 좋은 방법이다. 단순히 아는 사람을 많이 만드는 것보다는 유용한 정보를 서로 주고받을 수 있는 '나만의 정보원'을 만들기 위해 노력해야 한다.

◈ 인내심 갖고 업무해결능력 키워라

업무에서 실력을 보여 주는 것만큼 당당한 성공전략법은 없다. 이 중에서도 '문제해결능력'이 강조되고 있는 데 상당수 여성은 문제가 발생하면 감정적으로 받아들이는 경향이 있어 자칫 해결방법을 찾기 어렵다. 또 주부들은 대부분이 3, 4년 경력 공백이 있기 때문에 경력을 제대로 인정받지 못하거나 신입에서부터 다시 시작해야 하는 경우가 적지 않다. 전문가들은 "결혼 전 직위나 근무조건에 연연하지 말고 일단 직장을 잡아서 경력을 쌓은 뒤 전직을 생각하는 것이 현실적"이라고 말한다.

자신보다 경력도 적고 나이도 어린 사람을 상사나 선배로 모셔야 하거나 원하지 않는 부서로 발령이 나더라도 우선은 따르고 그 안에서 의미를 찾아보라는 것, 그리고 그 일이 나에게 맞지 않는다고 해도 6개월은 버텨 보겠다는 강한 의지가 필요하다.

자신의 지식과 정보를 얼마나 상대방에게 잘 전달하는가 하는 프레젠테이션 능력도 점점 중요해지고 있다. 회의 때 자리도 가능하면 끝자리나 구석진 곳보다는 가운데 앉아 자신의 의견을 제시하는 것이 좋다.

5. 최근, 한국 직장인들의 자기진단 · 위기관리 실태

국내 대기업의 중견 직장인 10명 중 4명은 '인맥 및 사회네트워크 부족'을 자신의 직장 생활 최대 약점으로 꼽았다.

한국경제신문이 11일 10개 우량 대기업의 중견 직장인(차장~초급 임원) 3백 19명을 대상으로 벌인 설문조사 결과 응답자의 39.8%(복수응답)가 이같이 답했다. 이는 직장인 상당수가 여전히 이른바 '백(뒷배경)'을 직장생활 유지에 가장 중요한 요소로 여기고 있다는 것이어서 주목된다. 나머지는 '도전의식 부족(29.5%)', '나태(21.3%)', '건강(18,9%)' 등의 순이었다.

해외이민을 떠날 의향이 있느냐는 설문에는 22.5%가 '있다' 고 답했으며 '상황에 따라 판단하겠다.' 는 답도 40.2%에 달했다. 이민 갈 생각이 '없다' 는 응답은 37.3%에 그쳤다. 응답자들은 이민을 생각하는 이유로 자녀교육(35.9%)을 첫 손가락에 꼽았고 과밀화에 따른 스트레스(25.1%), 경제적 안정(15.5%) 등의 순서로 응답했다. 또 향후 경기전망에 대해서는 59.8%가 '최악의 상황은 벗어났지만 좋아지기도 어려울 것' 이라고 답했고 '바닥을 치고 상승할 것이다.' 라는 응답은 36.9%였다. '불황의 골이 더욱 깊어질 것' 이라고 답한 비율은 3.3%에 불과해 경기가 더 이상 나빠지지는 않을 것으로 보는 의견이 지배적이었다.

부동산 경기에 대해서도 65.2%의 응답자가 '점차 살아날 것' 으로 내다봤다. 설문에는 삼성전자, 현대자동차, LG전자, 포스코, SK(주), 삼성SDI, 현대모비스, LG화학, 대한항공, 대우조선해양 등 10개 회사 중견 간부들이 응답했다.

한국경제신문이 실시한 설문 조사의 주요 대상은 40대가 61.5%, 30대 후반이 27.0%로 압도적 다수를 차지한 가운데 소득별로는 연봉 4천만 원 이상이 80.7%에 달했다. 경제적으로 비교적 여유가 있고 직장 내에서도 안정된 지위를 갖고 있는 간부들이다. 하지만 자신의 실질적인 직장 정년을 묻는 설문에 '45세 이상 50세 미만' 은 42.6%, 45세 미만은 8.2%로 나타나 절반 이상이 50세를 넘어 회사를 다니기 어려울 것으로 내다봤다. '55세 이상' 은 2.9%에 불과했다. 중견 간부를 대상으로 한 조사였음에도 불구하고 '장차 CEO가 되기를 원하지 않는다.' 는 응답 비율이 39.3%로 의외로 높게 나온 것도 이 같은 조기퇴직과 무관치 않은 것으로 분석된다.

LG화학의 한 관계자는 "임원이 돼도 언제 그만둘지 모르는 판에 감히 CEO를 꿈꿀 수 있겠느냐."면서 "직장생활의 눈높이를 현실적으로 조정한 데 따를 것"이라고 설명했다.

이들은 자녀에 대한 사교육비로 43.3%가 월 평균 '50만 원 이상 1백만 원 미만'을 지출하고 있다고 대답했다. 다음은, 50만 원 미만(34.9%), 1백만 원 이상 2백만 원 미만(17.6%), 2백만 원 이상(4.2%) 등의 순으로 응답했다.

이에 따라 과도한 사교육비 부담을 덜고 자녀들의 조기 유학을 위해 세칭 '기러기 아빠(아내와 자녀들을 해외로 보낸 뒤 국내에서 번 돈을 보내 주는 사람)'가 될 용의가 있느냐는 질문에 21.7%의 응답자가 '상황에 따라 판단하겠다.', 18.9%가 '그렇다.'고 대답했다. 10명 중 4명 이상이 기러기 아빠가 될 각오를 하고 있는 셈이다. 포스코의 한 관계자는 "조기유학 바람이 불면서 이미 적지 않은 동료들이 기러기 아빠 신세가 돼 있다."면서 "술자리에서도 흔하게 나오는 얘기"라고 말했다.

응답자들은 향후 '해외이민을 갈 생각이 있느냐?'는 설문에는 더욱 적극성을 보였다. '기러기 아빠가 싫다.'는 응답은 57.0%에 달했지만 '이민을 갈 생각이 없다.'는 대답은 37.3%에 그쳤다. 이민을 검토하고 있는 가장 큰 이유 역시 자녀교육문제였다.

국내 경제가 최악의 상황을 벗어났다는 의견이 지배적인 가운데 대기업 간부들은 향후 경기를 낙관하는 이유로, 주요 기업들의 글로벌 경쟁력(45.2%), 각 경제 주체들의 분발(30.3%), 정부의 경기부양의지(24.5%) 등의 순으로 대답했다.

"생활비 하고 남은 월급은 저축하거나 주식투자하는 데 쓰지만 목돈이 생기면 부동산을 사는 데 활용하겠다."

이번 조사에서 파악된 대기업 중견 간부들의 여윳돈 투자방식이다. 직급에 따라 차이가 있지만 생활비 보험료 자녀교육비 대출상환금 등을 공제하고 남는 월 평균 여윳돈은 대략 50만~2백만 원 수준. 50만~1

백만 원이 42.2%로 가장 많았고, 1백만~2백만 원이 23.0%로 뒤를 이었다. 2백만 원 이상도 13.3%에 달했다. 이들은 여윳돈을 주로 은행에 예금(42.6%)하거나 주식투자(32.0%)하는 데 쓴다고 답했다. 부동산 투자는 18.9%에 불과했다.

주식에 투자할 경우 간접투자(34.4%)보다는 직접투자(65.6%)방식을 선호한다고 답변했다. 투자 규모는 3천만 원 이하 소액 투자(73.8%)가 대부분을 이뤘다. 하지만 "목돈 1억 원이 생기면 어디에 투자하겠냐?"고 물었더니 절반 이상(59.8%)이 "부동산을 사겠다."는 답을 내놓아 소액 위주의 여윳돈 운용 방식과는 차이를 보였다.

부동산 경기침체에도 불구하고 많은 중견간부가 "큰돈을 굴리는 데는 역시 수익성과 안전성을 겸비한 부동산이 제격(현자동차 A임원)"이라고 인식하고 있기 때문인 것으로 풀이된다. 실제 이들은 부동산에 투자하는 이유로 '시세차익'(43.8%)을 가장 많이 꼽았다.

삼성전자 A부장은 "생활비와 자녀교육비에 쏟아 붓고 남은 월급은 대부분 저축한다."며 "이렇게 수년간 저축한 돈과 연말 성과급 등을 합쳐 여윳돈이 3억~4억 원정도 되며 부동산을 사는 데 쓸 계획"이라고 말했다.

6. 자기계발, 나를 새로 창조하라

"명예퇴직 후 처음에는 막막했지요. 그래서 영어공부를 시작했고…. 하지만 이제는 어떤 일이 있어도 해 낼 수 있을 것 같아요."

김용년 한국도시개발 이사(57 · 전 국민은행 지점장)가 얘기하는 자신감이다. 그는 국민은행이 3일 서울프라자호텔에서 퇴직 점포장 등

300여 명이 참석한 가운데 실시한 희망퇴직(명예퇴직) 환송식 행사에서 약 30분에 걸쳐 '제2인생 성공사례'를 주제로 강연했다.

김 이사는 정든 직장을 떠난 후 방황했던 시절 회고, 한식당 지배인으로 제2인생을 시작할 때 느낀 막막함 등 98년 이후 7년간 세월을 진솔하게 얘기해 은행 후배들로부터 뜨거운 박수를 받았다.

김 이사가 명예퇴직한 시기는 외환위기 한파가 극심했던 98년 1월 20일. 신제주 지점장으로 안정된 생활을 누리다 50세에 제2인생에 성공해야 한다는 위기를 맞은 셈이다. 명퇴 후 첫 선택은 영어 배우기. 신세 한탄만 하다가는 영영 인생 낙오자가 된다는 생각에 자기계발 차원에서 매달렸다. 영어는 세계 언어니까 직업에 관계없이 배워야 한다는 믿음도 작용했다.

"오전 7~12시 강남 정철영어학원에 갔다가 오후 3시부터 1시간 반 동안 미군 장교 부인에게 개인교습을 받았지요. 저녁 6시 30분부터 3시간 동안 연세어학당에서 공부했습니다. 하루 내내 영어만 한 셈이지요. 낮에 왔다갔다하면 이웃에게 창피하니 외출하려면 새벽에 나가 저녁 늦게 오라는 집사람 엄명(?)도 있었어요."

98년 3월 말에는 매일경제신문에서 '서울대 경영대 증권·금융연구소'가 주최하는 명퇴 금융기관 임직원 단기금융과정 모집공고를 보고 당장 달려가 2개월간 교육과정을 우수한 성적으로 수료했다.

그는 99년 8월에는 캐나다 캠룹스라는 소도시에서 있는 UCC대학으로 혼자 연수(1년)를 떠났다. 부인은 "오십대에 무슨 공부냐, 애들이 가야지 당신이 간다면 웃는다."며 말렸지만 본토 영어와 부딪혀 보고 싶다는 그의 의지는 꺾지 못했다. 그는 어학연수 수속도 부인 몰래 했다.

"99년 12월인가 집사람이 캐나다로 왔어요. 결혼 25주년 기념으로요. 집사람이 내가 영어로 잠꼬대 하는 걸 듣더니 투자 잘했다고 하더라고요. 캐나다에서 2,500만 원가량 썼지만 전혀 아까운 줄 몰랐어요."

하지만 김 이사의 첫 직장은 영어와 거리가 멀었다. 2000년 10월에 강남 한정식집인 '한우리' 지배인으로 간 것이다. 추천은 과천지점 차장으로 있을 때 같이 근무했던 이종호 지점장이 해줬다.

김 이사는 "지배인 제의 받고 이틀 정도 고민했지요. 그러다가 마음 고쳐먹고 일하기로 했습니다. 6개월 정도 근무했더니 사장님이 본사 관리부장을 시켜 줬어요. 그래서 2년 정도 일했지요. 지금도 한우리 출신 직원들 모임인 한우회 회장을 맡고 있으며 분기에 한 번씩 모임을 갖고 있습니다."

그는 한우리 근무시절 영어 실력이 나날이 줄자 공부를 하겠다는 마음으로 사표를 제출해 집에서 한바탕 큰 소동이 벌어지기도 했다. 그해 12월 해프닝으로 끝난 일이 있었다. 신제주 지점장 할 때 알았던 당시 고장권 제주대 총장이 2003년 신학기 때 탐라대 총장으로 내정되면서 사무국장으로 그를 지명한 것이다. 하지만 설 전날 취임을 안 한다고 알려와 새로운 꿈을 접어야 했다. 그는 여기에 실망하지 않고 그해 2~8월 영어전문통역학교를 다녔다. 지금도 새벽에 1시간, 오후에 시간이 나면 2시간씩 영어에 매달리고 있다.

김 이사는 2003년 9월 한 후배 소개로 현 직장인 한국도시개발에 입사했다. 직급은 차장에 월급도 굉장히 적었다. 능력이 검증되지 않았다는 게 이유였다. 자존심이 상했지만 건설업에 다시 도전한다는 마음으로 근무했다. 그 후 평촌 오피스텔 프로젝트의 중도금 대출 250억 원을 승인 받는 등 능력을 인정받아 2004년 2월 부장도 거치지 않고 바로 이사가 됐다. 재경센터 이사로서 그의 업무는 건설 시행사들이 사업계획서를 가지고 오면 검토한 후 은행에서 돈을 빌리고 이를 토대로 집을 지어 분양하는 것이다.

김 이사는 "은행 경험을 살려 고객 입장에서 일을 하는 셈이지요. 올해 회사에서 외국에 진출할 계획이 있는데 그 동안 배운 실력을 발휘할 기회가 올지 모르겠습니다. 그렇게 되면 정말 꿈은 이뤄진다는 게 맞게 되는 겁니다."라며 웃었다.

그는 3일 행사에서 명퇴하는 후배들에게 실천해야 할 항목 9가지를 꼽았다. 건강, 자기계발, 근황 알리기, 긍정적 사고, 눈높이 낮추기, 겸손, 외모 가꾸기, 깔끔한 정장 차림 등이 그것이다.

"건강은 기본 중 기본이에요. 자기계발은 이득이 생길 수 있는 분야에서 해야 하고요. 명퇴자들은 자신을 숨기고 살아가기 일쑤인데 근황을 친구에게 알려야 소개할 기회가 왔을 때 연락이 됩니다. 외모 가꾸기도 기본이지요. 나는 지금도 머리 염색은 기본으로 하고, 일주일에 한 번씩 얼굴 마사지를 받지요."

김 이사는 자기 얘기를 듣고 후배들이 용기를 얻었으면 한다고 말했다.

▶ 명퇴자에게 당부하는 9가지 생활수칙
① 건강은 가장 먼저 챙겨야 한다.
② 자기계발을 하되 경제성이 있어야 한다.
③ 친구들에게 항상 근황을 알려야 일자리 소개 등이 들어온다.
④ 긍정적인 사고방식을 가져야 한다.
⑤ 눈높이를 낮춰라.
⑥ 나이 어린 상사에게 잘 대해야 한다.
⑦ 젊은 직원과 화합하는 방법을 터득하라.
⑧ 외모에 신경 써라. 피부관리와 머리염색은 기본이다.
⑨ 출근할 때처럼 옷은 항상 깔끔하게 입고 다녀라.

세계 어느 나라 기업인들과 다를 바 없이 한국 기업인들 역시 역량 있는 차세대 리더 양성 방법에 대해 고민하고 있는 것으로 알고 있다. 이들에게 글로벌 톱 식품회사인 크래프트(Kraft) 리더 교육방법론을 소개한다.

올 초 코카콜라가 신임 최고경영자(CEO)를 심사할 때 회사 외부 출신 최종 후보군에 오른 인물들은 한 가지 공통점을 가지고 있었다. 바로 크래프트에서 잔뼈가 굵은 전문 경영인이라는 점.

질레트의 짐 킬츠, 마텔의 로버트 에커트, 허쉬의 리처드 레니 등이 이들이다. 이는 지난 20년 동안 크래프트가 수많은 업계 리더들을 배출했다는 좋은 예다. 크래프트 출신들은 시어즈백화점, 퀘이커오츠 식품, 캠벨 수프, 영&루비캠, 막스&스팬서 등 유수 기업 최고경영자 자리를 차지했다. 크래프트가 탁월한 리더들을 지속적으로 배출한 비결은 독특한 리더 양성 방식에 있다.

대부분 기업은 직원 능력을 계발할 때 현업에서 분리해 별도 연수 프로그램으로 진행한다. 예컨대 간부들은 특정 주제에 대해 연수받을 때 프로그램을 통해 집중적인 사례학습을 한다. 그러나 정작 이런 연수 프로그램은 온실 같은 곳이 되기 쉽다. 따라서 이런 곳에서 교육받은 간부들은 비바람이 몰아치는 험한 현장에 내던져지면 고전한다.

크래프트에는 온실 같은 리더 양성 프로그램이 없다. 업무를 수행하면서 직접 교육을 할 뿐이다. 교육 목적도 철저히 업무 성과 향상이다. 이 때문에 크래프트 젊은 간부들은 지속적으로 도전 과제를 부여받아 이를 해결하는 과정에서 다양한 외부 환경에 대응하는 회사 비즈니스를 직접 체험하고 배우게 된다. 이를 위해 크래프트는 젊은 간부들에게 놀랄 만큼 많은 재량권과 책임을 위임한다. 이는 '수익을 중심으로 한 책임'이라는 원칙이 근간이다. 비용은 최대한 절감하고, 절감한 만큼 마케팅에 돈을 투자한다는 크래프트 전사적 전략과 직결되어 있다. 특히 지속적 비용절감과 마케팅 활동이 동시에 이루어진다.

이 원칙은 젊은 간부들이 맡고 있는 책무와 호칭에서도 엿볼 수 있다. 소비재업체 간부 명칭은 '브랜드 매니저'로 불리는 것이 일반적이다. 그리고 업무도 주로 세일즈 극대화를 위한 광고 캠페인에 집중한다. 반면 크래프트는 '카테고리 비즈니스 디렉터'라는 호칭으로 젊은 간부들을 부른다. 이들은 비용까지 직접 관리한다. 따라서 이들은 어떻게 제품이 만들어지고 이 과정에서 현금흐름이 어떻게 이뤄지는지를 가장 먼저 배운다. 이를 위해 때로는 원자재 시장, 제조과정, 현금관리 과정에도 직접 관여하고 원료재배농장을 직접 방문하거나 공장 현장으로도 달려간다.

사업 운영 원리를 포괄적 이해하면 이들은 달성하기 쉽지 않은 매출·수익 달성 목표를 부여받는다. 여기서 특징적인 것은 목표달성에 필요한 최대한 자유와 재량권을 부여받는다는 점이다. 따라서 관료조직은 최소화하고 개인역량이 극대화된다.

크래프트 리더 양성에서 또 한 가지 특이한 점은 다양한 부서와 라인에서 경험을 쌓도록 한다는 점이다. 간부들은 근속 연한이 평균 20년이지만 현재 맡고 있는 일은 보통 2년 안팎이다. 물론 다른 기업에 무조건 크래프트 방법론을 적용하자는 것은 아니다. 다만 크래프트 사례를 뒤집어 보편적 기업경영원칙을 배우자는 것이다. 그것은 어떤 회사든 전략을 세우고, 원칙을 확립했다면 거기에 부합하는 고유한 리더십 양성 방식을 개발해야 한다는 원칙이다. 무엇보다 젊은 간부들이 사업전반을 이해하고 고려하는 CEO 시야를 확보하고 행동할 수 있도록 키워야 한다는 점이다.

8. 자기소개서 작성을 차별화 하라

"저는 1남 2녀의 장남으로 태어났습니다. 유복하지는 않지만 화목한 가정에서 자랐고, 항상 부모님 가르침대로 살기 위해 노력했습니다. 어릴 때부터 귀사의 제품을 애용했으며, ○○학교를 졸업하고 ○○대에서 ○○과를 전공했습니다. 학창시절엔 줄곧 개근상을 탔고, 반장 · 부반장을 역임했습니다. 성격은 활달한 편으로 대인관계도 원만합니다. 취미는 독서와 음악 감상이고, 신조는 '하면 된다.' 입니다. 부족한 점이 많지만 최선을 다하겠습니다."

기업 인사담당자들이 가장 진부하다고 느끼는 구절 20개를 이용해 만든 가상의 자기소개서다. 인사담당자들이 이런 글을 읽으면 지원자의 창의성이 부족하다고 여기거나 심지어 남의 자기소개서를 베낀 것 아니냐고 의심할 수도 있다.

엇비슷한 구절들이 입사지원서에 너무 자주 등장하기 때문이다. 물론 실제로 취미가 '독서' 나 '음악 감상' 인 사람도 많다. 이럴 때는 취미를 좀더 구체적으로 표현하든지, 혹은 그런 취미가 자신의 경쟁력과 어떤 관련이 있는지 등을 밝히는 것이 채용 담당자의 '하품' 을 막을 수 있는 방법이다.

취업전문업체 스카우트(www.scout.co.kr)가 최근 인사담당자 192명을 대상으로 설문조사한 결과, 168명(87.5%)이 지난 한 해 동안 내용이 비슷한 입사지원서(자기소개서 포함)를 본 적이 있다고 답했다. 이들은 엇비슷한 지원서의 비율이 평균적으로 자기가 접한 지원서의

21.8% 정도라고 밝혔다. 이런 지원서는 서류전형 때 감점 대상(50.0%)이나 탈락 요인(11.9%)이 되는 것으로 조사됐다.

스카우트가 타인의 지원서를 베껴 쓰거나 참고한 적이 있는 구직자 1,033명을 대상으로 그 이유를 물어본 결과, '어떻게 써야 할지 막막해서'라고 답한 사람이 77.1%로 가장 많았다. 그 다음으로 '모범답안이란 생각이 들어서(7.7%)', '인터넷으로 쉽게 찾을 수 있어서(5.7%)', '새롭게 고민하는 것이 귀찮아서(5.2%)' 등도 이유가 됐다.

스카우트 김현섭 사장은 "학창 시절과 특기·성격·지원동기 등의 전반적인 내용은 기업과 직무에 맞춰 연관이 있도록 쓰되, 누구나 흔히 쓰는 진부한 어구는 자제해야 한다."며 "졸업학교·가족사항·출생지 등 이력서에도 나와 있는 내용을 군이 자기소개서에 반복할 필요는 없다."고 덧붙였다.

▶ 입사지원서의 진부한 표현 BEST10
(조사대상 : 대기업 인사담당자 192명, 중복응답)
① 최선을 다하겠습니다(132명)
② 활발한 성격으로 대인관계 원만(110명)
③ 부족한 점이 많지만(102명)
④ ○남 ○여의 ○○으로 태어나(88명)
⑤ 뽑아 주시면 무엇이든 하겠습니다(76명)
⑥ 화목한 가정에서 자랐으며(73명)
⑦ 취미는 독서와 음악 감상(66명)
⑧ 학창시절 줄곧 개근상을 탔으며(53명)
⑨ ○○학교, ○○과를 전공했으며(48명)
⑩ 부모님의 가르침대로 살기위해 노력하며(42명)

– 자료제공 : 스카우트

9. 지혜 모으는 회의가 힘(力)이 된다

"회의는 기업을 움직이는 힘이다.", "쓸데없이 긴 회의, 내용이 형편 없는 회의, 지루한 회의는 기업의 암(癌)이다."

바바라 J. 스트라이벨의 『회의의 기술』이란 책에 나오는 구절이다. 좋은 회의는 회사를 살리고 나쁜 회의는 회사를 망친다는 뜻이다. 모든 회의에는 시간과 비용이 소요되는 만큼 기업에는 일종의 투자다. 이 때문에 외국계 기업들은 다양한 회의방식을 통해 직원들의 아이디어를 끌어내고 의견을 반영하기 위해 노력한다. 필요하면 회의 장소 · 호칭 · 격식을 파괴하는 경우도 많다.

외식업체인 아웃백스테이크하우스 본사에는 매달 5일 아침 풍성한 아침상이 준비된다. 이날은 회사의 월급날이자 조찬 회의날이다. 2001년 12월부터 시작한 조찬 회의날에는 정인태 사장 등 본사 직원 모두가 돌아가며 아침식사를 직접 준비해 온다. 샌드위치 · 닭죽 · 잔치국수 등 다양한 메뉴가 직원들의 손에 의해 만들어진다.

아웃백스테이크하우스의 송수정 매니저는 "편안한 회의를 통해 다른 직원들과 친목도 도모하고 아이디어도 교환한다."고 말했다.

스포츠화업체 뉴발란스는 매주 수요일 오후 신제품 운동화를 신고 참여하는 '마라톤 회의'를 한다. 조용노 사장을 비롯한 전직원들은 한강 · 남산 등에서 8km를 함께 뛰고난 뒤 제품 품평을 한다. 업무상 아이디어, 애로사항도 자연스럽게 나오게 마련이다.

뉴발란스의 히트상품인 '1050'과 '834' 시리즈도 이런 회의에서 품질이 개선됐다고 한다. 뉴발란스의 황일찬 마케팅 과장은 "틀에 얽매이지 않아 젊은 직원들의 번쩍이는 아이디어가 곧장 신제품에 반영돼 좋다."고 말했다.

야후코리아에는 회의 시간이 30분을 넘으면 안 된다는 규칙이 있다. 회의 시간이 길어지면 참가자들의 집중도가 떨어지기 때문이다. 짧은 시간에 회의를 마무리하기 위해 직원들은 관련 자료와 정보를 회의 전에 숙지하고, 회의는 핵심만 짚어가는 방식으로 진행한다. 회의 장소인 사내 카페에 '푸스볼' 등 게임도구를 마련해 딱딱하기 쉬운 회의 분위기를 풀어 준다.

'프리 토킹'은 DHL코리아의 독특한 회의 제도이다. 사내 인트라넷을 통해 직원들은 누구든지 사원 복지 · 업무 애로사항 · 아이디어 등을 올릴 수 있다. 심사를 통해 좋은 의견을 낸 직원에게 상금을 주고, 누적 점수가 높은 직원에게는 해외연수 기회도 준다. 지난 달에는 배달 직원의 효율적인 열쇠 보관방법, 콜센터 전화연결 개선법, 배송차량 청결 유지법 등에 대한 의견이 올라왔다. 이 회사 마케팅팀 주은정 씨는 "지난 해 올라온 '이라크 구호물자 무료운송' 제안은 본사에서도 큰 호응을 얻었다."며 "직원들이 서로 의견을 보완해 주는 등 협력 효과가 크다."고 말했다.

한국 오라클의 회의 시간에는 '과장님', '부장님' 등의 존칭을 들을 수 없다. 이 회사 모든 직원은 별도 직급 없이 회사에서 서로 '씨'나 '선생님'으로 불리기 때문이다. "최선의 결과는 계급장 떼고, 끝장 토론을 해야 나온다."는 것이 이 회사 윤문석 사장의 지론이다. 이 회사 관계자는 "토론 문화 덕분인지 직원들이 협력사 관계자를 만나도 설득력이 있다는 평을 듣는다."고 밝혔다.

"될성부른 나무는 떡잎부터 확실하게 키워라."

SK그룹의 유모(34) 대리는 1년 동안의 미국 연수를 마치고 작년 말 귀국했다. 유 대리가 뉴욕주립대 로스쿨에서 법률 공부를 하는 동안 현지 생활비와 학비는 회사가 모두 대 주었다. 입사 6년차인 유 대리가 회삿돈으로 연수를 다녀온다는 것은 예전 같으면 상상하기 어려웠던 일.

최근 기업들이 '인재는 조기에 발굴해 키워야 한다.'는 방침을 정하면서 유망한 젊은 사원들에 대한 집중적인 지원을 늘리고 있다.

금호그룹은 '패스트 트래커(Fast Tracker)'라는 인사 제도를 통해 젊은 우수 인력 양성을 꾀하고 있다. 선발된 사원은 발탁 승진 대상이 되는 것은 물론, 소속회사 CEO와 분기에 최소 1회씩 정기 면담을 실시한다. 또 회사가 소개하는 외부 전문가로부터 개인별 경력관리를 위한 조언을 받는다. 금호는 9월 취임한 박삼구 회장의 인재 중시 방침에 따라 최근 이 제도에 대한 강화 방안을 추가로 마련 중이다.

LG그룹도 장기적인 관점에서 인재를 조기 발굴, 조직을 승계할 후계자로까지 육성한다는 방침 아래 '글로벌 EMBA' 과정을 운영하고 있다. 매년 대리 이상 직원들 중 30여 명의 핵심 인재를 뽑아서 연세대에 5개월, 미국 워싱턴대에 11개월 등 총 16개월간 연수를 보낸다. LG전자의 경우 '테크노 MBA' 과정을 도입해 젊은 우수 사원들이 미국 MIT나 국내 KAIST 테크노경영대학원에서 1~2년간 공부하도록 지원하고 있다.

삼성그룹 역시 매년 약 100명씩 선발하고 있는 '삼성 MBA' 제도를 통해 젊은 인재들의 조기 육성에 나서고 있다. 선발 기준은 근무 연수보다는 근무 평점이나 어학 능력이다. 여기에 발탁되면 본인이 원하는 해외 대학원이나 국내 KAIST에서 2년 동안 유학할 수 있다. 삼성은 "교육을 마친 뒤에는 유학 전공에 따라 주요 부서에 배치받을 기회가 생긴다."고 밝혔다.

또 SK그룹은 젊은 핵심 인력에 대해서는 해외연수 기회와 함께, 계열사별로 과감한 인사 발탁 제도를 운영하고 있다. SK텔레콤의 경우 올해부터 통상 16년이 걸리던 부장 승진을 7년만에 가능토록 인사제도를 변경했다. SK그룹 이노종 전무는 "역량있는 젊은 사원은 그에 맞는 대우를 통해 회사 기여도를 높이겠다는 의도"라고 말했다.

그런가 하면 두산그룹은 올해 초부터 '사람의 성장(Growth of People)을 통해 사업의 성장(Growth of Business)을 추구한다.'는 '2G' 전략을 수립하고, 이를 구체화할 젊은 인재 육성 방안을 마련하고 있다. 두산은 기존의 핵심인재 육성 프로그램인 PMP · TMP · SMP · HMP에 대해서도 작년부터 선발 대상의 연령 구분을 없앴다. 두산 김 진 상무는 "미래 지식 기반 사회에서는 인재를 최우선시하는 기업만이 수익을 낸다."며 "인재 육성에 소요되는 돈은 비용이 아닌 투자 개념"이라고 말했다.

11. 동료와 후배보다 뛰어나야 자기경영에 성공한다

"새로 입사한 신입사원은 영어도 잘하고 일류 대학을 졸업한 소위 인재입니다. 솔직히 저는 선배라고는 하지만 무엇 하나 신입사원보다 낫다고 내세울 게 없는 것 같아요. 지시를 하고 일을 가르쳐 줘야 하는 입장인데도 후배 앞에서 자꾸 주눅이 듭니다." 이런 하소연을 해 온 사람이 있었다. 나는 그녀가 어떤 상황에서 어떻게 느끼고 있는지 이 말만으로도 충분히 공감할 수 있었다.

잘 듣고 나서 나는 그녀에게 이렇게 물어보았다. "좋은 선배는 후배보다 어떤 면에서 나아야 할까요?", "회사에서 당신에게 기대하고 있는 성과는 어떤 것입니까?"

나는 그녀가 이 질문들을 통해, 자신을 후배와 비교하고 열등감을 갖거나 질투를 하기보다는 서로의 역할이 어떠해야 하는지, 자신이 그 후배에게 무엇을 줄 수 있는지를 생각해 보길 바랐다. 뛰어난 외국어 실력과 좋은 학벌을 가진 사람은 그 후배뿐 아니라 세상에 아주 많은 법. 선배라고 해서 모든 면에서 후배보다 뛰어나야 하는 것은 아님을, 조직에서 요청되는 리더의 역할은 외국어 실력과는 차원이 다른 역량이고 그것은 또 아주 가치 있는 일이라는 것을 말이다. 새로 온 직원이 잘 적응하도록 돕고 지원하는 일, 사람들이 함께 협력해서 시너지를 내도록 이끄는 일, 일을 정확하게 수행하는 역량 등등, 이런 것들은 외국어 실력이나 학벌보다 훨씬 더 큰 가치를 조직에 가져다 주는 것인데도 눈에 띄게 뛰어난 후배가 등장하면서 갑자기 자신과 자신의 일에 대해 비교하는 마음이 생긴 것이다.

뛰어난 사람 앞에서 이유 없이 자기가 보잘것없고 작아지는 느낌을 받는 것은 흔한 일이다. 내 생각에 남자들은 여자에 비해 타인이 가진 좋은 것(재능, 행운, 부, 지위 등 무엇이든)에 대한 선망과 질시가 좀 적은 것 같아서 남자 선배에게 물어 봤더니, 그는 강하게 아니라고 한다.

뛰어난 다른 사람 때문에 자신이 보잘것 없어지고 괴로워지는 심정은 역설적으로 나르시시즘에 그 뿌리를 두고 있다고 한다. 사람들은 원래 나르시시스트적 성향을 타고나는 것. 나는 선하고 옳다는 생각, 정의롭다는 생각을 가지고 있어서 자신을 철저하게 객관화하지 못한다. 예를 들어 사람들은 운이나 여건이 좋았기 때문이라고 치부하고, 성과가 나쁘면 그가 능력이 없는 탓이라고 쉽게 생각하는 경향이 있다. 아마도 인간에게 있어 진정한 반성이 그렇게나 어려운 것은 이 심리적 기제 때문이 아닐까.

문제는 이것을 인식하고 객관화할 수 있는 힘인 것 같다. 흔히 부하 직원이 적당히 뛰어나면 상사가 행복한데, 지나치게 뛰어나면 상사가 스트레스를 받는다고 한다. 중견 기업의 부장인 어떤 분은 가장 뛰어난 직원인 모 과장이, 공공연하게 "내 다음 목표는 부장님의 자리라고 말한다고 하면서, 물론 웃으며 받아 주지만 솔직히 기분은 좋지 않다고 하였다. 이럴 때 부하는 잠재적 경쟁자가 된다.

뛰어난 후배, 부하직원을 둔 상사가 그 부하직원을 억누르거나 발목을 잡거나 남들 앞에서 그를 평가절하하는 것은 최악의 방법이다. 그렇게 할수록 상사는 일이 꼬이고 평판이 나빠지고 무엇보다 마음이 불편해진다. 오히려 가장 좋은 방법은 그가 빨리 성장할 수 있도록 길을 열어 주고 안내해 주는 것이다. 그에게 더 큰 능력을 발휘할 수 있는 업무를 맡기고 더 다양한 경험을 하면서 커나갈 수 있도록 경력관리를 도와준 괜찮은 상사라고 기억될 것이다. 만약 그를 시기심과 경쟁심으로 대한다면? 당신은 아마 현재의 상사 역할도 제대로 수행할 수 없고, 조직 전체에 부정적 시너지만 만들어 낼 것이다.

나르시시즘은 인간을 성장하지 못하게 하는 대표적인 감정이며, 인류는 인간만이 특별하고 위대하다는 나르시시즘을 깨며 발전해 왔다고 한다.(『사람 풍경』 김형경 지음) 열등감 없이도 상대방의 뛰어난 점을 인정할 수 있고, 자신의 약점을 솔직히 대면할 수 있다면 아마 그 사람은 삶을 살아가는 데 필요한 자기중심을 잡은 사람이라 해야 할 것 같다.

서울 동작구 흑석동의 한 컴퓨터 부품 회사에서 경리업무를 맡고 있는 하윤실 씨(37)는 직장 일을 마치자마자 곧바로 영등포행 버스에 오른다. 영등포역 인근의 S정보전문학원으로 전산 세무·회계과정을 배우러 다니기 때문이다. 수업 시작시간인 오후 7시쯤 되면 강의실에는 중장년 수강생 20여 명이 들어찬다.

하씨는 1일 "수강생 전원이 일을 마친 뒤 학원을 찾은 직장인들"이라며 "고용보험의 혜택을 받는 직장인들은 연간 100만 원씩 3년간 지원을 받기 때문에 책값 정도만 내면 학원에 다닐 수 있다."고 귀띔했다.

자신의 경쟁력을 높이기 위해 각종 전문학원과 야간 대학원에 다니면서 직업능력을 계발하는 직장인들의 수가 늘고 있다. 기업의 구조조정이 일상화된 요즘의 경쟁풍토에서 살아 남기 위한 평생학습의 현장이다. 평생 직업능력계발에 대한 일반의 인식이 높아지면서 샐러리맨과 스튜던트(학생)의 합성어인 '샐러던트'라는 신조어까지 등장하고 있다.

경기도 용인의 자동차 필터 생산회사에서 일을 마친 뒤 S학원으로 웹디자인을 배우러 다니는 성창구 씨(44)는 "당장은 해외 바이어들에게 회사 제품을 홍보하는 영문 홈페이지를 개선하게 위해 웹디자인을 배우고 있지만, 장기적으로는 스스로의 미래를 대비한다는 측면도 강하다."며 "평소 자신의 직업능력계발을 위한 노력을 꾸준히 계속하면 개인의 경쟁력이 높아질 뿐 아니라 회사의 생산성도 함께 올라가게 된다."고 말했다.

평생교육에 대한 이 같은 일반의 수요에 부응하기 위해 노동부는 한국산업인력공단과 함께 11월 한 달을 '직업능력계발의 달'로 정해 근로자들의 직업능력계발을 돕고 있다. 문화일보가 후원하는 이 행사는 1일

직업능력계발촉진대회를 시작으로 직업훈련·자격·취업박람회, 기능 장려 심포지엄, 대한민국 명장면 등 한 달 내내 다채로운 이벤트를 벌인다. 올해로 8회째를 맞는 직업능력계발촉진대회(1일 오후 3시 경기도 과천 시민회관)에서는 직업능력계발 및 기능장려 발전에 기여한 인사 152명에게 정부포상 및 명장증서를 수여한다. 올해 최고의 영예인 철탑산업훈장은 40여년간 직업훈련분야에 종사하면서 직업훈련법의 틀을 마련한 대한상공회의소 서상선(68) 고문이 수상한다. 31년 동안 한국 나전칠기의 아름다움을 세계에 알린 명장 김규장 씨(49·크리스탈칠기사 대표), 25년간 목공예 연구에 전념한 명장 권수경 씨(47·예심목공예 대표), 28년간 기계분야에 종사하면서 인공고관절 및 척추관절을 개발한 생산기계직종 명장 황해도 씨(43·삼성테크원 과장) 등 세 사람은 석탑산업 훈장을 받게 된다.

13. 방황하는 20대 파트, 인생의 꿈과 생존전략

서울 신림동 고시촌의 15평 남짓한 공무원시험 정보제공업체 사무실에서 일하는 계동구 씨(남·27·서울 개봉동)는 우산도 없이, 추적추적 내리는 겨울비를 맞으며 근처 책방으로 뛰었다. 주문해 놓은 행정법 교재 20권을 빨리 받아 오라고 아까부터 사장이 재촉했기 때문이다. 공무원 시험을 준비하는 온라인 학원에서 강의 장면을 비디오로 촬영해 인터넷에 올리고, 각종 시험정보를 제공하고, 주문받은 교재 등을 택배로 보내 주는 것 등이 이곳에서 계씨가 하는 일이다. 월급은 보너스 없이 100만 원이다.

2003년 2월 연세대 보건행정과를 졸업할 때만 해도 계씨에겐 남다른 꿈이 있었다. NGO(비정부기구)나 시민단체에서 일하면서 세계 곳곳의 어려운 이들을 돌보며 사는 것. 대학시절부터 다양한 봉사 활동에 참가해온 터라 그것은 막연한 꿈이 아니라 실현 가능한 계획이었다. 졸업한 뒤에도 한동안 그는 남을 위해 살았다. 2003년 2월에는 탈북자를 돕기 위해 중국으로 가서 일했고, 5월에는 국제구호기구를 따라 전쟁 중인 이라크에 갔다. '선한 사람들' 이라는 단체에서 자원봉사로 탈북자 청소년을 돌보는 일도 계속했다. 대한적십자사에서는 응급처치법을 배웠고, 에이즈 환자 상담을 위한 교육도 받았다.

계씨는 그러나 오래지 않아 스스로의 한계를 절감해야 했다. 지난 10여년간 아파트 경비원으로 일해온 아버지(60)가 뇌졸중으로 쓰러졌고, 형도 직장을 여기저기 옮겨다니는 바람에 일정한 수입이 없었다. 그 자신이 더 이상 용돈을 타 쓰는 학생이 아니라 가계를 책임져야 한다는 사실을 깨달았다. 월급은커녕 용돈도 안 나오는 일을 저 좋다고 계속 고집할 수는 없는 노릇이었다.

구직전쟁은 2003년 여름에 시작됐다. 자신의 '이력(異歷)' 을 들이대며 사회복지공동모금회 등 사회복지 관련 단체에 50통이 넘는 이력서(履歷書)를 보냈지만 '취업 대란' 은 생각보다 훨씬 심각했다. 서울과 경기 지역 병원들과 호텔들도 모두 지원해 봤지만 허사였다. 주머니엔 돈 한 푼 없었다. 일당 3만~4만 원을 받으며 설문조사, 의료기기상 창고 정리, 사무보조원, 공사장 벽돌 쌓기 등 닥치는 대로 아르바이트를 했다. 손에 잡힐 듯 가까워 보였던 소박한 꿈은 자꾸 희미해져 갔다. 돈 빌리러 다니는 어머니 모습을 보며 '무슨 일이든 시켜만 주면 하겠다.' 는 절박한 심정이 됐다. 언젠부터인가 이른 아침 만원 지하철을 타고 사람들 속에 부대끼며 출근하는 것이 세상에서 가장 부러운 것처럼 느껴졌다. 신림동에 있는 지금의 일자리를 얻게 된 것은 그렇게 마음 고생하던 지난 해 12월이었다.

신림동 생활도 벌써 1년이 지났다. 월급 100만 원을 고스란히 집에 갖다 드리고 있지만 그는 "마음이 어렵다."고 했다. 자신이 원하던 것과는 너무나 동떨어진 일을 해야만 한다는 것은 일을 찾아 헤매던 절박함과는 전혀 다른 묵직한 절망감이 될 수 있다는 걸 깨달았다고 했다.

"내가 지금 여기서 뭘 하고 있는 건가 하는 생각이 들면 마음이 힘들어집니다. 세상이 원망스러울 때도 있지만 좋은 날도 있을 것으로 믿고 참고 지냅니다."

계씨는 몇 달 전부터 7급 공무원 시험 준비를 시작했다. 원하는 부처는 보건복지부, 일단 복지부에 들어가서 사회복지사가 되는 공부를 하고, 복지 관련 부처에서 대학시절 꿈꾸었던 일을 한다는 계획이다. 목표가 비정부기구에서 정부기구로 바뀌었지만 가난하고 소외받는 이들을 위해 일을 하겠다는 생각은 과거보다 훨씬 구체화된 것이다. 그는 "학생 때는 막연히 길이 있을 것으로 생각했지만 졸업하고 2년이 지나면서 어떤 것이든 단번에 길이 열리지 않는다는 것을 깨달았다."며 "시간은 걸리겠지만 한 계단씩 오르다 보면 원하던 곳에 이를 수 있을 것이라고 믿는다."고 말했다.

동료 직원들과 함께 사무실에서 라면을 끓여 점심 식사를 때운 계씨는 짬을 이용해 보건행정학 교재를 펴들었다. 내년 가을 시행될 보건복지부 7급 공무원 시험 때까지 300일도 채 남지 않았다고 생각하니 공연히 마음이 바빠진다. 공무원 시험 경쟁률이 사상 최고 수준으로 치솟고 있지만 계씨는 아직 대학 때의 꿈을 버리지 않고 있다.

　사람들은 인생에서 가장 중대한 두 가지를 꼽으라면 주로 배우자와 직업을 든다. 삶이란 하나의 경주나 성취, 그 이상의 것. 단지 많은 돈을 벌거나 크게 출세하는 것만으로는 성공적인 인생이라고 말하지 않는 이유다.

　황금알 욕심에 거위를 잡겠는가? 이솝우화에 나오는 어리석은 농부 이야기다. 거위가 어느 날 황금빛 알을 낳는다. 처음에 자기 눈을 의심하던 농부는 금세 부자가 된다. 부자가 된 농부는 예전보다 더 욕심이 많아지고 참을성이 없어졌다. 지금 당장, 한꺼번에 모든 황금알을 갖고 싶어 죽을 지경이 된 그는 거위의 배를 가르고 만다. 물론 그 안에는 아무것도 없었다. 어린 시절의 나는, 이렇게 어리석은 농부가 있을까 하고 의아해했지만 지금 보면 정말 의미심장한 비유다.

　자기도 모르는 사이 황금알을 낳는 거위를 잡는 행동을, 우리 역시 하고 있기 때문이다. 오늘 내가 성과(황금알)를 거둔 것은 나 자신이라는 거위가 건강하기 때문이다. 만약 높은 성과를 바라고 계속 혹사만 시키고 공부, 재충전과 휴식을 멀리한다면? 거위는 병들어 앓게 되고 더 이상 황금알을 낳지 못하게 된다.

　조직도 마찬가지다. 단기적인 성과를 내는 데만 급급하여 연구 개발을 미루는 조직, 직원 교육과 휴식을 등한시하고 매일 장시간 노동에, 애근으로 몰아붙이는 조직. 장기적으로 그 조직은 어떻게 될까? 거위의 건강을 돌봐 주지 않고 황금알을 지금 당장 모두 가져야겠다는 농부의 심보가 만들어 낸 결과는 거위의 죽음이었다.

　'시간관리 매트릭스'라는 개념이 있다. 이 매트릭스는 모든 활동을 긴급함과 중요함이라는 2가지 기준을 가지고 4개의 상한으로 나눈다.

1상한은 긴급하고도 중요한 일, 2상한은 긴급하지 않지만 중요한 일, 3상한은 긴급하지만 중요하지 않은 일, 4상한은 긴급하지도 중요하지도 않은 일을 말한다.

1상한의 일은 물론 즉시 해야 한다. 4상한의 일을 최소화해야 하는 것은 상식이다. 문제는 3상한과 2상한이다. 3상한은 자신의 가치보다는 다른 사람들의 시선 때문에 거절하지 못해 하는 일이 대부분이다. 체면치레 경조사, 갑작스러운 방문객, 거절하지 못해 따라나선 술자리, 쇼핑 등이다. 이 일들은 중요치 않지만 그때 긴급하기 때문에 마치 중요한 일을 하는 듯한 착각을 불러일으킨다.

2상한의 일들은 중요하지만 긴급하지 않기 때문에 자꾸 미뤄지기 쉽다. 비전을 세우는 일, 학습, 독서, 가족과 함께하는 시간, 노후 설계, 건강관리, 모두 2상한의 일이다. 시간관리의 열쇠는 바로 3상한의 일을 줄이고 2상한의 일을 함으로써 장기적인 효과성을 높이는 데 있다.

조직도 마찬가지다. 의례적인 회의, 형식적인 서류작업, 불필요한 절차, 상사 눈치 보기 등 3상한의 일이 있는가 하면, 조직의 비전 공유, 직원 교육, R&D 등 2상한의 일이 있다. 그래서 개인이나 조직이나 "이상한 활동에 시간을 쓰라."고 권하고 싶다.

우리가 여러 역할을 수행하는 일의 효과성은 어디에 달려 있는가? 자신의 건강, 몸과 마음의 건강성. 그럼에도 불구하고 우리는 "너무 바빠서, 가봐야 하고 찾아봐야 할 곳이 너무 많아서"라는 핑계를 대면서 여전히 우리 자신을 갈고닦는 데는 시간을 쓰지 않는다. 우리 조직의 2상한 활동들은 무엇인가?

시간관리 매트릭스

	긴급함	긴급하지 않음
중요함	• 위기 • 급박한 문제 • 마감시간 임박한 프로젝트, 회의 지시사항	• 예방 • 준비 • 계획 • 관계구속
중요하지 않음	• 불필요한 방해물, 방문객 • 중요하지 않은 전화 • 우편물, 일부 e메일 • 중요하지 않은 약속	• 하찮은 일 • 소일거리 활동 • 게임, 채팅 등 시간낭비 활동 • 과도한 TV 시청

7장

위기관리 리더십을 연마하자

1. 자신감이 없으면 리더십을 발휘할 수 없다

리더십에는 여러 가지 형태가 있다. 개개인의 경력에 의해 나타나는 방법에는 차이가 있지만, 그 기본은 부하 한 사람의 개성을 살려, 그 능력을 최대한 끌어내는 것이다. 이런 방법으로 부하들을 이끄는 것이 뛰어난 리더십이다.

자신의 의도대로 부하 직원을 무작정 끌고 가려 한다면, 불신감을 갖게 된다. 이윽고 그 상사에게는 신뢰할 수 있는 부하가 한 사람도 없게 된다. 부하 직원과 일체감을 갖고 부하의 입장에서 한번 더 생각하는 것이 간부가 부하 직원을 대하는 올바른 태도이다.

이런 조건을 갖춘 상사 주위에는 자연스럽게 부하들이 모이고, 거기에는 절대적인 신뢰감이 형성된다. 예를 들어 상사가 아무 말도 하지 않아도 '저 상사를 위해서라면 무언가 해 볼 수 있다.'라는 마음이 생긴다. 이것이 상사와 부하와의 이상적인 관계이다.

단, 여기에서 상사의 리더십에는 강인함을 전제로 한다. 리더십이 강한 상사에게는 '이점에 대해서는 절대로 확신한다.'는 강한 자신감이 있다. 그 자신감을 알고 있는 부하들은 상사를 믿고 일을 추진할 수 있다. 이런 의미에서 상사의 리더십으로 가장 중요한 것은 자신감이다. 그런 자신감이 부하들에게 신뢰감을 얻고 조직의 체계가 완성되는 것이다.

◈ 불황일 때 진정한 기회가 온다

상사들은 경기에 민감할 수밖에 없다. 불황과 호황을 겪으면서 상사에게는 두 가지 타입이 자연스럽게 형성된다. 불황일 때도 내색하지 않고 침착하게 실적으로 올리는 상사와, 작은 일에도 얼굴을 붉히는 상사이다. 두말할 나위 없이 상사는 전자이어야 한다.

회사 형편이 안 좋을 때 어두운 얼굴을 하거나 비관적인 말과 태도를 취하는 것은 금물이다. 실적이 오르지 않는 이유를 불경기 탓으로 돌리면 부하들의 신뢰나 거래처의 신용도 떨어지게 된다. 더욱이 경기가 나쁠 때는 곧바로 '근검 절약'을 내세우기 때문에 회사 분위기가 어두워진다. 원가 절감 등의 합리화 노력으로 생산성, 수익성을 높이려는 것도 물론 중요하지만, 절약이라 말하면 사원들은 아무래도 움츠러들거나 침체되기가 쉽다. 그러나 경영의 책임은 어디까지나 경영자에게 있고 넓은 의미로는 간부에게 있으므로 부하들을 다그쳐서는 안 된다. 사원들에게는 회사가 어려울 수록 여유를 가질 수 있도록 이끄는 마음의 자세가 중요하다.

불황은 오히려 경영에 있어서는 위기를 기회로 만들 수 있는 중요한 시기이다. 불경기는 방심하기 쉬운 경영의 손실을 막고, 빈약한 체질을 바꿀 수 있는 좋은 기회이기 때문이다. 또한 새로운 상품이나 마케팅 방법에 대해 구상하고, 새로운 모델을 창조하는 기회가 되기도 한다. 뿐만 아니라 악조건에 굴하지 않는 강한 사원을 육성할 수 있고, 불황을 탈출하기 위한 기업의 새로운 프로젝트와 기획이 양산되기도 한다. 바로 이 시기가 간부에게는 절호의 기회인 것이다. 경영자는 불황을 극복하기 위해 여러 기획안을 요구하는데, 간부의 능력을 펼칠 수 있는 장이 마련되는 것이다. 물론 뛰어난 기획안이 하루아침에 완성되는 것은 아니다. 그러나 늘 미래를 대비하는 간부라면, 이런 불황을 헤쳐 나가는 아이템을 가지고 있어야 한다. 따라서 호경기일 때나 평상시에도 새로운 아이템 개발에 만전을 기해야 한다.

불경기일 때 세운 계획이 호경기일 때 세운 계획보다 달성률이 높다. 따라서 '불황이야말로 기회'라는 것을 재인식할 필요가 있다. 또한 회사 내의 체질에도 많은 변화를 요구하게 된다. 중요한 것은, 최악의 조건일 때 얼마만큼 효과적으로 대처할 수 있으며 얼마만큼 버틸 수 있는가 하는 점이다. 이 능력만 있다면 모든 일이 가능하다. 이러한 능력을 습득하기 위해서 인간은 역시 어느 정도의 고생과 역경을 체험하지 않으면 안 된다. 너무 순조롭게 살아가다 보면 버틸 수 있는 힘이 생기기 어렵다. 그것이 콤플렉스라도 좋고 가난이라도 좋다. 경쟁심이나 의욕과 같은 것은 그러한 핸디캡에 대한 반발력으로부터 생기는 것이다.

2. 잭 웰치의 리더십과 공격적 경영철학 배우자

◆ '위대한 영웅 잭 웰치'

우선 『위대한 영웅 잭 웰치』는 잭 웰치가 세계 최고 경영자가 되기까지 20년 동안을 흥미롭게 탐구한 책이다. 도대체 어떤 점이 한 회사의 40년 동안 처박혀 있었던 회사원을 전쟁영웅이나 스포츠 스타와 같은 반열에 오르게 했을까. 물론 웰치가 40년 몸담은 GE가 미국인의 사랑을 받는 가장 미국적인 기업이기 때문이기도 하다. 그러나 가장 큰 원인은 역시 웰치 개인의 능력이다.

경영학자들은 웰치 경영의 특징을 4가지로 분석한다. 웰치는 탁월한 포트폴리오 전략가다. 웰치는 좋아하는 것과 싫어하는 것을 분명하게 구분하고 자기의 분석과 직감을 철저히 신봉한다. CEO가 된 다음 350개의 사업부를 24개의 핵심 사업분야로 재조정하고 내부확장이나 인수합병을 통해 모든 사업부를 업계 1, 2위로 탈바꿈시킨 일은 웰치의 뛰어난 포트폴리오 전략을 증명해 준다.

웰치는 필요할 때 게임의 규칙마저 바꿔 버린다. 그는 잘못된 정책을 가지고 고집부리지 않는다. 신속하고 과감하게 정책을 수정하는 선수다. 웰치는 경쟁을 즐기는 속성을 가지고 있다. 경영자라기보다는 흡사 공격적인 하키선수 같다. 그는 언제나 무리한 목표를 세우고 그 과정을 즐긴다. 그는 또 커뮤니케이션의 귀재다. 직원 연수프로그램의 강사로 자주 등장하는 그는 자신의 연설내용을 신속하게 전파시킨다. 중요한 연설은 수백 개의 비디오테이프로 녹화해 전 세계 법인으로 보낸다. 그는 단순한 개념으로 자신의 비전을 설명하는 탁월한 능력의 소유자이기도 하다.

이 책의 저자인 자넷 로위는 웰치가 GE에 어떤 영향을 미쳤고 GE를 어떻게 글로벌 사장의 리더로 만들었는지를 인물탐구식으로 설명해 낸다. 동시에 GE의 과거와 현재, 그리고 잭 웰치가 떠난 이후 GE의 장래에 대해서도 예측하고 있다.

◈ '잭 웰치 최후의 리더십'

'타임'과 '뉴스위크' 등에서 기자로 일했던 로버트 슬레터가 쓴 이 책은 잭 웰치의 리더십을 과학적으로 분석한 실전 경영서다. 이 책은 잭 웰치의 리더십전략의 핵심을 잘 정리했다.

제일 먼저 주목하는 것은 웰치의 변화에 적응하는 리더십 스타일이다. 웰치는 변화를 적극적으로 활용한 사람이다. 거의 컴맹 수준의 컴퓨터 지식을 가지고 있을 뿐이라는 사실을 고백하고 GE를 훌륭한 미래 기업으로 만든 웰치의 이면에는 변화를 인정하는 힘이 담겨있다. 그는 변화를 거부하는 편안한 길을 택하지 않는다.

변화에 적응할 수 있는 기업을 만들기 위해 웰치는 무엇을 고치고, 무엇을 버리고, 무엇을 키울지를 빠르게 결정하는 사람이다. 경제환경과 경쟁업체의 움직임을 늘 주시하면서 경쟁력 없는 사업분야는 가차 없이 정리했다. 그는 조직을 아이디어와 자원, 관리자가 함께 존재하는 일종의 실험실로 생각했다. 이 '실험실 사고'는 GE를 어떤 형태의 외부 환경변화에도 쉽게 적응할 수 있는 조직으로 만들었다.

웰치를 이야기하면서 '3S 리더십'을 빼놓을 수 없다. 속도(Speed), 간결성(Simplicity), 자신감(Self-Confidence)으로 요약되는 웰치의 리더십은 거대기업 웰치를 살리는 핵심 전략이었다. 웰치가 꿈꾼 것은 공룡기업인 GE를 작은 회사처럼 만드는 것이었다. 그는 조직 내 군살을 제거하고 수직이 아닌 수평조직화에 거대기업의 한계를 극복했다.

이 밖에도 품질우선 정책, e비즈니스전략 등도 체계적으로 소개한다. 이 책은 '한 자릿수 성장'은 성장이라고 말하지도 않았던 한 저돌적인 CEO의 리더십을 일목요연하게 보여 준다.

3. 성공한 리더들의 위기극복 십계명

영국의 탐험가 어니스트 섀클턴은 아문센과 스콧이 남극점을 정복한 뒤인 1914년, 대원 27명을 이끌고 남극대륙 횡단에 도전했다. 그러나 섀클턴과 대원들은 횡단에 성공하지 못했다. 남극해에 진입하자마자 얼음 사이에 갇혀 배는 파괴됐고, 섭씨 영하 80도를 오르내리는 추위와 굶주림에 시달리며 죽음과 싸워야 했다. 얼음의 땅과 바다를 2,000㎞나 헤맨 다음이었다.

『섀클턴의 서바이벌 리더십』(뜨인돌)의 저자 데니스 N.T 퍼킨스가 주목한 것은 섀클턴의 리더십이다. 해군장교 출신으로 대학교수이자 컨설팅 회사 사장인 저자가 보기에 현대 기업이나 개인도 극한 상황에 처했다는 점에서는 섀클턴과 다름없다. 대원들을 이끌고 2년간의 악전고투를 훌륭히 이겨낸 섀클턴에게서 무자비한 자본주의 경제 전쟁을 이겨낼 교훈을 배울 수 있다는 것이다.

책은 크게 두 가지 내용으로 구성돼 있다. 우선 저자는 섀클턴과 대원들의 구체적인 상황 하나하나를 분석하면서 모두 10가지 전략을 뽑아냈다. 배가 파괴되고 썰매로 행군해야 했을 때 섀클턴은 개인 소지품을 2파운드로 한정했다. 그리고 파카 안쪽에는 금화와 금장 담배 케이스를 꺼내 눈 위에 던져 버렸다. '가시적이고 오래 기억되는 상징과 행동으로 솔선수범하라.'는 전략이다.

조난이 1년을 넘어가자 대원들은 극도의 긴장상태에 빠졌다. 좁은 텐트 안에서 출입구로 나가려다 다른 대원의 발을 밟는 것조차 큰 싸움으로 번질 만큼 극도로 예민해졌다. 지겹도록 똑같은 얼굴들, 탈출의 희망이 전무한 상황에서 오는 초조감에 빚어낸 갈등이다. 섀클턴은 대원들을 설득하고, 분쟁의 소지가 있는 요인은 사전에 제거했다. 설득과 합리적인 명령이 내려졌다. '갈등을 극복하라. 분노를 억제하고 다른 의견도 존중하며 불필요한 힘겨루기를 피하라.' 는 전략이다.

다른 한 가지는 극한 상황을 이겨낸 현대 기업들의 실제 사례이다. 현대기업의 생존전략도 섀클턴의 그것과 크게 다르지 않음을 보여 주는 것이다. 인텔사는 1980년대 일본의 메모리 칩 회사들의 맹렬한 추격을 받았다. 결국 1986년 173억 달러의 적자를 기록했다. 인텔사의 최고경영자(CEO) 앤디 그로브는 메모리 칩 사업부문을 포기하고 마이크로프로세서 제조에 주력하기로 방향을 틀었고, 현재 이 분야의 대표적 기업이 됐다. 얼음에 갇힌 섀클턴이 남극대륙 횡단이라는 목표를 버리고, 무사귀환을 새로운 목표로 설정해 성공했던 것처럼 말이다.

미국의 항공사 콘티넨털 에어라인 CEO 고든 베슨은 관료주의적 규정에 사로잡힌 직원들에게 충격을 주기 위해 직원들이 지켜보는 가운데 규정집을 불 질러 버렸다. 섀클턴은 금화를 던졌고, 베슨은 규정집을 불태웠지만 그것이 의도하는 것은 한 가지로 동일하다. 강렬한 상징성을 부여하는 것이다.

극한 상황에서 리더십 부재는 죽음을 부른다. 섀클턴이 떠나기 한 해 전 북극 탐험에 나섰던 캐나다 탐험선 칼럭호는 섀클턴과 비슷한 상황에 처했지만 결과는 정반대였다. 팀원간의 만연한 거짓말, 도둑질, 분란이 끊이지 않았고, 결국 11명의 승무원들은 북극의 황무지에서 죽음을 당했다. 저자는 이를 두고 "두 팀이 생과 사의 갈림길에 직면했던 수많은 상황을 연구하면서, 성공한 사람들과 실패한 사람들 사이에는 구조적인 차이가 있다는 사실을 발견했다."고 평했다. 너무 당연한 결론이지만, 실제상황이라는 것이 중요하다.

▶ 섀클턴의 10가지 행동지침

- 궁극적인 목표를 잊지 말라
- 가시적인 행동으로 솔선수범하라
- 자기확신을 가져라
- 자신을 돌보라
- "우리는 하나다." 팀 메시지를 강화하라
- 이질감을 최소화하라
- 불필요한 힘겨루기를 피하라
- 함께 웃을 수 있는 일을 찾아라
- 큰 모험을 적극적으로 시도하라
- 절대 포기하지 마라

4. 활성화되는 직장의 리더십 발휘

훌륭한 일터에는 리더와 구성원간의 관계는 파트너십을 기반으로 한다. 리더는 구성원을 볼 때 일을 시키고 관리 통제해야 하는 대상으로 보는 것이 아니라 함께 성과를 내기 위한 파트너로 본다. 하지만 여전히 많은 조직에서 리더와 구성원의 관계는 일을 시키고 일을 수행하는 관계로 남아 있다. 심지어 구성원을 육성의 대상으로 생각하는 것이 아니라 자신의 경쟁자로 생각할 만큼 여유가 없는 리더들도 존재한다. 구성원 육성을 위해서는 먼저 리더와 구성원 관계에 대한 시각의 재정립

이 있어야 한다.

　시각의 재정립을 돕기 위해 구성원 육성이 조직과 리더 자신에게 어떤 의미를 갖는지 살펴보도록 하자.

　먼저 구성원 육성이 되지 못하면 조직의 성과 도출에 큰 손실이 발생한다. 쉬운 예로 리더만이 알고 있는 내용에 대해 리더가 없을 때 고객이나 거래처에서 연락이 오게 되면 구성원은 답변하지 못하거나 리더를 찾아야 하므로 그만큼 시간적, 기회적 손실이 발생한다. 더욱이 시간을 재촉하는 일이라면 그 손실은 더욱 커지게 된다. 또한 이런 일이 반복되면 구성원은 리더에게 의존적으로 변하며 성장은 더욱 더디게 된다. 리더 역시 구성원에게 맡기면 무언가 잘못될 지 모른다는 불안감에 하나에서 열까지 자신이 떠안고 가는 수밖에 없다. 조직이 커질수록 구성원 육성 미흡에 따른 손실 규모는 더욱 커진다. 리더는 갈수록 어려움을 겪게 되고 조직의 생산성은 저하되고 성과의 양적·질적 수준도 과거의 수준을 넘어설 수 없게 된다. 이는 지난 몇 년간 강조해온 지식경영과도 연관시켜 볼 수 있다. 국내 대기업에서 일본에 벤치마킹을 하러 갔을 때 일본 담당자가 "귀사에서는 지난 해에 물어본 것과 똑같은 내용을 또 물어보기 때문에 우리도 지난 해에 했던 것을 그대로 준비한다."고 말했다고 한다. 육성을 통해 지식이 조직에 전파되지 않으면 조직은 항상 그 수준에서 맴돌 수밖에 없다.

　둘째, 구성원 육성을 소홀히 하면 조직의 성과의 손실은 물론 리더 자신에게도 큰 손실이 발생한다. 단순한 업무 처리를 위해서 리더 자신이 자리를 지켜야 함으로써 선진기술 습득이나 능력향상 등 자기발전을 위한 학습 기회를 제한하게 된다. 스스로 자기 목을 죄게 된다. 높은 부가가치를 가진 일, 한 차원 높은 능력을 필요로 하는 일에 도전할 수 있는 기회를 잃게 되는 것이다. 또 이런 리더는 구성원의 시각에서는 자신들의 성장을 가로막는 '조직의 부채(負債)' 로 인식되고 만다.

그렇다면 구성원 육성을 위한 방법은 어떤 것들이 있을까. 필자는 구성원의 육성방법으로 세 가지를 제시해 본다.

첫째, 일을 통한 육성이다. 다시 말해 실무를 경험하면서 배우게 하는 것이다. 일을 통한 육성을 위해서는 권한위임, 즉 임파워먼트(Empowerment)가 필요하다. 보렌은 "임파워먼트는 위임을 통해서 일어나는 것이 아니라 구성원이 갖고 있는 파워를 신뢰하는 데서 출발한다. 즉 신뢰를 바탕으로 구성원의 능력과 잠재력을 키워 주는 방법이다."고 정의했다. 구성원은 임파워먼트를 통해 직무에 대한 몰입을 극대화할 수 있으며 자신의 역량을 최대한 발휘할 수 있고 업무를 수행하기 위해 필요한 지식과 스킬을 스스로 찾아서 학습하게 된다. 조직의 규모가 커지고 환경변화가 빨라지면서 과거의 피라미드식 계층 조직이 아닌 분권화된 수평적 조직의 필요성이 증대하자 이러한 임파워먼트가 조직 내 더욱 중요한 요소로 인식되고 있다. 단 임파워먼트라고 해도 리더는 일을 던져 주고 신경을 쓰지 않는 것이 아니다. 리스크 관리(Risk Managemant) 역할을 수행하게 된다. 일을 방치하는 것이 아니라 일이 어긋나지 않도록 필요한 시점에 코칭을 해 주고 필요한 지원 역할을 수행하게 된다. 리더는 자신뿐만 아니라 구성원이 역량을 최대한 발휘할 수 잇도록 도와 주는 사람이다. 무슨 일이든지 자신이 하지 않으면 마음이 놓이지 않는 사람들은 리더로서의 자격이 부족한 것이다.

둘째, 학습을 통한 육성이다. 학습에는 구성원의 능력 향상을 위해 직접 교육에 참가하도록 하는 것 외에 리더의 코칭이 있다. 리더의 코칭에 대해서 생각해 보자. 골프를 배울 때 코치는 골퍼의 스윙하는 모습을 관찰하다가 잘못된 부분에 대해서만 코칭해 주는 포인트 레슨 방법을 사용한다. 이것은 대단히 효과적인 육성방법 중 하나다. 즉 리더가 구성원을 획일적으로 교육하는 것이 아니라 개인별 부족한 포인트를 잡아서 코칭해 주는 것이다. 이를 위해서는 리더의 구성원 개개인에 대한 지속적인 관찰이 중요하다. 또한 일의 결과가 아닌 원인에 포인트를 두고 코칭해야 한다. 그리고 부족한 부분에 대한 체계적인 성장을 지원해 주는 것이 중요하다. 그 외에도 업무수행에 필요한 정보는 어디에 있으며 전문가는 누구인지, 즉 노하우는 물론 노웨어(Know Where), 노후(Know Who) 등의 정보를 제공해 자발적 학습을 지원하는 것도 효과적인 육성의 방법이다.

앞서 살펴본 일과 학습을 통한 구성원의 육성은 단편적으로 이뤄지는 것이 아니라 구성원의 경력계발 프로그램(Career Development Program)에 의거해 이뤄져야 한다. 경력계발 프로그램은 환경변화에 따라 조직이 필요로 하는 역량의 효과적인 육성과 함께 구성원의 자아실현을 위한 욕구를 고려해 체계적으로 구성해야 한다.

마지막 육성방법은 리더 스스로가 모델이 되는 것이다. 구성원은 리더의 사고나 행동을 보고 많은 것을 학습한다. 특히 말로 설명하기 어려운 공정성, 정직, 성실 등의 리더의 태도나 자질은 리더 자신의 생활을 통해서 구성원에게 전달된다. 리더 스스로가 모델이 됨으로써 개인적 성품에 의한 영향력이 높아지고 구성원과의 신뢰가 더욱 돈독해질 수 있는 장점도 있다. 리더의 역할 중 솔선수범을 강조하는 것도 바로 이런 이유에서다.

▶ 엘테크 브레인스토밍
구성원 선정은 조직발전 '열쇠'.

리더의 역할 중 가장 어려운 것이 구성원 육성이라고 생각한다. 많은 관리자들은 지금까지 자신은 상사 밑에서 스스로 알아서 커왔고 이제 내가 관리자가 됐으니 구성원에게 일을 시키고 좀 편하게 기존처럼 직장생활을 했으면 하고 생각한다. 그런데 갑자기 자신을 리더라고 부르면서 구성원을 육성하라고 하니 과거 생각이 나서 억울함도 있을 것이고 육성하라고 하니 뭔가 가르쳐야 한다는 강박관념에 똑똑한 구성원을 보면서 부담을 느끼기도 할 것이다. 그러나 구성원 육성은 조직과 자신, 구성원 모두에게 윈윈윈(win-win-win)을 가져오는 유일한 길이다. 리더는 구성원을 통해, 구성원과 함께 성과를 내야 한다. 구성원의 성장 없이는 조직뿐만 아니라 자신의 발전의 기회도 요원해 진다는 것을 명확히 인식해야 한다. 다만 구성원 육성은 리더들만의 몫이 아니라 조직이 함께 해야 하는 몫이다. 리더가 구성원을 육성하고 그들을 성장시켰을 때 조직은 리더에게 새로운 도전적인 업무를 부여하고 추진하도록 해 리더가 현재 위치에 머물러 있지 않고 발전해 나갈 수 있는 기회를 제공해야 한다. 조직의 지속적인 성장, 장기적인 성장을 위해서 리더뿐만 아니라 조직 차원에서 육성을 위한 리더십이 발휘될 수 있는 환경을 조성해야 한다.

5. 리더십은 진정한 신뢰에서 발휘된다

자신이 맡은 업무를 능숙하게 처리한다고 해서 유능한 간부라고 말할 수는 없다. 부하 직원이 프라이드를 갖고 자신이 맡은 일을 충실하게 수행하며, 회사를 자랑스럽게 여길 수 있도록 리드하는 것도 간부의 중요한 일 가운데 하나이다.

'이 직장에서 평생 일하면 반드시 인생에 있어 보람될 것' 이라는 기분이 들 수 있는 사풍(社風)을 만들어야 한다.

그렇다면 어떻게 하는 것이 부하 직원들에게 일의 보람과 매력을 느끼면서 회사를 위해 평생을 걸어 보겠다는 각오를 심어 줄 수 있는가. 이를 위해 가장 필요한 것은 상사와 부하가 연대 의식을 가지고 상호 신뢰할 수 있는 관계를 만드는 일이다. 간부와 사원들이 자연스럽게 접할 수 있는 분위기는 간부 스스로 노력하지 않으면 안 된다.

사원들이 진정으로 회사와 간부를 신뢰하는가의 판단은 회사가 위기 상황일 때 생생하게 드러난다. 회사가 잘 돌아갈 때 아무 말 없이 따르지만, 경영이 악화되기 시작하면 슬슬 빠져나가려는 사원이 생긴다. 그것은 조직에서 일탈하려는 사원들에게 문제가 있는 것은 아니다. 문제는 평소 사원들과 신뢰 관계를 만들지 못한 간부에게 있다.

회사가 불경기일 때 지탱해 줄 수 있는 간부, 책임감 이상의 사명감을 갖고 있는 간부가 없다면 회사는 무너지기 쉽다. 또한 그런 간부를 믿고 따르는 사원들이 있어야 조직이 움직이고 회사가 움직인다. 이런 움직임의 원동력은 바로 간부와 부하 직원 간의 믿음에 기초를 하고 있는 것이다. 진심으로 부하 직원을 소중히 여긴다면 호되게 꾸짖는 일도 종종 생긴다. 꾸짖는 일은 본인을 위해서나, 회사에 도움이 되는 인간으로 육성하기 위해서도 매우 중요한 일이다.

애정이라는 것은 진실로 상대를 위하지 않고서는 생길 수 없다. 말로만 다정하게 말하는 것은 누가 보아도 가식뿐이라는 것을 쉽게 알 수 있다.

◆ 형식적인 이해보다 신뢰가 중요하다
회사에는 여러 성향의 사원이 있다. 성실하고 마음씨가 좋은 사원, 고집이 강해 다루기 힘든 사원, 성질이 급한 사원 등등 다양한 성격을 지닌 사원들이 존재한다.

대부분의 간부들은 이런 사원들 중에 개성이 강한 사원들을 가장 다루기 힘들다고 한다. 사람이 좋은 사원들은 상사의 의견과 충돌하는 일은 그다지 없지만, 즉시 동조하거나 타협을 하기 쉬운 면이 있다. 이에 반해 개성이 강한 사원은 붙임성이 없고 농담도 잘 하지 않는다. 그러나 일단 일을 시키면 최선을 다해 능력을 발휘한다.

고집이 세고 다루기 힘든 사원은 자칫 반항적이기 쉽지만, 점차 부서 내의 분위기에 적응하고 뚜렷한 사명감을 가지기 시작하면 남보다 강한 집중력과 책임감을 발휘한다.

그러한 부하의 경우에는, 상사가 자기 나름대로의 고집, 신념과 조건을 가지고 있어야 잘 통제할 수 있다. 개성이 강한 사원 앞에서 유약하고 줏대 없는 모습을 보이면 그 부하 직원은 결코 따르지 않는다. 겉으로는 마지못해 말을 듣는 것 같아도 돌아서면 간부의 줏대 없는 행동을 미덥지 않게 여긴다. 아무리 다루기 힘든 사원이라고 해도 간부의 능력에 따라 영향을 미치게 된다. 그것이 바로 진정한 리더십이다.

인간이란 자신에게 해가 되지 않는 한, 다루기 쉬운 인간을 곁에 두고 싶어한다. 그래서 종종 중소기업의 경영자 주위에는 예스맨만 남게 되는 경우를 자주 보게 된다. 이것은 주위에 예스맨 밖에 모이지 않는 것이 아니라, 자신의 귀에 거슬리는 인간을 멀리 함으로써 생기는 결과이다.

그리고 이러한 경향에 치우치기 쉬운 것은 결코 경영자만이 아니다. 회사의 간부 역시 자신의 말을 잘 들어 주는 부하, 그다지 반발하지 않는 부하, 때로는 자신을 추켜세워 줄 수 있는 부하를 소중히 여기기 쉽다. '자신을 좋아하지 않는 부하는 좀처럼 좋아하기 힘들다.'라는 말은 일리가 있지만, 간부도 경영자도 이러한 생각을 갖고 있어서는 곤란하다.

따라서 간부는 조직원과 일체감을 조성하는 데서 출발한다. 명확한 신상필벌의 원칙, 확실한 명령 체계 등이 선행되어야 조직원이 간부를 믿고 따를 수 있다.

무엇보다 리더십은 기교도 용인술도 아닌 리더의 마음에 있다. 리더의 깊은 영혼으로부터 우러나오는 사라의 마음이 부하 직원들의 심금을 울릴 때, 비로소 리더십은 성공을 보게 되는 것이다.

6. 직장 상사의 리더십 발휘

"그 프로젝트는 도대체 왜 진전이 없는 겁니까? 내가 중요하다고 그렇게 말했잖아요! 다들 뭣들 하는 겁니까?"

상사가 화를 내면서 이렇게 말했다고 해 보자. 이 말을 '질문'으로 생각하고 '정말 요즘 무엇을 하고 있는지' 진지하게 대답하는 직원은 거의 없을 것이다. 대체로 "죄송합니다.", "노력하겠습니다." 등 상사의 화를 가라앉히는 대답을 하는 선에 그친다.

여기서 상사가 한 것은 질문이 아니라 질책이다. 그러므로 당연히 이 상사가 얻는 것도 위축된 직원의 급한 마음이지, 실제 프로젝트가 왜 진전이 없는지의 원인 파악이나, 어떻게 해야 진전될 것인지에 대한 해답이 아니다.

직원이 기대에 못 미쳤을 때 당신은 어떻게 피드백해 주는가? 성과가 전혀 없는 직원에게 더 이상 같이 일하지 않겠다는 말을 해야 한다면 당신은 어떻게 하는가? 이런 말을 하지 못해서가 아니라, 자신의 감정을 통제하지 못해서 어려운 것이다. 제대로 일 못하는 직원에 대한 미운 감정과 내보내야 하는 입장의 미안한 마음이 어우러져 있으면 명확한 의사 전달을 하는 것은 쉬운 일이 아니다.

나에게 "어떻게 하면 하기 곤란한 말을 잘할 수 있느냐?"고 묻는 분이 있었다. 또 조금 다른 경우로, 직원과 직접 대면한 상황에서 분명하게 의사 전달을 못하는 경영자가 있었는데 그 밑에서 일하는 임원은 그것 때문에 매우 피곤해 했다. 자신이 매우 부정적으로 평가하고 있는 직원에게, 경영자는 막상 만나서는 부드럽고 긍정적인 얘기만 해놓고서 실제 처리는 이 임원에게 맡겼기 때문이다. 임원은 직원의 기대와 경영자의 실제 판단 사이의 갭 때문에 오히려 일하기가 힘들다고 했다.

거절하거나, 기준에 못 미쳤음을 평가하거나, 좋지 않은 결과를 전달하는 일은 누구나 하고 싶어하지 않는 일이다. 그러나 그런 일을 해야 하는 상황은 또 누구에게나 있다. 나는 '중립적 언어(Neutral Language)로 말하는 훈련이 필요하다고 생각한다.

중립적인 언어란 어떤 것일까? 감정을 싣지 않고 사실에 초점을 맞춘 언어이다. 또 말을 하는 사람의 가정이나 비난, 평가, 선입견을 배제하는 언어이다. '상대방이 잘못했다.' 는 느낌은 풍기지 않고도 할 말을 명확하게 전달하는 언어이다.

몇 년 전 일이다. 회사에서 중견 간부에게 새로운 책임을 맡겼다. 그의 성과는 매우 낮았고 함께 일하는 직원들로부터 피드백도 좋지 않았다. 1년이 지난 후 성과를 평가하는 자리에서 나는 "팀장님의 성과가 회사의 기대에 못 미쳤습니다."라고 이야기해 주었다. 거기엔 '당신은 못난 사람이다.' 라는 뉘앙스도 없었고, '나는 당신에게 실망했다.' 는 분위기도 없었다. 다만 "그래서 새로운 조처가 필요합니다."라고 나의 위치에서 그 결과에 대해 행해야 할 책임을 알려 주었을 뿐이다. 또 해결 방안을 미리 정해 놓고 강요하려 하지도 않았다. 그 대화에서 그가 생각하는 것을 자유롭게 말할 수 있도록 '안전한 공간' 을 만들어 주기 위해서였다.

　그러자 성과가 낮았던 이유에 대한 그의 견해를 충분히 경청할 수 있었다. 자신이 느꼈던 힘든 점과 좋지 않은 여건 등을 충분히 토론하고 상사가 그것을 주의 깊게 경청하는 것은 그에게 좋은 일이었다. 앞으로 어떻게 할 것인가에 대해서도 서로 책망하거나 감정에 휩쓸리는 대신 몇 가지 가능한 대안들을 놓고 깊게 토론할 수 있었다. 마치 객관적으로 조망하는 듯한 그 접근법은 그에게나 나에게 모두 훌륭한 결과를 가져다 주었다. 나중에 그는 나에게 감사하다고 했고, 나도 그에게 새로운 역할에 잘 적응하도록 격려해 주었다.

　앞에서 언급했던, 프로젝트가 제대로 진행되지 않는다며 화를 냈던 경영자의 경우로 돌아가보자. 당신이라면 그 상황에서 어떻게 중립적인 언어로 직원과 대화하겠는가? 어떻게 대화를 하면, 직원을 한번 질책하고 끝내 버리는 대신에, 프로젝트가 진전이 안 되는 이유와 진전시키기 위해서 어떤 조처들이 필요한지에 대한 실질적인 대안들을 탐구할 수 있겠는가? 그 대화를 중립적인 언어로 다시 만들어 보라.

7. 문제해결형 리더십이 중요하다

　누구를 막론하고 가르치는 입장이야말로 열심히 공부해야 한다. 가르치는 입장에 있는 리더는 배우는 사람보다 넓고 깊게 배우지 않으면 안 된다. 아무리 바쁘더라도 타인의 경험에 대해 들을 기회가 있거나 신문이나 잡지를 통해 배울 사항이 있으면 반드시 시간을 할애해야 한다. 대인관계나 멤버의 활성화에 대한 정보는 현재 넘칠 정도로 많이 있다. 마음만 있다면 얼마든지 공부할 수 있는 세상이다.

기계나 설비에 대해서도 공부한다. 현재의 하이테크 설비는 날로 발전하며 어제는 가장 최신의 정보였던 것도 오늘은 이미 낡은 정보가 되어 버리는 게 현실이다.

필자는 '열심히 일하는 사람에게 일이 잘 모여든다.'는 이야기를 자주한다. 열심히 일을 하면 여러 가지 지식을 얻을 수 있고 점점 더 좋은 업무가 모여 여러 가지 업무경험을 할 수 있게 되며 공부를 할 수 있게 되는 것이다. 자신에게 업무가 집중되는 것만큼 즐거운 일은 없을 것이다.

최근 들어, 취업 면접시험은 매우 어렵다. 예전에는 1, 2차 다 붙었는데 최종 면접에서 '아쉽게' 떨어졌다는 말이 통했는데, 요즘 이런 소리를 했다가는 정말 물정 모른다는 소리 듣기 십상이다. 서류심사나 적성검사는 최소한의 필터링 기능을 할 뿐, 진정한 심사는 면접에서 이뤄지는 것이 요즘 인재 채용방법의 주조이기 때문이다.

면접에서 탈락했다는 것은 서류나 시험은 재수 좋게 통과했는데, 면접 때 '그만(아쉽게가 아니다)' 들통이 나고 말았다는 얘기와 다름없다. 시험 점수는 속여도 면접관 면전에서 사람 속이기는 절대로 쉽지 않은 것이다.

헤드헌터들은 예전부터 그래왔지만, 요즘은 기업이든 정부든 공히 면접시험을 강화하는 추세이다. 물론 공공성, 공정성, 투명성과 같은 비경쟁적 가치를 좀더 챙길 수밖에 없는 정부나 공기업은 여전히 서류, 필기시험, 각종 자격증 가산점 등을 챙기지만, 그럴 필요 없는 기업은 애초에 면접을 강화해 왔고, 사실은 공공부문도 최근에는 이를 슬금슬금 따라가는 추세다.

면접 강화는 기업의 핵심인재 확보전략과 밀접한 관련이 있다. 덩치 큰 시장이 고맙게도 느릿느릿 움직이고, 그래서 기회도 많고 결정은 위에서 다 해도 되고 게다가 좀 결정이 늦어도 상관없던 시대에서는 핵심 인재란 게 별게 아니었다. 일 꼼꼼히 하고 성실하면 됐으니까. 하지만 요즘은 전혀 다르다. 시장은 여전히 덩치는 크지만 더 이상 한 기업이 좌지우지하기 어렵게 세분화돼 있으며 소비자 기호와 시장 상황은 정말 그때그때 다르다. 기업 입장에서는 하루하루 버텨내는 것이 정말 용한, 살얼음판 상황인 것이다.

그래서 핵심인재의 기준에선 문제해결능력이 으뜸이 됐다. 누가 시키지 않아도 과제를 찾아 내고 판단하고 스스로 해결의 진로를 모색하지 않으면 매우 곤란하다.

면접과정에서 기업들이 현장에서 부딪칠 수 있는 매우 복합적이고 어려운 상황을 끄집어내 후보자의 지식, 판단, 조정능력을 한꺼번에 시험하려고 드는 것도 바로 이 때문이다. LG전자는 '당신이 HATV용 핵심 반도체칩 설계자라고 가정하고 시제품 중 하나를 선택해 상용화 방안을 만들라'는 문제를 냈고, KTF는 '디지털 가전이 휴대폰으로 수렴되고 있는데, 어떤 유형의 차세대 휴대폰이 등장할 것이라고 보는가.'라는 문제를 냈다.

생각해 보면 억울하다. 부장도 이사도 아닌데, 그걸 어떻게 안단 말인가? 하지만 기업은 그럴 수밖에 없다. 김쌍수 LG전자 부회장의 말대로 2위는 포커판의 그것처럼 가장 많은 돈을 쓰고 모든 것을 잃는 것이 이 동네 법칙이기 때문이다. 2위를 하지 않으려면 최고가 될 수밖에 없고, 그러자면 그럴 수 있는 인재를 뽑을 수밖에 없다.

정말 기가 막힌 것은 이사진이라 할지라도 얼른 대답하기 난감해, 문제를 풀어 낼 사람이 분명 없을 것 같은데, 알고 보면 있다는 사실이다. 이런 사람들은 자신이 지원하는 산업과 기업에 대한 '넓고도 깊은' 지식을 바탕으로 나름의 식견을 선보이며, 문제가 너무 어려웠다는 탈락

자들의 볼멘 항의를 원인 무효로 만들어 버린다.

다른 것은 한 차원 높은 고민이다. 문제가 문제인 것은 그냥 달려들어서는 풀기 어렵기 때문이다. 평소 지식과 평소의 고민으로 뚝딱 해결할 수 있는 문제라면 문제도 아니다.

『다빈치코드』의 루브르 박물관장 소니에르는 손녀 소피 느뵈에게 생일선물 하나를 줘도 몇 단계 암호를 풀어야 찾을 수 있도록 훈련을 시켰고, 선물받을 욕심과 할아버지에 대한 묘한 경쟁심리 때문에 암호 풀기에 열심이었던 소피는 결국 암호전문가가 돼 할아버지의 죽음의 의문을 풀어 나간다.

문제해결능력은 어느 정도는 타고나지만 대부분은 훈련된다. 소니에르와 같은 할아버지가 없는가? 그러면 스스로에게 문제를 내라. 그리고 스스로 해답을 찾아라. "나라면 어떻게 할 것인가?" 하고 말이다.

8. 삼성그룹 리더십은 송상(松商)정신이 핵심이다

삼성은 왜 강한가? 삼성의 '합리주의'와 '인재제일', '초일류주의'는 600년 전통의 송상(松商)정신을 계승하고 그것을 최고 수준으로 업그레이드했기 때문이다. 『삼성 사장학』(김영한 지음, 청년정신)은 CEO부터 신입사원까지 '최고'를 지향하는 삼성의 힘이 고난 속에서도 뛰어난 리더십을 발휘한 개성상인들의 '합리', '인재', '일류' 정신이라는 광맥에서 비롯됐다고 분석한다.

저자는 국민대 교수이자 마케팅MBA 대표. 삼성전자와 휴렛팩커드에서 30여년간 마케팅 실무경험을 쌓은 그는 이병철·이건희 회장의 리더십과 경영철학을 통해 삼성의 비즈니스 정신을 입체적으로 보여 준다.

그가 정리한 삼성 리더십의 요체는 '합리 경영', '목표에 의한 관리', '발빠른 국제화', '일류상품 제조', '뛰어난 마케팅 능력', '열정적인 비즈니스', '사람 중심의 팀', '학습조직' 등 8가지. 이는 송상 리더십의 '사개치부법에 의한 합리적인 관리', '전문경영인(차인제도)의 책임 경영', '중국 일본과의 통상', '세계 최고의 인삼으로 해외 공략', '유통망(송방) 구축으로 상권 장악', '인재발굴과 양성', '엘리트 상인으로 학습능력 최고' 등과 맞닿는다.

인재 제일주의와 관련된 일화 한 가지. '1953년 이병철 회장이 제일모직 공장 건설을 결심한 후 가장 먼저 완공한 것은 공장 건물이 아니라 기숙사였다. 당시 이 회장은 2천여 명이 묵을 수 있는 기숙사 전관에 스팀 난방 설비를 갖게 했다. 당시로선 일류급 호텔에만 가능한 스팀 난방을 여공 기숙사에 설치한 것이다. 여공들에게 최고 호텔급 숙소를 제공하는 게 호암의 방식이었고 인재 제일주의 경영의 시발점이었다.'

호암은 사람을 중시하는 경영자였던 만큼 '어떤 사람을 사장으로 키워야 하는가.'를 늘 생각했고 '덕망', '탁월한 지도력', '신망', '창조성', '추진력', '책임감'을 중시했다. 그가 3남인 이건희 회장을 후계자로 삼은 것도 '인재'와 '미래'에 관한 혜안을 가졌기 때문이라고 저자는 평가한다.

그러면 이건희 회장이 생각하는 사장학은 어떤 걸까. 이는 다섯 개의 한자로 요약된다. '지(知)-CEO는 종합예술가, 경영자는 많이 알아야 한다.', '행(行)-실행력을 갖춰야 한다.', '용(用)-부하의 능력과 외부의 지혜를 이용할 줄 알아야 한다.', '훈(訓)-직원들을 잘 훈련하고 육성해야 한다.', '평(評)-단순한 실적이 아니라 인재·조직관리 등 복합적인 평가를 중시한다.'가 그것.

이 회장이 싫어하는 CEO 유형은? '양이나 수치만 중시하고 자잘한 것만 챙긴다.', '거짓말을 한다.', '같은 실수를 반복한다.', '발상의 차원이 낮다.', '실패에 대비해 핑계거리를 생각해 둔다', '부하나 타인의 공적을 가로챈다.', '시내 정치에 정신이 팔렸다.', '사람을 키우지 않는다.' 등 10가지다.

이 책에는 호암이 생전에 이창우 성균관대 교수에게 써달라고 부탁한 사장학 내용도 부록으로 실려 있다.

9. 마틴 루터 킹의 리더십

리더십이란 관리자의 체력과 정신력에서 나오는 힘이다. 리더에게는 멤버보다 몇 배나 많은 일이 기다리고 있다. 전후공정이나 자재를 담당하고 있는 사람들과의 절충과 관련된 운반 작업, 비번인 작업자의 빈자리를 메우기 위한 육체노동, 여기에 개선활동이나 컴퓨터 조작 등의 두뇌노동까지 그의 어깨에 달려 있다. 업무에 대한 연구와 날마다의 업무를 통한 단련을 통해 자신감이 생기고 이것이 리더십을 성장시킨다.

회사 밖에서는 봉사활동을 통해서 이러한 힘을 키울 수 있다. 필자는 리더들에게 지역사회를 위한 봉사활동을 추진해왔다. 어떠한 목적 없는 헌신, 타인의 기쁨이 곧 나의 기쁨이라는 봉사활동은 정말 고분분투하고 있는 리더의 모습과 흡사하다.

사례로써, 미국의 흑인 민권운동가 마틴 루터 킹. 그는 생존의 위협을 뚫고 지혜와 힘으로 변혁의 리더십을 개척한 지도자다. 미국을 바꾼 세 가지 혁명(독립전쟁, 남북전쟁, 민권운동) 가운데 가장 드라마틱한 비폭력 혁명을 이끈 인물. 그의 지도력은 어디에서 나온 것일까.

'마틴 루터 킹의 리더십'은 혼란과 적대감의 소용돌이 속에서 대중을 감동시키고 꿈을 성취한 리더의 16대 덕목을 강조하고 있다. 그의 리더십은 설득과 팀워크의 조화에서 출발했다. '진정한 리더십은 명령과 통제를 중심으로 하는 경영이론과는 매우 다르다. 협상과 동의, 팀워크의 가치가 가장 먼저다.'

그는 "어떤 조직이든 대중은 자신들의 이야기에 귀를 기울여 줄 사람을 원한다."며 "그래서 진정한 리더는 경청할 줄 아는 사람"이라고 말했다. 먼저 듣고 문제해결을 위한 행동기회를 만드는 것, 이것이 신뢰와 이해, 학습, 친밀감이라는 4대 덕목을 동반할 때 리더십이 나온다는 것이다. 그런 다음에는 설득할 줄 아는 능력을 갖춰야 한다. 리더는 거친 강물을 헤쳐 나아가는 배의 신뢰받는 선정, 항로를 바꿀 때는 안전이라는 최종목표를 승객들에게 이해시켜야 한다.

인도를 방문한 킹은 간디의 비폭력주의에 스며있는 사랑이 자유를 갈망하는 수많은 민중의 가장 큰 무기였다는 것을 확인했다. 그리고 흑인들에게 그 깨달음을 강요하거나 명령하지 않고 비폭력주의의 장점을 설득하는데 주력했다.

그의 리더십 요체는 다음 메시지에도 압축돼 있다.

① 사랑이 결여된 힘은 무모하고 힘이 결여된 사랑은 유약하다.
② 반대세력을 공격하거나 굴욕감을 주지 말고 그들이 생각을 바꾸도록 유도하라.
③ 오늘 다툰 사람과 내일 함께 살아야 함을 기억하라.
④ 성과는 사람들의 상호작용 의지와 능력에 비례한다.
⑤ 강한 자기 확신은 비난과 험담에 대항하는 가장 강력한 무기다.
⑥ 리더십은 지배가 아니라 영적 자극이다.

8장

도전 없이는 성공도 없다

1. 도전정신과 자신감이 성공의 원동력

대체로 인간은 기분이 좋으면 기분좋게 행동한다. 반대로 기분이 나쁘면 기분 나쁘게 행동하게 마련이다.

심리학자이자 철학자인 윌리엄 제임스는 이렇게 말했다.

"행동은 감정에 따르는 것 같지만 실제로 행동과 감정은 병행한다. 따라서 인간의지의 보다 직접적인 통제 하에 있는 행동을 조정함으로써, 인간은 의지의 직접적인 통제 하에 있지 않은 감정을 간접적으로 조정할 수 있다. 만일 유쾌한 상태가 아니더라도 기분을 유쾌하게 만드는 최상의 방법은, 이미 유쾌한 것처럼 행동하고 말하는 것이다.

한 예로, K사장은 매일 아침 "야, 신난다. 오늘도 좋은 아침이다. 힘차고 즐겁게 생활하자."라며 기상한다. 그리고는 쾌활하게 웃는다. 조깅을 하면서도 "나는 행복하다. 나는 프로다. 나는 최고다."를 복창한다. 회사로 출근하면서도 콧노래를 부르며 상쾌한 음악을 듣는다. 사무실로 들어서면서 K사장은 반갑게 온몸으로 직원들에게 인사를 한다.

"좋은 아침입니다. 즐거운 날입니다. 오늘도 힘차게 일합시다."

아침부터 활기가 넘친다. 모두들 기분 좋게 일하게 된다. 진정으로 성공을 목표로 하는 사람이라면 건강이 얼마나 중요하고 고마운 것인가를 자연스럽게 알 것이다. 성공을 향해 온 힘을 쏟고 싶은데 몸이 말을 듣지 않는다면, 얼마나 애석한 일인가.

건강은 성공의 전제조건이다. 건강한 몸을 만드는 첫걸음은 건강한 정신에서 비롯된다. 나를 둘러싼 환경파괴와 생명의 위기를 충분히 인식한 가운데서 "나만은 절대로 이런 조건에 낙오하지 않겠다."는 굳은 신념을 갖는다.

미국의 어느 유명한 프로야구선수는 "내가 홈런을 친 것은, 공을 던지는 투수의 동작으로, 공을 친 자신의 동작을 바라보고 있는 또 한 사람의 자신이 있기 때문이다."라고 이야기했다. 그는 또 한 사람의 자신을 스스로 만들어낸 것이다.

아침에 일어났을 때 거울 앞에 서서, 오늘 하루의 목표를 세우고, 목표를 큰소리로 외치고, 스스로의 통제자로서 서약하는 것이다. "오늘은 이만큼은 실행한다. 나는 능력이 많은 인간이지만 보다 큰 능력이 발휘되도록!"이라고.

그리고 저녁 잠자리에 들기 전에도 역시 거울 앞에 서서, 오늘 아침의 맹세가 어느 정도 실행되었는지를 확인하고, 자신과 또 한 사람의 자신을 일체화시킨 후에 쉬는 것이다.

자신의 하고자 하는 마음을 육성시키려면, 우선 "나는 하고자 하는 마음이 있다."라고 자기암시를 거는 것이다. 결코 비관하지 말 것! 비관은 미래의 행복을 갖지 못하게 한다. 따라서 하고자 하는 마음을 갖게 됨으로써, 진정으로 하고자 하는 마음의 의지가 생기는 것이다.

"문제란, 문제라고 생각하기 때문에 문제인 것이고, 문제화할수록 문제다."라는 버나드 쇼의 말에 귀를 기울이면서 비관하지 않고 하루하루를 충실하게 보내다 보면, "로마로 통하는 길"이 열릴 수 있다는 것을 알 수 있게 된다.

'세상엔 세 가지 종류의 사람이 있다. 꼭 필요한 사람, 있으나 마나 한 사람, 없으면 좋은 사람, 그러니 꼭 필요한 사람이 되라.'

지금의 중장년 세대가 학창시절과 신입사원시절 귀 따갑게 듣던 말이다. '한 우물을 파라. 직장을 세 번 이상 옮기면 죽도 밥도 안 된다.'는 얘기도 숱하게 들었다.

매달 월급을 주는 회사에 다니는 것만으로도 행세할 수 있어서였을까. 60~70년대는 물론 80년대까지 이 땅 직장인들은 꼭 필요한 사람이 되고자, 여기저기 옮기다 낙동강 오리알처럼 될까봐 웬만하면 한 곳에서 물불 안 가리고 일했다. 회사가 '명하면' 하늘이 두 쪽 나도 하는 걸로 알고, 퇴근 5분 전에 불러 세워도 군말 없이 따라나섰다.

'불가능은 없다.', '하면 된다.'라는 구호 아래 야근과 휴일 근무를 밥 먹듯 하고, 달랑 여권 하나 들고 지구를 돌며 중석도 팔고 가발도 팔고 와이셔츠와 스웨터도 팔았다. 회사와 개인의 생존을 떼어 생각하지 않고 회사의 발전이 자신의 성장이라고 믿었다. 한강의 기적은 이들의 의지와 열정에 힘입은 것과 다름없다.

무한경쟁시대에 살아 남기 위한 극한처방인가. 금융회사와 건설, 통신업체 할 것 없이 신입사원들에게 지옥훈련을 방불케 하는 극기훈련을 시킨다는 소식이다. 야간 도보행군과 무박등반을 실시하는가 하면 사다리를 타고 공장의 굴뚝과 원유저장탱크에 올라가게 하기도 하고 아예 해병대 훈련을 본딴 프로그램에 보내기도 한다는 것이다.

신체적인 훈련 외에 농산물 직접 팔기, 콜센터에서 고객의 요구사항을 직접 듣고 처리하기, 도미노 쌓기, 회사의 과거·현재·미래를 각색해 뮤지컬로 공연하기, 사내에서 발생 가능한 상황을 드라마로 제작하기 같은 과정도 있다. 어느 것이든 곱게 자라 유약한 신세대 직원들에게 인내심과 끈기 단결력을 키우기 위한 방법임에 틀림없다.

실제 처음엔 너무 힘들어 회사를 그만둘까 생각하던 사람도 주위의 격려 속에 과정을 마치면 성취감과 동료애를 느끼는 동시에 '할 수 있다.'는 도전정신을 갖게 된다고 한다. 불황시대의 풍속일 수 있겠지만 이렇게 해서라도 우리의 성장동력이 되살아날 수 있었으면 싶다.

2. 자기성장을 위한 위기관리 기술

평상시에는 그다지 실적이 뛰어나지 않던 사람이 불가능하다고 생각했던 어려운 난관을 돌파하여 주위의 사람들을 놀라게 하는 일이 있다. 반대로 틀림없이 할 수 있으리라고 생각한 사람이 도전에 실패를 하는 경우도 있다. 이런 경우, 흔히 운이 나빴다고 말하지만 이것은 심리학적인 이유가 있는 것이다.

그런데 여기서 큰일을 할 때 자신이 지니고 있던 실력을 충분히 발휘할 수 있는 사람이 의외로 실패를 하는 경우를 본다. 그들은 실력은 있었지만 평소에는 성적이 눈에 띄지 않았던 것이다. 이러한 사람은 실패를 해봄으로써 자기자신을 콘트롤하는 훈련이 자연스럽게 단련되어 시험장에서 당황한다든가 의외의 실수를 하는 일이 없으며 오히려 침착하게 시험에 임하여 성공하게 되는 것이다.

이처럼 자기감정을 콘트롤하는 것을 심리학에서는 '욕구불만 내성 (耐性)'이라고 부르고 있다. 이것은 평소에 실패나 실수 등의 경험에 의해서 만들어지는 것이다. 그러나 언제나 성적이 우수하고 실수가 적었던 사람은 이러한 내성이 숙달되어 있지 않기 때문에 사소한 것에서도 감정이 흐트러지게 되는 것이다. 어리광을 부리며 자랐던 아이들이 자기자신의 감정을 조정하지 못하는 것은 바로 그 예의 하나이다.

아무리 원대하고 장기적인 계획을 세웠다 할지라도 눈앞의 잡다한 일들이 마음에 걸리는 경우가 많다. 장기계획에 의한 일보다는 내일의 숙제가 마음에 걸리는 일도 있을 것이며 편지의 답장이나 병문안 등 사소한 여러 가지가 마음에 걸리는 경우가 많다.

이것은 심리학적으로 볼 때 상당한 마이너스가 된다. 미국의 펜실베이니아대학 교수인 스톡 박사는 뭔가 하지 않으면 안 된다는 의무감에서 생겨나는 긴장이 노이로제와 관계되는 중요한 정신상태의 첫 번째 원인이라고 말하고 있다.

따라서 이러한 상태에서는 아무리 잡념을 쫓아 버렸다고 하더라도 학습 능률은 오르지 않을 것이다. 그런데 능률을 떨어뜨리고 있는 원인이 눈앞에 있는 사소한 일이라는 것을 깨닫지 못하는 사람이 의외로 많다. 눈앞의 사소한 일이 마음에 걸리는 이상 그것부터 빨리 처리해야 한다.

예로, 영국의 유명한 철학자 버틀란드 리셀은 뭔가 어려운 문제에 관하여 쓸 필요가 있을 때 여러 시간 아니면 여러 날을 그것에 관하여 필사적으로 고심했는데도 해답이 좀처럼 안 나오면 "그만 둬 버려라."라고 자신에게 명령을 내리고 깨끗이 잊어버리는 습관을 가지고 있었다고 한다. 그리고 몇 달이 지난 다음, 그 문제를 의식적으로 다시 들춰 보면 의외로 쉽게 생각이 나서 다시 글을 쓸 수 있었다고 한다.

즉, 의식에서는 완전히 지워 버렸지만 사실 그의 잠재의식이 계속 활동하고 있어서 문제해결의 방향으로 이끌어 주었던 것이다. 이 기법을 발견하기 전에는 아무리 해도 생각이 나지 않을 때 여러 가지로 고민을 하게 되고 같은 문제를 가지고 수개월 동안을 헛되이 지낸 일이 있었다고 한다. 러셀과 같이 수개월까지는 안 가더라도 아무리 해도 풀리지 않는 문제를 높고 자신을 괴롭히는 것보다는 일단 그 어려운 상황에서 신속하게 탈피하는 것도 하나의 방법일 것이다. 그러면 자기도 모르는 무의식의 세계에 문제를 내던지게 되는 것이며, 얼마 안 가서 그것을 다시 돌이켜보면 "아! 그랬던가."라고 몰랐던 문제를 해결할 수가 있다.

모든 것이 완벽하게 갖춰진 환경에서 공부를 할 수 있는 사람은 그다지 많지 않을 것이다. 또한 모든 것이 다 갖춰졌다고 반드시 공부를 잘하게 되는 것도 아니다. 필자가 알고 있는 예를 들면, 아르바이트를 하여 학비를 버는 학생은 대체로 그렇게 하지 않는 학생보다는 성적이 좋은 편이다. 동서고금의 위인들을 보더라도 가난한 가정환경에서 성장한 사람들이 많다. "나에게는 소음이 필요하다."라고 말한 아나톨 프랑스나 "항구의 잡음이 내 시작(詩作)을 도와 준다."라고 쓴 바르디와 같이 오히려 주위가 복잡한 것을 원하는 사람도 있다.

물론 어떤 환경이 정말 공부를 하는 데 도움이 되고 방해가 되는가를 판단하는 것은 어렵다. 다만 본인이 자신의 환경을 수용하는 태도에 따라 달라질 것이다. 그러나 적어도 일반적으로 좋지 않다고 생각되는 조건이 의외로 공부의 의욕을 불러일으키는 데 도움이 될 때가 많다. 시간이 너무 많은 사람보다는 오히려 몇 시간밖에는 공부를 할 수 없는 사람 쪽이 시간활용을 잘한다.

또한 역경을 극복하는 정신력이 공부하는 정신력과 서로 동화될 수가 있다.

3. 앞날을 내다보는 선견력이 중요하다

세상을 보는 지혜를 간략하게 표현하자면 '정확한 선견력'을 갖추는 안목을 키우는 일이라고 할 수 있다. 그렇다면 과연 선견력을 어떻게 개발할 것인가? 선견력은 결코 전문가들만의 고유영역이 아니다. 우리들 주위에서도 이와 같은 선견력이 필요할 때가 많다.

예를 들자면, 기업 경영자가 사업계획을 수립할 때, 개인이 자신의 인생계획을 세울 때, 또는 부모가 자녀의 장래를 위하여 교육계획을 세울 경우 등은 모두 탁월한 선견력을 발휘하지 않으면 안 되는 경우이다. 또한 비즈니스에서도, 신규투자에서도, 교육에서도, 승부의 세계에서도 모두 정확하게 앞을 내다보는 사람, 신속하게 상황에 대처할 수 있는 사람만이 인생을 성공적으로 경영할 수 있는 것이다.

비슷한 예로, 우리들은 자가용을 타고 다니게 되면 항상 도로상황을 미리 예측해야 한다. 또한, 출근길 지하철 안에서는 다음 역에서 어떤 자리가 빌 것인가를 예측해야 된다. 따라서 우리들은 생활 속에서 항상 일상적인 일들을 통해서 앞을 내다보는 작업을 계속하고 있는데, 여기에는 곧 데이터, 패턴, 경험, 감각 등의 수단이 사용되고 있는 것이다. 선견력이야말로 성공하는 사람의 필수조건이란 것은 동서고금을 통한 수많은 성공사례가 이를 증명하고 있다.

시대는 빠르게 변하고 있다. 역사에서도 각 시대가 요구하는 변화의 모습은 늘 존재해 왔다. 상품도 기술도 빠르게 변한다. 이는 유행이나 세상의 변화도 마찬가지이다. 따라서 시대변화를 신속하게 간파하면서 그 시대를 앞서가야 하는데, 이것이 말처럼 쉬운 일은 아니다. 새롭고 전망 있는 유망한 기능을 숙달하고 있다거나 또는 적절한 제안과 개선책을 제시해 주는 사람들을 우리는 흔히 '지혜롭고 선견력이 있는 인물'이라고 평가하고 있다.

지금 내 앞에서 어떤 일이 일어나고 있는가? 그리고 앞으로 어떠한 분야가 성장할 것이며, 또 어떤 분야가 사라져 갈 것인가? 지금 당신 앞에는 수많은 결단의 시간들이 거미줄처럼 촘촘히 펼쳐져있다. 그리고 그 순간의 선택은 당신이 세상의 흐름을 제대로 읽는 사람인지 아닌지를 가늠해 줄 것이다.

자신이 일하고 있는 이유는 특정한 회사의 특정한 업무 때문이 아니라 자기계발과 인생의 창조를 위해서라는 자각이 필요하다. 인생의 목표는 일회성이 아니라 장기적·지속적으로 경영하는 것이 중요하며, 그것이 인생의 창조인 것이다.

자신의 경력계발이란 20대, 30대로부터 정년까지의 공포를 제거하기 위한 수단이다.

직장인들은 단순히 돈을 벌기 위한 직업이 아닌 "일을 갖는다."고 하는 의미가 보다 더 중요하다. 자신의 인생을 어떻게 보낼 것인가? 인생의 목표 프로그램은 자기자신이 직접 쓰지 않으면 안 된다.

지적 행위란 문제를 해결하려고 하는 의욕, 그리고 그 문제를 해결하는 능력, 그 문제에 관련된 사람들과 원만하게 관계를 유지해 나가는 능력을 말한다. 따라서 모든 사람들은 항상 생동감 있는 지적인 자각이 중요한 것이다.

4. 과거경험·고정관념 버려야 살아 남는다

흔히 직업에는 귀천이 없다지만 실제로 우리나라에는 직업에 귀천이 있다고 말한다. 화이트 칼라는 고귀하고 품위가 있는 직업인 반면, 블루 칼라는 천하고 지저분한 직업으로 인식되어 온 게 사실이다. 이는 모두 잘못된 고정관념에서 기인한 것이다.

사례로써, 삼미그룹 부회장이었던 서상목 씨가 호텔 웨이터를 한다고 해서 장안의 화제가 된 적이 있다. 비록 기업이 부도가 났지만 그래도 한 대기업의 경영자였던 점을 감안하면 쉽지 않은 결심이었을 것이다. 하지만 정작 본인은 이런 일들을 당연하게 받아들였다. 서씨 자신은 "이제 나는 대기업 부회장도 아니고 아무것도 아니다. 그런데 평소부터 하고 싶던 웨이터를 하는 것이 나로서는 당연하면서도 다행스러운 일이 아니냐."며 아무렇지도 않은 표정이었다. 또한 서씨는 "이제는 직업에 대한 고정관념을 버려야 할 때"라고 충고도 아끼지 않았다.

최근 실업인구가 200만명으로 늘어나는 와중에도 정작 3D업종에서는 일손이 모자라 공장이 돌아가지 않는다고 한다. 또 가끔 찾아오는 실직자들도 이전과는 다른 열악한 환경에 하루를 채 버티지 못하고 떠나 버린다고 한다. 이런 식으로는 언제까지나 실업자신세를 면할 수 없다. 어떤 일이라도 시켜만 주면 하겠다는 인식의 전환이 필요하다. 어느 시사 코미디프로그램의 한 제목처럼 "내가 왕년에 누구였는데……."라는 생각으로는 불황 한판에 휩쓸려 버리기 십상이다. 고정관념을 깰 때 당신은 자신 앞에 놓인 어떤 장애물도 쉽게 넘을 수 있을 것이다.

사례로써, 피터 드러커가 24세 때 일이다. 보험회사에서 증권분석사로 일하던 그는 능력을 인정받아 작은 은행의 파트너 비서로 스카우트됐다. 어느 날 파트너가 불러 "일을 못 한다."고 야단을 쳤다. 억울해 하는 드러커에게 그가 말했다. "증권분석사 시절처럼 일하는 게 잘못이다. 새로운 직무에서 효과적인 사람이 되려면 무엇을 해야 하는지를 먼저 생각하라."

드러커는 자신의 인생을 바꾼 일곱 가지 경험 중 하나로 이 일을 소개하며 과거에 유능했던 사람이 갑자기 무능해지는 이유를 "예전의 성공 방식에 얽매여 있기 때문"으로 분석했다. 정말 해야 할 일을 찾지 못하고 부적절한 일을 계속하고 있으니 실패할 수밖에 없다는 것이다.

회사 사회에 부장감, 임원감, 사장감이란 재목 분류가 있는 건 이 때문이다. 새로운 직급으로 승진하면 과거에 자신을 성공으로 이끌었던 비결을 잊고 처음부터 다시 시작해야 한다. 그래야 그 직급에 걸맞는 새로운 일을 찾을 수 있고 새로운 성공논리를 만들어 갈 수 있다.

김영삼 · 김대중 전 대통령의 실정도 따지고 보면 이 궤를 벗어나지 못한 탓이 크다. 이들은 존경받던 야당 지도자 시절의 성공과 1등 대통령 후보로서의 성공에 대한 기억을 깡그리 떨쳐 버렸어야 했다.

회사를 나와 창업을 한 사람들이 떨치지 못하는 것도 바로 이 '과거'다. '대기업의 부장까지 지냈던 것'은 자랑도 밑천도 못 된다. 혹 된다고 해도 남들이 평가해 줄 일이지 자신이 그렇게 생각하는 건 미련일 뿐이다. 새벽부터 몸으로 때울 수도 있어야 하고, 시장통에서 물건값을 놓고 싸울 줄도 알아야 하고, 대기업 말단 사원에게도 고개를 숙일 수 있어야 한다. 사업에 필요하다면 말이다.

기업이라고 다를 게 없다. 경제위기 때 망한 기업들은 주로 그 이전의 방식으로 안이하게 대처했던 기업들이다. 돈 되는 것도 팔아야 할 판에, 빚덩이 사업체를 늘려 대출을 더 일으키려 했던 회사들이 적지 않았다. 그런 회사들은 망했다.

지금은 어떤 시기인가. 경제위기 당시와 비교해선 구조조정기를 벗어나 성장잠재력 확충기로 접어들었다고 보는 것이 옳을 것 같다. 그러니 구조조정기의 성공 경험도 잊을 수 있어야 한다.

남아도는 인재를 '싼값'에 채용할 수 있는 절호의 기회인데도 인건비가 부담이 돼 눈치만 본다. 새 기회가 있어도 남들이 먼저 뛰어들기 전까지는 구경만 한다.

위기를 그런 방식으로 넘겼으니 그 방법이 제일 안전하다고 믿는 것이다. 위험회피(risk averse)라는 생존법에 더해 위험감수(risk taking)라는 기업 본연의 정신을 가다듬을 시대이다.

5. 직장에서의 파워는 전문화 실력에서 나온다

사례로서, "소심하고 내성적인 여자도 최고의 리더가 될 수 있다."

광고업계에서 잘 알려진 여성 임원 제일기획 최인아 상무에게서 뽑아낸 여성 리더십 키워드다. 지난 해 우리나라 여성 공직자의 리더십을 분석한 책으로 주목받았던 박통희 이화여대 행정학과 교수와 그 제자들이 이번엔 민간 기업에서 성공한 여성 전문가의 리더십을 분석했다. 이 연구 논문은 이화여대 '사회과학연구논총'에 실렸다.

최인아 상무는 80년대 평사원인 카피라이터에서 출발, '그녀는 프로다. 프로는 아름답다.(베스띠벨리)'라는 카피로 알려지기 시작했다. '빨간색이 좋아져요.(홍삼원)', '당신의 능력을 보여 주세요.(삼성카드)' 등 수많은 광고 문구를 히트시킨 카피라이터이자 삼성그룹 최초의 공채출신 여성 임원이 된 그를 통해 일반기업에서 여성이 발휘할 수 있는 리더십 특징을 살펴보자는 것이다.

연구자들이 분석한 최인아 리더십의 핵심은 '성과를 최우선으로 하는 여성적 프로페셔널리즘'이다. 남성 중심의 직장문화를 공격적 방식이 아닌 합리적이고 점진적 방식으로 바꿔온 점, 인간관계보다는 성과로 승부하는 전략을 구사했다는 점이 꼽힌다. 신입사원 시절 기꺼이 커피 심부름을 했다는 대목도 인상적이다.

그가 부하들과 맺는 '이중적' 관계는 '권력은 전문성에서 나온다.'는 말을 실감케 한다. '차갑다'는 평을 들을 만큼 사사로운 개인사정을 봐주지 않는 그는 오로지 과업 중심의 인간관계를 추구한다. 대신 비권위주의적이다. 별명이 '조곤조곤'일만큼 강압적이지 않으면서도 집요하게 설득하고, 목소리가 크지 않으면서도 부드럽게 접근하는 대화법을 선호한다. 부하가 큰 실수를 저지른 경우에도 '큰소리'를 내기 전에 차분히 대안부터 마련한다.

최씨의 성격이 '내성적이고 비사교적이어서 인간관계의 폭이 좁다.'는 점은 가장 주목할 만하다. 박 교수는 "리더십=카리스마라는 기존 선입견을 무너뜨렸다."며 "여성들이 기존의 남성 중심 리더십 스타일에 좌우되지 말고 자신의 개성과 일의 영역에 따라 얼마든지 리더십을 계발할 수 있다는 점을 보여 준다."고 강조했다.

"직장인은 죽었습니다. 더 이상 전통적인 의미의 샐러리맨은 존재하지 않지요. 자기 내부의 조직인간적인 속성을 제거하고 부활해야 합니다. 이제는 스스로 CEO처럼 생각하고 행동할 때입니다."

변화경영 전문가 구본형 씨의 저서에서 그는 '조직인간'으로부터 벗어나 자신만의 브랜드를 창조함으로써 삶의 후반부를 새롭게 시작하라고 촉구한다. 직장인들에게 구조조정 시대의 앞서가는 변화기술론을 들려 준다.

시키는 일을 하고 관성에 따라 처리하는 직장인들. 그들은 결국 정리해고로 떠나거나 그렇게 떠난 동료들의 일까지 떠맡아 두 배로 일을 하지만 일의 즐거움은 반으로 줄어들 수밖에 없다.

그러면 어떻게 할 것인가. 그는 '고용당한다.'는 개념을 죽이고 스스로를 고용하는 방법밖에 없다고 강조한다.

그러면서 구본형식 1인 기업 모델을 제시한다. 자신을 해당 직무의 개인 사업자로 생각하면 모든 게 달라진다는 것이다. 총무부에 고용된 직원이라고 여기지 않고 1년간 회사와 계약을 맺고 총무서비스를 담당하게 된 1인 기업 사장이라고 생각한다. 더 이상 영업사원도 없다. 판매 대행 서비스 계약을 체결한 경영자다. 이들은 자신을 적극적으로 세일즈한다. 의무감보다 즐거움으로 일하고 기업의 파트너라고 생각한다. 기업이 독자적인 브랜드를 만들어 내듯 개인도 자신의 브랜드를 창조하는 것이다.

회사 입장에서도 강점으로 무장한 개인들의 성과를 경영에 직결시키는 것이 경쟁력 강화의 지름길이다.

하지만 변화를 방해하는 걸림돌은 늘 자기 자신이다. 여태까지의 나, 고정관념 속의 직장인, 나태한 과거의 자신을 죽이는 것이 개인혁명법의 출발이다. 그래서 그는 플러스 요소만 빼고 모든 것을 버리라고 조언한다. 버리고 비우는 법을 터득하면 얻고 채우는 법도 배우게 되는 것이다. 그는 스스로 이를 입증해 보이고 있다. 별도 사무실도 없고 직원도 없다. 휴대전화 하나, 홈페이지, e메일 주소가 전부다. 자신이 경영자요 실무전문가이며 스스로가 매출의 원천이고 자원이다. 그의 기업이 하는 일은 '미래를 창조하는 개인과 기업을 돕는 사업' 이다.

이 책에는 실업의 불안에서 적극적으로 삶을 개척하는 자기고용법, 무기력한 직장인에서 '1인 기업가' 로 환생하는 열절발견법, 새로운 나로 거듭나는 3년간의 자기계발 프로젝트 실천법까지 담겨 있다.

저자의 일상에서 하루는 22시간이다. 나머지 2시간은 양보할 수 없는 자기만의 시간이며 누구도 침범할 수 없는 자기계발 시간이기 때문이다. 자신에 대한 투자는 미래의 인생에 있어 깊이와 넓이를 결정한다.

누구나, 어떤 일이든지 그것을 아주 잘 하면 돈과 명예가 따라온다. 학벌이 신통치 않아도 명인이 된 사람들은 많다. 그들도 한 때는 아주 가난했을 것이다. 좋아하는 일에 최선을 다하다 보니 세월이 그들을 만들어 준 것이다.

"이 책은 변화의 강요에 지친 사람들을 위한 것입니다. 늘 변화의 대상이 되어왔고 다른 사람의 뜻에 좌우됐던, 그래서 한번도 자신을 불태워 보지 못한 조직인간들…. 직장인의 허울을 벗고 전문적인 1인 기업가로 환생하려는 사람들을 진심으로 돕고 싶었습니다."

6. 자신감 강하면 성역도 초월한다

지난 해 생긴 신조어 가운데 '낙바생'이란 게 있다. 낙타가 바늘구멍을 통과하듯 어렵게 취업한 졸업예정자를 뜻하는 말이다. '강의 노마드족(전공 과목 외에 토익·취업 강좌 등을 찾아다니는 학생)'이나 '토폐인(토익 폐인)' 등의 신조어도 청년 실업의 심각성을 보여 주는 말이다. 취직하기가 이처럼 어렵다고 하지만 남녀 경계의 벽을 뛰어 넘는 역발상으로 취업에 성공한 이들이 있다. 남녀의 일자리는 무릇 따로 있게 마련이라는 사회의 고정관념을 시원하게 깬 두 젊은이를 만났다.

"의사 선생님들과 함께 사우나를 갈 수 없는 게 좀 아쉽죠. 그것말곤 남자 영업사원이 조금도 부럽지 않아요."

한국 화이자제약 영업부 유호정 씨(27·여), 대학원에서 생물학 석사까지 마친 그녀가 제약회사 영업직에 도전하겠다고 했을 때 부모는 물론 주변에서 기겁을 하며 말렸다. 술자리가 잦은 데다 약을 많이 팔기 위해 온갖 궂은일을 다 해야 하는 직업으로 알고 있기 때문이었다. 아는 남자 친구들은 "술 먹고 싶어 미쳤느냐?"며 놀리기도 했다. 다들 말렸으나 오기가 발동했다. 성격이 활달했던 그녀는 사람 대하는 일을 하고 싶었다.

팀장–인사부–부사장까지 3차에 걸친 면접이 간단치 않았다. 업계 상황에 대해 술술 말하는 다른 지원자들에 비해 유씨는 기초 지식조차 없었다. 그러나 자신감으로 밀어붙였다. "대학원에서 공부만 하던 사람이 어떻게 영업을 하겠느냐?"는 면접관의 질문엔 "공부만 했기에 배우는 건 자신이 있다. 앞으로 모든 것을 스펀지처럼 빨아들이겠다."며 맞받아쳤다.

외국계 회사여서인지 영업 방식이 듣던 것과 달랐다. 술접대는 거의 없었다. 대신 의약 성분, 최근 학계 소식 등 정보를 제공해 의사의 신뢰를 쌓으라고 가르쳤다. 영업 첫날 병원에서 만난 한 의사는 인사조차 받지 않았다. 이름을 묻자 이 의사는 "두 번 볼 일 없을텐데 뭐 하러 묻느냐?"며 핀잔만 줬다. "저 사람에게 얘기하라."고 해 명함을 건네니 컴퓨터 수리공이었다. 그럴수록 더 독하게 마음먹었다. 아침에 샌드위치를 들고 찾아가 인사하고 주말에는 학회 행사까지 따라갔다.

여성이어서 오히려 유리한 면도 하나 둘 보였다. 얼굴을 익힌 교수들은 별 거부감 없이 맞아 주고 "여성이라 그런지 조목조목 설명도 잘 한다."며 칭찬까지 했다. "아직도 제약업계 영업직에는 남성 중심의 문화가 배어 있습니다. 그러나 자신감만 가진다면 여성이 더 유리한 분야라고 확신합니다." 그는 "여자 후배에게 추천하고 싶다."고 말했다.

"고객님은 각질이 많이 생기는 편이니 이를 관리할 화이트닝 제품을 쓰시는 게 좋겠네요. 팩을 쓰시려면 필오프타입의 이 제품이 괜찮습니다." (주)태평양이 운영하는 서울 신사동 '디아모레 갤러리'의 청일점 박기연 씨(26). 지난 해 9월 입사한 초보 판매원이지만 화장품에 대해 술술 이야기를 풀어 내는 솜씨가 여간 아니다.

박씨가 원래부터 이런 쪽에 관심을 가졌던 건 아니었다. 포항에서 전문대를 졸업한 그의 전공은 정보통신학, 군대는 해병대에서 복무했다. 제대 후 학교를 그만두고 일자리를 알아 보다 친척이 운영하는 미장원에서 일을 도왔고, 그러면서 손님들에게 "감각이 좋다."는 칭찬을 많이 들었다.

그러다 지난 해 (주)태평양에서 일하던 친구가 메이크업 일을 배워 보지 않겠느냐고 제안했다. 그 감각을 살려 '헤어 디자인 실력을 겸비한 남자 메이크업 아티스트'에 도전해 보라는 것. 왠지 틈새시장에서 최고가 될 수 있겠다는 느낌이 들어 곧바로 지원했다. 업체 측에서도 이런 도전을 받아들여 그를 채용했다.

그러나 여성 고객을 대하는 일이 쉽진 않았다. 민감한 부분을 드러 내는 것이기에 손님들은 여자 직원만 찾았다. 박씨는 그럴수록 오히려 적극적으로 손님을 찾아 나섰다. 누구보다 먼저 살갑게 인사하고 한번 왔던 고객은 기억해 뒀다가 아는 척했다. 화장이 어색한 손님에겐 "이렇게 하는 게 남자들이 좋아하는 화장법"이라며 조심스레 귀띔하기도 했다. 쉬는 날은 본사 메이크업 아티스트를 찾아가 꾸준히 화장법을 배웠다.

또다른 그의 장기는 '손 마사지'다. 지난 해 10월 서울 강남 신세계백화점 아모레퍼시픽 매장에서 열린 무료 손 마사지 행사에 파견 나갔다가 탁월한 실력을 발휘해 고객의 인기를 한몸에 받았다. 매일 밤 8시까지 사람들을 대하는 업무가 고되지만 하루하루 출근하는 것이 즐겁다는 박씨. 자신이 이루려는 목표에 한 걸음씩 다가가는 것을 느끼기 때문이라고 했다.

7. 선견력 · 실력 · 도전력 갖춰야 살아 남는다

사례로서, '아, 그때 그렇게 할 걸!', '더 좋은 기회가 있지 않을까?', '손해를 보면 어쩌지?' 의심과 후회, 머뭇거림으로 지리멸렬해진 삶! 버스 지나간 뒤에 손 흔들어도 아무 소용없다는 것은 만고불변의 진리다. 기회를 기다리고, 마땅한 동기를 찾고, 위험부담을 피하려고 잔머리를 굴리다 보니 세월은 흐르고 남은 것은 빈주먹뿐이다.

똑똑한 사람은 쌔고 쌨는데 왜 누구는 성공하고 누구는 낙오될까? 집에서 편안히 소화물을 주고받는 서비스나, 컴퓨터 앞에서 책표지와 목차를 살펴보며 책을 사는 모습을 상상했던 사람이 오직 FeDex의 프레드 스미스나 아마존닷컴의 제프 베조스뿐이었을까? 『액션!』의 저자 로버트 링거는 '누구나 가지고 있던 아이디어를 행동으로 옮긴 단 한 사람이었기 때문'이라고 그들의 성공비결을 분석하고 있다.

완벽한 기회? 아무리 기다려도 절대 오지 않는다. 동기? 그런 것은 없어도 된다. 행동하기에 적당한 때는 바로 지금이며, 일단 행동을 하면 자연스럽게 동기가 따라온다.

아무리 뛰어난 비전과 전략이 있어도 결정적인 순간 실행하지 않는다면 아무 일도 일어나지 않는다! 그럴듯한 기획서와 학벌 좋은 인재는 넘쳐나는데, 왜 일은 늘 지지부진일까? 『액션!』의 저자는 생생한 경험담을 통해 무엇이 우리를 머뭇거리게 하고 실행을 가로 막는지 상세하게 분석한다. 늘 말만 앞서고 실행의 순간에는 슬그머니 내빼는 직원들에게 쥐어 주고 싶은 기발한 팁과 '뜨끔한' 이야기들이 이마를 '탁' 치게 만든다. 또한 올바르게 선택하고, 과감하게 행동하고, 결과적으로 훌륭한 성과를 내는 행동원칙과 기준, 마인드 컨트롤법은 지금 당장 일어나서 무언가를 하도록 만드는 생생하고도 신기한 '현장실습'.

수차례 〈뉴욕타임스〉 베스트셀러 1위에 오른 유명작가인 저자가 실제로 경험해본 '실행의 마법'은 생각만 하고, 말만 많고, 계획만 세우고, 회의만 하는 사람들에게 경종을 주고 있다. 읽는 것만으로도 얻을 수 있는 강력한 실행력, 말 그대로 '하면 된다!'는 말이 공감을 느낀다.

지나친 생각에 파묻혀 머뭇거리기만 하는 당신을 위해 저자는 마지막으로 이렇게 조언한다. '진짜 뭔가 저지르는 놈들은 엉덩이를 들고 움직이는 놈이다!' 라고 말이다.

불확실성 시대에 미래전략을 어떻게 짜야 하는가. 『3년 후 당신의 미래』란 책을 쓴 오마타 간타 씨의 말에 따르면 기업도 이젠 규모가 크다고 유리한 게 아니다. 몸집으로 싸우던 시대는 지났다고 말한다.

특히 중국 경제가 급성장하면서 세계적인 공급과잉에 디플레이션의 위험이 높아지고 있다. 공급과잉 시대에는 경쟁이 치열해질 수밖에 없고 소비자의 욕구가 다변화하기 때문에 한 가지 히트 상품이 한 시즌을 휩쓰는 식의 유행도 드물 것이라고 했다.

"예전에는 스키 아니면 인라인 식으로 한 가지 유행이 시대를 휩쓸었지만 앞으로는 개인적 취향을 겨우 면할 정도의 작은 유행만 있을 것이다. 따라서 대기업은 수익을 내기가 매우 어려워진다."

그래서 그는 '자력(自力) 승리'의 시대가 온다고 말한다. "지식노동 시대에는 총명한 인재 한 명만 있으면 수백 명 분의 일도 뚝딱 해치울 수 있다. 그렇기 때문에 정말 유능한 인재만 살아 남게 된다."

그야말로 '1인 경영', '1인 성공'의 냉혹한 시대를 예견하는 말이다. 그는 기업의 흥망도 경영자 한 사람의 능력에 좌우될 것이라고 단언한다. 경영자가 절대적인 힘을 갖는 시대로 접어들기 때문이다.

따라서 "자신에게 필요한 일에 흥미를 갖고 그 일에 적극적으로 매진하라."고 그는 권한다. '업계 1인자'를 희망의 기준으로 삼으라는 얘기다. 그는 또 학력 사회에서는 낮은 학력이 치명적인 약점이었으나 앞으로는 사람됨이 좋지 않으면 치명타를 입게 된다고 충고한다. 인품사회가 도래하기 때문이다. 결국 실력과 인품을 갖춘 사람이 살아 남을 수 있다는 것이다.

『20/20 예측경영』은 매킨지 경영컨설턴트가 내놓은 기업 미래전략서. '20/20' 이란 시력 측정에 쓰는 표현으로 20피트 거리에서 시력을 측정했을 때 가장 완벽한 결과가 나온다고 한다. 이 책에서는 '불확실한 시대에 2.0의 시력으로 내일을 내다 보라.' 는 함의의 '뛰어난 선견지명' 으로 쓰이고 있다.

저자는 1970년대 오일 쇼크를 예측하고 '시나리오 경영' 으로 위기를 극복한 석유회사 로열더치셸을 예로 들며 불확실성을 극복하는 단계가 얼마나 중요한가를 일깨운다. 그는 기업의 생존 전략이 '불확실성 극복 4단계 분석' 에 달려 있다고 말한다. 즉 '1단계-명확한 미래', '2단계-선택적 미래', '3단계-범위의 미래', '4단계-예측불능의 미래' 로 나눠 단계별 대응전략을 탄력적으로 적용하라고 강조하고 있다.

8. 도전정신 · 개척정신으로 무장한다

자신의 일에 모든 꿈을 걸고 적극적으로 움직이는 상사나 간부와 있으면 그 행동이 부하에게까지 전달되어 긍정적인 영향을 미친다. 그러나 대개는 무사안일하는 간부가 많다. 하루 종일 책상 앞에 앉아 멍청한 얼굴로 부하들을 감시하는 간부도 있다. 이런 간부는 부하가 올린 실적을 노리고 있다가 입을 크게 벌리고 아무렇지도 않게 날름 삼켜 버린다. 어떻게 저런 사람이 간부가 되었는지 이해가 가지 않을 정도로 무기력하다.

이런 간부들의 가장 큰 단점은 목표 의식과 도전 정신을 상실하고 매너리즘에 빠진 경우가 많다. 간부에게 도전정신은 자신의 나태함을 극복하는 최고의 정신 상태이다. 이런 정신 상태를 유지하기 위해서는 스스로 자기계발에 매진하고 업무를 위해 부단히 노력해 나가야 한다. 도전 정신은 나태함을 극복하는 열쇠이다. 매너리즘에 빠지기 쉬울 때 초심으로 돌아가라. 일이란 성취해야 하는 것이다. 거기엔 도전이 있고 모험이 있다. 그저 일상 업무를 소화시키면서 하루하루를 보내는 사람은 진정한 비즈니스맨이라고 할 수 없다. 따라서 일에는 자부심과 투철한 목적의식이 있어야 한다.

어느 회사에서 한낱 과장이었던 사람이 부하에게 이런 말을 했다.

"아무튼 나는 평사원으로서 올라갈 수 있는 데까지 가고 싶으니 모두들 잘 부탁해요."

공약한 대로 그 과장은 2년 후에 차장, 3년 후에 부장, 5년 후에 이사, 다시 2년 후에 상무가 됐다. "반드시 해내고 말테니 날 따르라."고 분명하게 말하고 그것을 실천해 가면 부하 직원들은 그 한 마디에 주저하지 않고 따르는 법이다.

도전 정신을 가지고 있는 간부는 일이 곧 부하라는 것을 확실하게 알고 있다. 결코 자기만의 권력이 탐나서 하는 것이 아니라는 것을 주위 사람에게 알리기 위한 기량도 있다. 자기가 그리는 낭만을 부하에게 주는 낭만파이기도 하다.

비위에 약간을 거슬려도 "꿈과 낭만을 일에 걸어라."라고 할 수 있는 간부를 부하는 따르게 마련이다. 간부 자신이 직위나 연봉이 올라가면 그것에 따라 부하도 상승작용을 한다. 장래에 대한 도전, 현상에서의 탈피를 원하는 비즈니스맨이라면 그러한 상하간의 의기투합을 바랄 것이다.

◆ 책임을 회피하는 간부는 사표를 써라

무슨 일이든 현상을 유지하는 것은 편하다. 조직 안에서 무엇인가 새로운 행동을 시도하려고 하면 저항을 받아 예상치 못한 벽에 부딪치게 된다. 겨우 그 벽을 돌파하고 나아가면 다시 커다란 장애물과 마주치게 된다.

회사 규모의 크기와는 관계없이 그것이 조직이라는 괴물의 실체이다. 간부가 되면 저항하는 세력의 힘도 더욱 강해진다. 라이벌도 생기고, 경영자로부터 시선을 한 몸에 받기도 한다. 나무가 자라면 바람도 더 세게 받는 것은 자연의 법칙이다.

회사를 짊어지고 가겠다는 자부심 있는 간부라면 무엇이든 하겠다는 기백과 행동이 필요하다. 그만한 산 넘어 없으면 조직의 저항력이 굴복하게 된다. 또한 여기저기 일을 벌여 놓기만 하고 목적의 절반도 이루기 전에 '나는 모른다.' 식으로 내팽개친다면 그 일에 말려든 부하는 낭패를 보기 십상이다.

진정 회사에서 필요한 간부가 되기 위해서는 다소 위험이 있더라도 자신이 원하는 프로젝트를 강하게 밀고 나가는 도전정신이 있어야 한다. 도전정신은 부하직원에게도 강한 인상을 남기고 이것이 리더십이 되기도 한다. 비록 성공할 확률이 적다고 해도 망설이거나 중도에 포기해서는 안 된다. 간부 자신의 도전자적인 정신상태는 부하 직원뿐만 아니라 경영자가 늘 예의 주시하고 있다는 사실을 명심해야 한다.

9. 끈기 있게 핸디캡을 극복한다

제2차 세계대전은 전쟁의 결과가 시작에서부터 판가름 난 것이나 다름없었다. 특히 태평양전쟁으로 불리는 일본과 미국과의 전쟁은 일본에서부터 완전한 승리가 불가능하다고 내다본 전쟁이었다.

그런데도 일본군은 파죽지세로 태평양의 전략 요충지들을 하나둘씩 점령하였다. 승산이 없다고 내다 본 전쟁에서 새 희망이 보이기 시작한 것이다. 미국은 일본을 상대가 되지 않는 나라라고 깔보았지만, 내심 크게 당황하기 시작하였다. 일본 전투기들의 활약이 두드러져 곳곳에서 미국은 일본 비행기들에 의해 큰 피해를 입고 있었던 것이다. 마침내 하늘에서의 승리가 전쟁의 승패를 결정하는 것이라고 내다본 미국은 당시 MIT 대학의 로버트 위너 교수에게 의뢰하여 초정밀 고사포 조준 장치의 설계를 의뢰하였다.

그 결과 인간의 뇌와 같은 고도의 작용을 하는 자동 제어장치를 가진 기계가 발명되었다. 이것이 컴퓨터의 출현인 것이다. 컴퓨터는 당장 실전에 옮겨져 일본 비행기들을 거침없이 격추시켰다. 일본은 갑자기 나타난 신병기에 의해서 크게 위축되었고 결국 하늘의 전쟁은 미국의 승리를 가져왔다.

전후 일본의 대기업들은 전쟁의 역사를 뒤바꾼 컴퓨터에 대해서 묘한 승부욕을 갖게 되었다. 대부분 전쟁 당시에 전략 물자를 생산하던 기업들이었으므로 전쟁의 패배를 누구보다도 실감했던 그들이기 때문이었다.

과거의 쓰라린 기억에서 벗어나고자 컴퓨터에 승부를 건 일본, 그들은 마침내 제2차 세계대전이 끝난 지 30여년 만에 컴퓨터 종주국 미국을 따라잡을 수 있었다.

인간은 망각의 동물이라고 한다. 쓰라린 기억을 잊지 않기 때문에 좌절하지 않는다고도 한다. 그러나 때로 과거의 실패가 내일을 위한 약이 될 수도 있다. 아프다고 해서 잊어버리려 애쓰고, 괴롭다고 해서 기억을 떨쳐 버리려고 애쓰기보다 과거의 실패 속에서 새로운 자극을 구하라. 욕망은 강한 승부욕에서 강화된다. 실패는 누구에게나 반추하기 싫은 기억이지만 한 번 해 내고야 말겠다는 승부욕에 불을 당기는 더 없이 좋은 자극제가 된다.

성공의 동기를 제공하는 욕망이 주위의 장애물 없이 형성된 것이라면 그 욕망은 또 쉽사리 포기할 수도 있는 피난처를 감추고 있는 것이다.

"추위에 떤 사람일수록 태양의 따뜻함을 느낀다. 인생의 고뇌를 겪은 사람일수록 생명의 존귀함을 안다."

미국의 시인 휘트먼의 이 말은 고뇌와 아픔을 경험한 자만이 인생의 궁극적 성공을 획득할 수 있다는 말이다.

실패를 감사하게 받아들여라. 그리고 그 실패의 아픔 속에서 불굴의 의지와 강한 승부욕을 창조하도록 하라. 스스로의 핸디캡 때문에 욕망을 일으키지 못하는 사람들은 실상 모든 사람들이 핸디캡을 갖고 있다는 사실을 모른다. 심리학자에 따르면 외형적으로 결코 불구가 아닌 사람이라도 95%의 사람이 열등감을 갖고 있다고 한다.

만약 동료가 같은 시기에 입사했는데도 먼저 승진을 하게 됐다면 당신은 어떻게 그를 평가할 것인가. 당신보다 능력이 뛰어나기 때문이라고 말할 것인가. 아니면 당신보다 요령이 뛰어나기 때문이라고 말할 것인가. 어떻게 말하더라도 심한 열등감을 느끼기 마련이다. 이런 순간에 더욱 분발할 수 있는 기회가 되는데도 사람들은 오히려 더 깊은 좌절을 경험한다. 자기 합리화를 통하여 자기의 마음을 스스로 위로하고자 한다. 열등감은 때로 자존심을 만족시키는 놀라운 힘을 지니고 있기 때문이다.

정신적인 핸디캡은 육체적 핸디캡보다 당신의 미래를 더욱 곤경에 빠뜨릴 수 있다. '천재는 광인과 통한다.' 는 말도 따지고 보면 극단적인 자기 확대의 욕구를 스스로 감당해 내지 못할 것이라는 절망감 때문이다. 더 이상 자신이 지배할 영역이 없다고 느꼈을 때의 위축감이 정신적 기반을 흔드는 것이다.

당신은 천재가 아닌 것을 감사하게 받아들여도 좋다. 할 수만 있다면 또다른 평범한 사람들보다 얼마든지 앞서 갈 수 있지 않은가. 남보다 뛰어날 수 없다는 것은 정신적 핸디캡을 지나치게 우려하는 데서 비롯된 핑계일 뿐이다. 욕망을 느끼는 한 당신은 핸디캡의 노예가 되어서는 안 된다.

할 수 있으나 해 보지 못하는 것에 분노하라. 간부는 어떤 두려움보다 자신이 해 보고 싶은 일을 하지 못함을 안타깝게 여겨야 할 위치에 있다.